徐公持 著

东汉文坛点将录

中 华 书 局

图书在版编目(CIP)数据

东汉文坛点将录/徐公持著. —北京:中华书局,2017.11
ISBN 978-7-101-12650-1

Ⅰ.东… Ⅱ.徐… Ⅲ.文学家-人物研究-中国-东汉时代-文集 Ⅳ.K825.6-53

中国版本图书馆 CIP 数据核字(2017)第 151808 号

书　　名	东汉文坛点将录
著　　者	徐公持
责任编辑	刘淑丽
出版发行	中华书局
	(北京市丰台区太平桥西里 38 号　100073)
	http://www.zhbc.com.cn
	E-mail:zhbc@zhbc.com.cn
印　　刷	北京瑞古冠中印刷厂
版　　次	2017 年 11 月北京第 1 版
	2017 年 11 月北京第 1 次印刷
规　　格	开本/880×1230 毫米　1/32
	印张 11⅛　插页 2　字数 220 千字
印　　数	1-5000 册
国际书号	ISBN 978-7-101-12650-1
定　　价	38.00 元

目 录

弁　言

　　东汉一代，号称刘汉皇朝"中兴"之世。当时曾有"二十八将"，据云上应"二十八宿"，感会风云，横空出世，辅佐光武帝刘秀东征西讨，收拾乱局，荡平天下，名垂青史。然观东汉文坛，亦曾涌现不少星辰般人物，学富五车，笔走龙蛇，思想文采，迭耀千秋。自前期修明礼乐，文章中兴；至中期赋颂鼎盛，翼赞功德；再至后期风气大变，抒忧发愤。二百年间，人才辈出，雄姿英发，踵事增华，谱写时代旋律，创造不朽业绩。人物既有"素丞相""大豪杰"者流，篇章更有"惊心动魄""一字千金"盛誉。较诸西京，成就毫不逊色；昭示后世，提供写作镜鉴。纵观华夏文学，漫历五千余载，东汉重要环节，岂可阙而不论？然而历来著述，虽有说及，或者周而不备，甚至论而未详。乃致诸多人物，言行不涉风骚；文章体被，光泽未见迭耀。此盖著作之不足，文事之缺憾也。

　　有鉴于此，作者谬骋偏才，小试钝刀。于是检阅先后，遍察群士；甄选精英，排比次第。因编四七之目，以副武将之数；再添末章"无名"，遂成全书完帙。然后逐一"点将"，各叙其详：缕述成才经历，介绍行事始末；披露著述内涵，评骘风格特征。兹固先贤之遗迹，盖亦作者之用心；古今文章，相映灿烂；不敢自重，谨用博粲。赞曰：

文坛精英，媲美武将；彬彬之盛，炎汉之光。文史唯微，知识寓教；道心斯在，永世炳耀。

素丞相桓谭

您大概知道有"素王"之称，那是指孔子，说他身份虽然不是王，但他的功德、他的权威够得上称"王"。但您听说过还有"素丞相"一说吗？这是东汉著名思想家王充送给桓谭的雅号，意思是他虽然没有当过丞相，但他的知识、他的能力，做个丞相绰绰有余。

一 非圣无法

桓谭字君山，沛国相县人，父成帝时为太乐令，谭少年为郎，善弹奏古琴，精于音律，又博学多通，遍习五经，曾从刘歆、扬雄学，辩析疑异，研习大义，不为章句之学，显示哲人风范。桓谭学有心得，养成批判习性，"喜非毁俗儒"，因此落落寡合，颇与时辈不合。王莽先摄政，后登极，建立新朝，桓谭任"掌乐大夫"。其时众多文士竞相褒称新朝德美，作"符命"以求容媚。连名声显赫的刘歆、扬雄，亦参与其中，扬雄还写了《剧秦美新》一文，吹捧王莽"执粹清之道，镜照四海，听聆风俗，博览广包，参天贰地，兼并神明，配五帝，冠三王，开辟以来，未之闻也"。而桓谭默然自守，不参与对新朝的曲意奉承。新朝不久覆灭，桓谭又在更始帝刘玄幕中短暂担任太中大夫。据载，此为汉代九卿之一光禄勋的属官，"大夫掌论议，有太中大夫、中大夫、谏大夫，皆无员，多至数十人。……太中大夫秩比千石如故"（《汉书·百官公卿表》）。可知其地位不低，但并无实权。

光武帝刘秀建立东汉政权后，大司空宋弘举荐桓谭为"通儒之士"，拜为议郎、给事中。朝廷每有燕会，常令桓谭弹琴，以为佐乐。而桓谭不愿以俳优弄臣自居，反而认真议政，曾上疏《陈时政所宜》，文中论及君臣关系，通过楚庄王说："善！愿相国与诸大夫共定国是也。"桓谭提出君臣"共定国是"，体现了在君臣关系上的相对性主张，一定程度上凸显出士人的人格意识。在皇权体制已经强固建立的东汉时期，其说甚不合时宜，结果"书奏不省"，刘秀连看都不看。

桓谭接着再次上疏，谓："臣前献瞽言，未蒙诏报，不胜愤懑，冒死复陈……"皇帝对他的议论不予置理，他竟敢抗议说"不胜愤懑"，态度未免过于认真，也颇为"不敬"。他还要"复陈"，而所"陈"内容，更加令刘秀难以接受，因他猛烈抨击图谶。所谓"图谶"，包括"河图""谶言"，它们只是一些内容虚妄的政治性神学预言，为政治野心家服务。刘秀在新莽乱局中最后取胜，曾经得益于谶书《赤伏符》，那里说"刘秀发兵捕不道"，给他的行为贴上了"天命"之符。由此，他对图谶极其信奉，称帝后常依据谶言或纬书（依附于《六经》的一些神学色彩浓厚的著作，相对于"经"而称"纬"）决定重大政务，包括重要人事任命。晚年更"宣布图谶

于天下"(《后汉书·光武帝纪》),将它们当作不刊经典,要广大文士学习。但是桓谭却唯独敢在这个问题上唱反调:

> 观先王之所记述,咸以仁义正道为本,非有奇怪虚诞之事。盖天道性命,圣人所难言也。自子贡以下不得而闻,况后世浅儒能通之乎?今诸巧慧小才伎数之人,增益图书,矫称谶记,以欺惑贪邪,诖误人主,焉可不抑远之哉!臣谭伏闻陛下穷折方士黄白之术,甚为明矣。而乃欲听纳谶记,又何误也?其事虽有时合,譬犹卜数只偶之类,陛下宜垂明听,发圣意,屏群小之曲说,述五经之正义,略雷同之俗语,详通人之雅谋。

他指出"谶记"非"先王""圣人"所记述,与"仁义正道""五经之正义"不符,有时也有偶然巧合,则与"卜数"(卜卦算命之术)类似。谶记是"巧慧小才伎数之人""增益""矫称"之产物,是假造的文献,所以虚妄不可信。他肯定刘秀曾经对玩弄"黄白之术"(即所谓"炼金术")的方士采取"穷折"即彻底追究的手段,予以打击;但又直截了当地说皇帝"欲听纳谶记,又何误也!"桓谭此文,言辞犀利,理直气壮,抗言帝王,最是文章骨鲠所在,尽显其个性风采。但此文得到的效果却是:"帝省奏,愈不悦。"(《后汉书》本传)

此后,朝廷为建立灵台,讨论选址问题,久议不决。那灵台相传是周文王始造于丰，是为了观气象而作。《诗经·大雅》中有一篇《灵台》，专咏此事。这本来是一件挺正经的事，刘秀却问桓谭："吾欲以谶决之，何如？"桓谭默然良久，然后答道："臣不读谶。"刘秀听了追问其故，而桓谭的回答又是阐述一番"谶纬"非"经"的大道理。这是再次披逆鳞。刘秀大怒，说"桓谭非圣无法"，将要处之以极刑。桓谭叩头流血许久，才得免于刑罚，结果是将他贬出朝廷，去六安郡任丞，也就是郡太守的属官。桓谭遭此打击，惚惚不乐，病卒于路，年七十余，也算得上长寿了。

桓谭毕生坚持反对谶纬，遭遇君怒，付出个人政治前程方面的沉重代价，这在古代思想文化史上颇为突出。他反对谶纬的态度，是基于他本人崇尚知识、追求真实的思想信念。这是一种可贵的思想品格。在两汉之交神学迷信甚嚣尘上、占据官方主流文化地位的背景下，他代表着部分文士中正在发展的知识主义潮流。这使他站到文化制高点上，并与当时那些"俗儒"划清界限。桓谭以其"非毁俗儒"与"非圣无法"的表现，昭示着一种正直的人格素质：学术不臣服于权力。其思想和人格的光彩熠熠生辉！对此，宋代叶适评论说："谭与扬雄、刘歆并时，低徊乱亡，无所阿徇，虽稍疏阔，要为名世，光武不能容于列大夫间，而摧折之致死，可谓褊而严矣。"(《习学记言》卷二十五)叶适批评光武帝，推重桓谭，并且说他优于扬雄、刘歆两位大名士，颇称允当。

桓谭毕生勤于著述，《后汉书》本传载："初，谭著书言当世行事二十九篇，号曰《新论》。"又"所著赋、诔、书、奏，凡二十六篇"。然而后世散佚不少,殊可叹惜。

二 论世间事、辩照然否的《新论》

《新论》为今存桓谭的主要作品。关于其写作时间,书中多写及"王翁"(即王莽)败亡事,并分析其原因,可知当作于新莽之后。又《后汉书》本传载:"初,谭著书言当世行事二十九篇,号曰《新论》,上书献之,世祖善焉。"可知本书之完成在东汉建武时期桓谭被贬斥之前。今存逸文内容实颇庞杂,大略有思想历史分析、社会政治评论、道德伦理说教、生命生活辨惑、文学经验总结,等等。王充尝论其作意说:

> 又作《新论》,论世间事,辩照然否,虚妄之言,伪饰之辞,莫不证定。彼子长、子云论说之徒,君山为甲。自君山以来,皆为鸿眇之才,故有嘉令之文。笔能著文,则心能谋论,文由胸中而出,心以文为表。观见其文,奇伟俶傥,可谓得论也。(《论衡·超奇篇》)

王充对桓谭赞美有加,其评价高于司马迁、扬雄等,而"奇伟俶傥"则是对该书写作风格的总评。据《后汉书·冯衍传》李贤注:"俶傥,卓异貌也。"

《新论》中"论世间事",首先是政治事。他在政治社会领域多有建言，所论方面甚广，且颇有卓见。如对"王""霸"之术的批评：

> 唯王霸二盛之美，以定古今之理焉。夫王道之治，先除人害，而足其衣食，然后教以礼仪，而威以刑诛，使知好恶去就。是故大化四凑，天下安乐，此王者之术。霸功之大者，尊君卑臣，权统由一，政不二门，赏罚必信，法令著明，百官修理，威令必行，此霸者之术。王道纯粹，其德如彼；伯道驳杂，其功如此。俱有天下，而君万民，垂统子孙，其实一也。
>
> （《王霸篇》）
>
> 夫王道之主，其德能载，包含以统乾元也。（同上）
>
> 儒者或曰："图王不成，其弊可以霸。"此言未是也。传曰："孔氏门人，五尺童子，不言五霸事者，恶其违仁义而尚权诈也。"（同上）
>
> 王者易辅，霸者难佐。（《求辅篇》）

桓谭政治理想无疑在"王道"。崇尚"王道"，批判"霸道"，是其主旨。观其所描述的"王道"内涵，与汉代现实状况颇存距离；而看他所描述的"霸道"种种形态，则是对秦汉以来社会政治现实的真切概括："霸功之大者，尊君卑臣，权统由一，政不二门，赏罚必信，法令著明，百官修理，威令必行，此霸者之术。"可见在桓谭心中，当时已实行二百年的皇权、帝制，基本上是一种"图王不成"的"霸道",他的态度是"恶其违仁义而尚权诈","王者易辅,霸者难佐",明显表示厌恶排斥,并予以批判否定。桓谭于此所"辩照"之"理",与其"非毁俗儒""非圣无法"的基本思想立场相一致。

在政治历史评论方面,《新论》对汉武帝的评述最有代表性,书中曾全面论述汉武帝其人,凡政治、军事、文化诸方面建树及其过失,皆有中肯论述,无不如实评骘,既无谀颂,亦不隐讳,褒贬基本适当:

> 汉武帝材质高妙,有崇先广统之规,故即位而开发大志,考合古今,模范前圣故事,建正朔,定制度,招选俊杰,奋扬威怒,武义四加,所征者服。兴起《六艺》,广进儒术,自开辟以来,惟汉家为最盛焉,故显为世宗,可谓卓尔绝世之主矣。然上多过差,既欲斥境广土,又乃贪利,争物之无益者。闻西夷大宛国有名马,即大发军兵,攻取历年,士众多死,但得数十匹耳。……又歌儿卫子夫,因幸爱重,乃阴求陈皇后过恶,而废退之,即立子夫,更其男为太子。后听邪臣之谮,卫后以忧死,太子出走灭亡,不知其处。信其巫蛊,多征会邪僻,求不急之方,大起宫室,内竭府库,外罢天下,百姓之死亡,不可胜数,此所谓通而蔽者也。(《识通篇》)

一方面肯定汉武帝"材质高妙",文治武功,皆有建树,"自开辟以来，惟汉家最为盛焉。故显为世宗，可谓卓尔绝世之主矣"，评价很高。同时，又指出他种种错误和缺失，毫不隐讳。最后做出"通而蔽者"的结论，应当说甚具历史眼光，颇为中肯允当。比班固《汉书·武帝纪》"赞"语以颂扬为主，更为切实严正，富于史家批判精神。同样是对于汉武帝，班固的评论可是不太一样，我们不妨作一番对比，应当说很有意思：

> 赞曰：汉承百王之弊，高祖拨乱反正，文、景务在养民，至于稽古礼文之事，犹多阙焉。孝武初立，卓然罢黜百家，表章六经。遂畴咨海内，举其俊茂，与之立功。兴太学，修郊祀，改正朔，定历数，协音律，作诗乐，建封坛，礼百神，绍周后，号令文章，焕焉可述。后嗣得遵洪业，而有三代之风。如武帝之雄材大略，不改文、景之恭俭以济斯民，虽《诗》《书》所称何有加焉！

在肯定武帝文治武功的成绩方面，二人所说大体一致，只是桓谭说得比班固更加全面；而对于汉武帝的过失问题，桓谭则明确批评说"上多过差"，指出其过失和差错颇多，不是一两件，并且列举了一些事例以为证据。而班固则只是说"如武帝……不改……"，说得很委婉含蓄，而且最终落实到"虽《诗》《书》所称何有加焉"的正面赞颂上去，显得小心翼翼，连已故皇帝也不敢得罪。

《新论》又论神道事。桓谭断然说："无仙道，好奇者为之。"

（《辨惑篇》）刘歆是他的师友，但在神仙问题上他们分歧很大：
"刘子骏信方士虚言，谓神仙可学。尝问言：'人诚能抑嗜欲，阖耳
目，可不衰竭乎？'余见其庭下有大榆树，久老剥折，指谓曰：'彼树
无情欲可忍，无耳目可阖，然犹枯杭朽蠹，人虽欲爱养，何能使不
衰？'"（同上）指出生命盛衰自然规律不可抗拒，理路清晰，刘歆难
以反驳。《新论》中"辩照"神仙伪说的文字尚有不少，如：

> 哀帝时有老才人范兰，言年三百岁，初与人相见，则喜而
> 相应和；再三，则骂而逐人。（《辨惑篇》）

> 余尝与郎冷喜出，见一老翁粪上拾食，头面垢丑，不可忍
> 视。喜曰："安知此非神仙？"余曰："道必形体，如此无以道
> 焉。"（同上）

> 曲阳侯王根迎方士西门君惠，从其学养生却老之术。
> 君惠曰："龟称三千岁，鹤称千岁，以人之材，何乃不及虫鸟
> 耶？"余应曰："谁当久与龟鹤同居，而知其年岁耳？"（《祛
> 蔽篇》）

范兰自称"三百岁"，似乎深得神仙至道。但被人"再三"盘问，即
恼羞成怒，要"骂而逐人"，露出流氓骗子本相。有粪上拾食老翁，
竟被人当作"神仙"，桓谭则明确说如神仙必作这副肮脏凄惨模
样，那神仙有何可取可羡处！至于他反驳方士西门君惠之语，则表
现出强大的思辨能力：你说龟鹤三千岁，但有谁能与龟鹤长期同居

止，证明它们确实有三千岁？如此诘问，对方诚难回应。是皆表明在桓谭面前，"虚妄之言，伪饰之辞，莫不证定"，其言信然。

《新论》所论"世间事"中亦包括学术和文学。首先，他强调学习的重要性：

> 余少时学，好《离骚》，博观他书，辄欲反学。（《道赋篇》）

> 扬子云工于赋，王君大晓习万剑之名，……余欲从二子学。子云曰："能读千赋，则善赋。"君大曰："能观千剑，则晓剑。"谚曰："伏习象神，巧者不过习者之门。"（同上）

> 成少伯工吹竽，见安昌侯张子夏，鼓琴谓曰："音不通千曲以上，不足以为知音。"（《琴道篇》）

虚心好学，"习"能生巧，这是增长才学的不二法门。桓谭治学上强调"通"，司马迁和扬雄是他最心仪学者中的两位，而他们都是发奋勤学的楷模。

桓谭也论述了著作与人生境遇之关系，其谓：

> 贾谊不左迁失志，则文彩不发；淮南不贵盛富饶，则不能广聘骏士，使著文作书；太史公不典掌书记，则不能条悉古今；扬雄不贫，则不能作《玄言》。（《本造篇》）

此前司马迁有"昔西伯拘羑里，演《周易》；孔子厄陈、蔡，作《春秋》；屈原放逐，著《离骚》；左丘失明，厥有《国语》；孙子膑脚，而论《兵法》；不韦迁蜀，世传《吕览》；韩非囚秦，《说难》《孤愤》。《诗》三百篇，大抵贤圣发愤之所为作也"的议论，深刻阐述了生活与创作的密切关系。桓谭此说，袭其思路，增加了贾谊、淮南子、太史公、扬雄等例证，当是对史迁所论之补充发挥。

《新论》甚至也讨论自然科学方面的问题。据《隋书·天文志》载："其后桓谭、郑玄、蔡邕、陆绩，各陈周髀，考验天状，多有所违。"由此可知，桓谭在天文、数学等方面也作过深度钻研。关于"天状"问题，其所持为"盖天"之说，与扬雄等所主"浑天"说不同。他亦曾参与"日初出与日中远近"讨论，主日中远之说。其具体结论未必正确，但论证的过程表明，他的自然观测能力和数学计算能力很强。

要之，桓谭能够度越当时一般"浅儒""俗儒"的见识，对重大的社会和人生问题作出"证定"，除了其思维理性强固之外，与其本人知识结构亦相关。桓谭博学深思，学术理性强大，追求知识孜孜不倦，是汉代知识主义潮流的代表人物之一。

桓谭知识主义信仰坚定，又能坚持正直的人格操守，故而难免与时俗有所不合，甚至与皇帝发生龃龉，而其人生道路难得遂志，亦其宜也。宋代王禹偁有诗云："贾谊因才逐，桓谭以谶疏。古今当似此，吾道竟何如？"（《偶题》三首之一，《小畜集》卷十）感叹殊深，千古共之。

三　素丞相、大豪杰

关于文学创作，桓谭颇有志于此，自述"余少时见扬子云丽文高论，不自量年少新进，猥欲逮及，尝激一事而作小赋，用精思太剧，而立感动致疾病"（《新论·道赋篇》）。可见其"用精思"之"剧"，竟影响了身体健康。刘勰尝据此发挥谓："人之禀才，迟速异分；文之制体，大小殊功。相如含笔而腐毫，扬雄辍翰而惊梦，桓谭疾感于苦思，王充气竭于思虑，张衡研京以十年，左思练都以一纪。虽有巨文，亦思之缓也。"（《文心雕龙·神思》）在刘勰看来，桓谭（以及王充、张衡等人）属于"思之缓"一类，文思缓慢，创作起来有些累。刘勰的说法有无根据？难言之矣，可备一说吧。至于桓谭自己说的"小赋"，应该有些数量，但今存唯《仙赋》一篇，其序曰：

> 余少时为郎，从孝成帝出祠甘泉河东，见部先置华阴集灵
> 官。官在华山下，武帝所造，欲以怀集仙者王乔、赤松子，故名
> 殿为"存仙"。端门南向山，署曰"望仙门"。余居此焉，窃有
> 乐高眇之志，即书壁为小赋，以颂美曰。

赋为短制，自称"小赋"。唯写"王乔、赤松子"，"呼则出故，翕则纳新"，"仙道既成，神灵攸迎"之类，所撰"颂美"之词，不免落入

"俗儒"者流。好在本篇终属"少时"所为，当时见识未广，思虑尚浅，偶遇朝廷大典，亲炙目睹，少年兴发，一时冲动，山呼万岁，一般人自属难免，是亦不必深究而求全责备者也。重要的是，桓谭后来思想渐见成熟，走上"非圣无法"的道路，成就一代杰出文士，终与"浅儒""俗儒"者流分道扬镳。由此亦可印证，但凡杰出人物，皆有成长渐进过程，桓谭自不能免。

关于桓谭本人的文学风格，刘勰又尝论曰：

> 桓谭著论，富号猗顿；宋弘称荐，爰比相如。而《集灵》诸赋，偏浅无才，故知长于讽论，不及丽文也。(《**文心雕龙·才略**》)

此是说其文章，尤指《新论》。"富号猗顿"，篇幅宏富之谓也。"长于讽论，不及丽文"二句，刘勰之意，当言桓谭的文学才具长于论说文章，而诗赋丽文稍有"不及"。关于此点，其实桓谭本人也有所说。他自述尝热衷于"扬子云丽文高论"，且"猥欲逮及"，可知他在"丽文"和"高论"两个领域，都曾作出过努力。自刘勰之评语中可知，似乎其撰作"丽文"之"才略"稍弱稍"缓"，故有所"不及"也。然而今存桓谭"丽文"作品嫌少，所以刘勰的评论难以得到实证。当然，我们相信刘勰不会无的放矢，他当初必定看过足够的材料，才做出如此评说，我们大体上可以采纳。再者，桓谭诗赋作品遗佚甚多，此一现象本身似乎也表明他确实"长于讽论，不及丽文"。这是我的推论，仅供参考吧。

桓谭既持学者品格，崇尚知识，又挺君子操守，正直不阿，深受后世学人尊崇。王充比桓谭年龄稍小，实际上是同时代人。他曾说：

> 世间为文者众矣，是非不分，然否不定，桓君山论之，可谓得实矣。论文以察实，则君山汉之贤人也。陈平未仕，割肉闾里，分均若一，能为丞相之验也。夫割肉与割文，同一实也。如君山得执汉平，用心与为论不殊指矣。孔子不王，素王之业，在于《春秋》。然则桓君山不相，素丞相之迹，存于《新论》者也。（《论衡·定贤篇》）

这里就是"素丞相"一说的出处。王充说《新论》能够"论文以察实"，这就叫做能"割文"；而"割文"与"割肉"道理是一样的：当初陈平"割肉"公正，便是"丞相之验"，后来果然做了丞相；桓谭既然能够公正"割文"，这也是"丞相之迹"，可惜他没有做成丞相，所以他是"素丞相"。

嗣后对桓谭的赞颂更多，而视角各有不同。宋代王安石有诗云："崎岖冯衍才终废，索寞桓谭道不谋。"（《严陵祠堂》，《临川文集》卷二十五）肯定他坚守自己的"道"而不惧人生"索寞"的精神。又宋代周紫芝直谓桓谭为"大豪杰"："有人于此，确然自信而无所疑，毅然自守而不可夺，爵禄不能劝之使从，刑僇不能威之使惧，非天下之大豪杰，吾知其不能矣。余于东京而得桓谭焉，……

观谭展转于新室纷更之余，终不肯一言以取媚于时。及中兴之后，谶说益盛，而犯颜力诤，以辨其非，则其人自视岂随其波而泊其泥者哉？故曰士有特立独行，不移于举世之所好，而自信其道者，然后可以谓之大豪杰也。"（《太仓稊米集》卷四十五）这是敬仰桓谭的人格。清代朴学家们对于桓谭执着追求真知真识的精神大为佩服，更将他当作治学的偶像："愚谓桓谭《新论》足以证今古文《孝经》之伪，岂不足以证古古文《尚书》之真哉？……余敢望桓谭其人，而辄旦暮遇之也哉！"（清·阎若璩《尚书古文疏证》卷二、卷五下）一位文人学士身后竟拥有如许多知音，能够得到不同时代优秀人物的赞赏表彰，真是无憾了！

高才不遇的冯衍

"冯衍"这个姓名，几乎是古代文士怀才不遇的代名词。陆龟蒙说"冯衍归来，始叹高才不遇"；王安石说"崎岖冯衍才终废，索寞桓谭道不谋"。此外，鲍照、王维、柳宗元、苏轼、宋祁、杨万里等许多人都曾为他鸣不平。冯衍的生平究竟如何"崎岖"？他有多"高才"？他为何"不遇"？"不遇"到什么程度，博得后代这些大作家们为之反复咏叹，为之一掬同情之泪？

一 崎岖人生

古代皇权体制下，才士能够仕途亨通、实现功名夙愿者，虽然代不乏人，但按比例说，实在不多。西汉时期有位在朝廷当小官"郎"直到七八十岁的"老冯唐"，他以毕生不遇的经历，铸成了一个著名典故，那就是杜甫在诗里咏叹的"冯唐垂白老"（《垂白诗》），而王禹偁也在诗里说"羞杀老冯唐"（《送礼部苏侍郎赴南阳》）。不过这位老冯唐虽然倒霉，却终于遇到了汉文帝，可怜巴巴的他被提升做了车骑都尉。可是东汉另一位姓冯的人物，则没有如此好的运气，他忙碌一生，辛苦一生，而且才华出众，显然比冯唐优秀，却始终未得到显赫的功名前程，反倒最后老病乡里，潦倒终生。此人就是冯衍。

两位都姓冯，出身不相同。其实冯衍家世既有凭藉，本人亦非无能之辈，比老冯唐强得多。冯衍父、祖在西汉后期曾任高官，又封侯；而且他幼有奇才，年九岁能诵《诗》，二十而博通群书，名声鹊起。照说他的前程不可限量，但冯衍的人生难题就出在他遭逢了乱世。年轻时正逢西汉衰亡、王莽建立新朝之际，当时一般士人都存在一个出处的问题，不少人出来表态支持王莽，赫赫有名的学者扬雄就写了一篇文章《剧秦美新》，称颂王莽的新朝；另一位大儒刘歆更加积极，当了新朝的国师。其时王莽朝中一些公卿高官也都荐举冯衍出仕，但冯衍看到时局不稳，隐患甚多，对王莽政权缺乏信心，他不为眼前利益去冒险，坚辞不仕。新莽政权只建立了十几年，由于政策上的一连串失误，弄得国家扰乱，民不聊生，各地百姓相继揭竿而起，赤眉、新市、平林等武装席卷全国，天下大乱。而汉室宗亲也不甘退出历史舞台，纷纷趁乱起兵，群雄角逐的局势再现。当时有王莽的将军廉丹，讨伐山东赤眉军，召辟冯衍为掾。冯衍虽然应召前来，却劝说廉丹脱离王莽，相机行事。他说出四句名言："期于有成，不问所由；论于大体，不守小节。"这些话就是要廉丹在乱世中不要固执立场，要着重考虑结果能否成功；所谓"论于大体"，就是要看清大形势，"小节"应当是指私人关系。总的意思是不要愚忠于王莽。那廉丹不听，终于战死。

不久，王莽失败被杀，各路实力派人物拥立更始帝刘玄于长安。更始朝的要员鲍永，受任"行大将军事"，奉命前往并州去开拓地盘、稳定局势。这时，冯衍觉得时机成熟了，遂进入鲍永幕中，为他设计献策，被署为立汉将军。他们一路顺利进驻太原，冯衍兼任狼孟县长。鲍、冯与上党太守田邑各拥武装，三人成鼎足之势，联合捍卫并州，安辑乡土，以观时变。几乎与鲍永、冯衍等前往并州同时，从南阳起兵的刘秀，也被更始帝委以破虏将军、行大司马，到河北冀州一带收略地方。刘秀颇能用兵，在河北地区战胜诸多王莽残部、地方军阀和赤眉农民军，连下巨鹿、邯郸等城市，直打到蓟、平谷等地，只用一年多的时间，就占领了冀、幽两州的广大地区，实力迅速壮大。

更始三年即建武元年（25）六月，刘秀自立为帝，进占洛阳，事实上与长安的更始帝刘玄唱起了对台戏。刘秀为扩展势力，派兵攻打上党，被太守田邑击败，后来田邑得知刘玄已在乱中被赤眉杀掉，加之自己老母妻子等被刘秀部下抓去，便即归降刘秀。刘秀乘势叫田邑招降并州"铁三角"的另二位鲍永、冯衍，但遭到鲍、冯二人拒绝。他们的理由是：既然大家（包括当初刘秀在内）已经奉刘玄为帝，自然不应当违反"臣节"，转投新主。当时并州消息阻隔，鲍、冯二人无法确认刘玄的死讯也是一重要原因。不久，刘玄死亡的消息得到证实，鲍、冯二人也就不再坚持，遂前往河内归顺了刘秀。鲍永还为刘秀前往怀县劝说守将一起归降。后来刘秀平定全国，朝廷里文武官员，济济一堂，论功行赏。刘秀对田邑、鲍永也还宽厚，分别委以官职，后来鲍永更做到扬州牧、司隶校尉等高官，颇受重用；但对冯衍，刘秀却怨恨他当初未能及时归顺自己，所以在论功行赏中没有他的份儿。这是冯衍在东汉的第一次"不遇"。

建武六年（30），发生日食，光武帝刘秀号召朝野建言议政，冯衍上书论八件大事，分别是：显文德、褒武烈、修旧功、招俊杰、明好恶、简法令、差秩禄、抚边境。八件大事被他说得样样重要，件件分明。刘秀看后觉得不错，此时对他的怨恨也渐渐消散，就打算召见他面谈。不想有个司徒长史令狐略消息灵通，得知此事后便去对尚书令王护、尚书周生丰说，冯衍要到皇上那里讲你们坏话，你们可得小心。王、周二人一听便很紧张，赶快向刘秀说冯衍如何如何用心不良，于是刘秀便打消了接见他的念头。一个极佳机会失去了。那令狐略为何如此仇恨冯衍？原来冯衍在狼孟长任上时，曾经严厉打击过地方恶势力令狐氏一家，令狐略一家正在其中，所以乘机报复，不遗余力地诽谤他。这是冯衍进入东汉之后遭到的第二次"不遇"了。

第三次挫折与阴兴、阴就有关。这两位是刘秀皇后阴氏之胞弟，当时他们以外戚身份贵重一时，阴兴还任卫尉，肩负警卫宫廷的重任。兄弟俩附庸风雅，很喜欢与才士们结交。他们很欣赏冯衍的才情，所以主动与之交好。冯衍当时也正无事可做，便经常出入阴家兄弟公府。他还通过阴氏兄弟，与刘氏诸王如刘章等有了交往。这一层人脉关系的建立，对冯衍有一定好处，不久他就被推荐任司隶从事，也就是在京城洛阳的地方长官府中任职。但这件事又招来了麻烦。由于京城里外戚门下宾客甚众，其中不免有人狐假虎威，惹是生非，制造事端。有人将这些外戚的宾客作恶之事控告到刘秀那里，而这位皇帝的作风是事无巨细都要亲自管的，所以他决心整治京都秩序，先拿外戚的宾客们开刀。他下令将那些不守规矩的宾客都抓起来治罪，还杀掉一批。冯衍虽然没有做什么坏事，但是他毕竟平日与那些宾客们常来往，所以他也被视为外戚宾客中的一员，受到怀疑。冯衍一看形势不对，吓得慌了神，就自投监狱，表示拥护当局的治安措施。后来，他虽被无罪释放，但却受到惊吓，从此离开洛阳，西归杜陵故里，闭门自保，不敢再与亲故联系交往了。这一次的挫折，怪不得别人，只能怪冯衍自己功名心切，结交不慎了。

此后，冯衍便一直赋闲在家，无所事事。他寿命不短，活到八十余岁。后半生家庭生活也不愉快，前妻不知何故被他"休"掉了。在这件事上他也犯了错误。娶进来的后妻任氏凶悍异常，不仅虐待前妻之子，而且脾气暴躁，平日对冯衍没有好脸色，动辄詈骂争吵，甚至将他逐出家门。冯衍晚年穷困老病，生活相当凄惨，真是"崎岖"得很哪！

二　蚌病成珠

冯衍政治上只是早期有偶尔的灵光一显，后来便再无什么建树。但是在文学上，冯衍可是实实在在的"高才"。冯衍的文学成就在东汉可入一流作者行列。范晔撰写《后汉书》，凡人物纪传，多是数人合一卷，少数重要人物一人设一卷，一人而设上、下两卷者极少。查全书中为之设上下卷的传主，只有开国君主光武帝刘秀一人。此外就是列传中的班固、蔡邕、袁绍，都占有一卷半篇幅。冯衍也占了一卷半（他与桓谭合一卷，再加独自一卷）。可见在范晔心目中，冯衍与班固、蔡邕可作等量齐观。此三人为何占有如许多的篇幅？主要是因为全文引述他们的文学作品较多，如班固传中引《两都赋》等，蔡邕传中引《述行赋》等；至于冯衍，本传中大段引述的有《说廉丹》《上疏自陈》《计说鲍永》《遗田邑书》《与阴就书》，而最长的一篇就是《显志赋》，这些都被视为一代文章佳品。

　　《显志赋》写于作者生活后期。就性质而言，无疑属于刘勰所说的"序志"一类。关于本篇作意，冯衍自释曰："显志者，言光明风化之情，昭章玄妙之思也。"要在昭示本人的心情志尚。赋前有"自论"之文，述本人不遇经历："……喟然长叹，自伤不遭。久栖迟于小官，不得舒其所怀。抑心折节，意凄情悲。"又说："况历位食禄二十余年，而财产益狭，居处益贫。惟夫君子之仕，行其道也。虑时务者不能兴其德，为身求者不能成其功。去而归家，复羁旅于州郡，身愈据职，家弥穷困，卒离饥寒之灾，有丧元子之祸。"这些都说自己为人清正，光明磊落，应当说这些都是冯衍的实话。接着又写尽管自己遭遇诸多不幸，但仍秉持"'有法无法，因时为业，有度无度，与物趣舍'。常务道德之实，而不求当世之名，阔略杪小之礼，荡佚人间之事"，此皆敷衍道德之论，申述超世之志，表明作者其时对于功名利禄已经看得开了，心态上能做到淡定从容，与世无争。

赋中为了"显志"，大量引述历史人物和事件，藉以寄托作者的身世悲悼和思想取舍。他的主要意思是强调"忠信"，反对纵横权术，"遘祸""擅强"，主张弘扬"先王之法则"。在赋中，作者对屈原表示了最高的钦佩和认同，树为立身行事的榜样，说：

> 披绮季之丽服兮，扬屈原之灵芬。高吾冠之岌岌兮，长吾佩之洋洋；饮六醴之清液兮，食五芝之茂英。

赋中也效仿《离骚》，写周览天地四方上下古今，遭逢众多历代圣贤人物，回顾了不少成败经验，体悟到古今人生真谛，增添了不少反思后的自信，但结果还是回归现实的迷惑和失落。冯衍以屈子自拟，从精神到文字上都在效法他心目中的"前修"，这有助于建立他道德上的制高点，也有助于作品确立感人的悲情格调。《显志赋》还突出写到孔丘和老聃，冯衍晚年服膺的，主要是他们的"知命"学说和"贵玄"思想。看得出来，这些都是作者在无奈中为了"守寂寞"而聊以自慰的做法。赋中说："岁忽忽而日迈兮，寿冉冉其不与；耻功业之无成兮，赴原野而穷处。"冯衍在这里很坦白，他承认自己穷处是功业无成的无奈结果，不是他的主动选择。《显志赋》写出了穷处的无奈，同时写出了"傲倪而高引"，这里有真诚的态度，也有高洁的境界，因此它是东汉优秀的辞赋代表性作品之一。

冯衍的作品，即使平常小文，亦饱含文采，颇见妙趣。如《与妇弟任武达书》虽为一普通书信，写家庭琐事，但他以整饬的文字诉说了后妻的凶悍可恶之状：

> 牝鸡之晨，唯家之索，古之大患，今始于衍。醉饱过差，辄为桀纣；房中调戏，布散海外；张目抵掌，以有为无。痛彻苍天，毒流五脏。愁令人不赖生，忿令人不顾祸。

翻译成现代汉语，这段话就是：母鸡清早打鸣，那是家庭的大不幸。古人的大患难，今天让我冯衍遇到了。（她）吃饱喝足了，就要扮演暴君桀、纣那种角色。她在家里拿我寻开心，又到外面宣传我的不是。（她）凶神恶煞般对待我，却装出若无其事的样子。我的痛苦可以向苍天投诉，我受的毒害遍布五脏。我忧愁得都不想活了，我气愤得都愿意去闯大祸！——这些文字，读来既令人同情其"愁"其"忿"，也使人看出这位书生不擅处理家庭关系，以致觉得他滑稽可笑。

关于冯衍的文学成就，刘勰谓："敬通雅好辞说，而坎壈盛世。《显志》自序，亦蚌病成珠矣。"（《文心雕龙·才略》）一方面肯定他的"辞说"文章，同时也称赞《显志赋》是"蚌病成珠"。所谓"蚌病"，当指冯衍"坎壈盛世"的生活遭遇。正是"蚌病"，才结出《显志赋》这样的"珠"来。此中原理，盖与司马迁所说的"屈原放逐，乃著《离骚》；左丘失明，厥有《国语》"（《史记·太史公自序》）等略同，我们不妨也可以借用司马迁的思路和语气，补充一句："冯衍不遇，遂有《显志》。"

三 关于"文过其实"

冯衍后期赋闲在家，窘迫之余，曾向光武帝刘秀上书，主动表达忠款，兼以显示文采。刘秀尽管对他的生花妙笔颇为赞赏，却再无起用他之意。刘秀去世之后，老年冯衍也曾再次燃起出山的希望，他上书明帝刘庄，致以拳拳诚意。但朝廷里只要一提起冯衍，不少官员就异口同声说他"文过其实"，好像他只会写文章，做其他事都不行。这种说法形成一种舆论，影响到刘秀、刘庄父子两代皇帝，压得他没有出头之日，只能终老在家，向壁而叹。

冯衍真的是"文过其实"吗？对此需要进行分析。一方面，当时朝廷里确有人在恶意攻击、贬低他。但仔细考察冯衍一生，在冯衍的从政经历中，确实也表现出不少问题，要说"文过其实"也不算大错。首先是他在应对政治事件时，往往从抽象观念出发，这就容易出现差错。尤其在战乱复杂的情势下，他的书生式思维方式会导致严重后果。最明显的例子便是当初他在刘玄与刘秀两边的选择问题。其实更始帝刘玄是在新莽末战乱初起时被仓促推上帝座的，其个人品格和政略才具都很平庸。《后汉书》本传载他初称帝时"素懦弱,羞愧流汗,举手不能言";后来进入长安,百废待举之际,又"日夜与妇人饮燕后庭,群臣欲言事,辄醉不能见",当时群臣即有不满议论,说"成败未可知,遽自纵放若此!"如此不成器人物,因一时有了个帝号,冯衍便将他奉为神圣,忠贞不渝。他在给田邑的信中说:"衍闻之:委质为臣,无有二心……大丈夫动则思礼,行则思义,未有背此而身名能全者也。"他希望田邑与自己一样"显忠贞之节,立超世之功"。他对时局不作清醒分析,对刘玄缺乏基本的认识了解,便死心塌地当起了"忠臣"和"守道之臣"。他大义凛然地"守道"的结果,就是政治上"站错队",最后还是情势所迫,不得不投向刘秀。或许由于前面吃了盲目"守道"当"忠臣"的亏,受到事实的严重教训,冯衍后来改变了做法。他不再谨守那些道德信条了,行事多从功利效果出发,拿他自己的话说就是"期于有成,不问所由",做事情主要看结果,于是有了与外戚阴氏之间的密切关系。而事实表明,他在作风上转向实用主义,给自己造成更大的麻烦,以致影响终生。当初他曾教训廉丹说要"论于大体",实际上他自己就很少做到。这些难道不是"文过其实"吗?

　　不过平心而论,这样的"文过其实"不是冯衍一人的问题,文人的特长就在于"文"。文章或者文学,与社会政治当然有关联,但毕竟是两码事,我们不能要求优秀文人在实际事务包括政治方面也一定是优秀的、成功的。纵观文学史上,有几个杰出文学家同时又是优秀政治家的?屈原自古以来被确认是伟大文学家,但他在政治上的表现如何？很难说。我们在《离骚》等作品中看到的，也就是一位拥有道德正义的文士，高调咏唱着"美政"理想，他面临现实政治上的节节败退，只好以发泄"牢骚"为能事。曹植、李白、杜甫这些公认的文学天才，他们在政治上几乎也都是失败者，或者谈不上有什么作为。王安石是文学家中政治实干能力最强的一位了，他推行强有力的政治改革，企图治疗并振兴北宋千疮百孔的社会，但也以失败告终，并且加入到咏叹冯衍的队伍中来。至于东汉时期的优秀文学家王充、班固、张衡、蔡邕等人，他们在政治上也都没有什么可歌可颂的成就，有的还犯有过失，其实也都是"文过其实"者。如此说来，对于历史上的文学家，只要他们在大节上说得过去，没有严重的品德污点，我们就只管欣赏他们的"文"就是了，不必多管他们在"实"的方面表现如何。任何作者之"文"与现实生活之间，总会存在若干间离现象，完全做到"文如其实"、"文""实"相对应、相匹配之人，在文学史上实在少之又少。所以，"文过其实"也不应成为冯衍独有的一条"罪状"，我们对他也就不要求全责备了吧。

父子、兄妹、祖孙：班门群英

　　文学史上多位作者同出一门的情况并不稀见，如西汉有枚乘、枚皋父子，刘向、刘歆父子，三国有曹魏"三祖"加曹植，又有阮氏父子叔侄，西晋有陆氏兄弟，南朝有谢家诸雄。唐代杜甫敢说"诗是吾家事"（《宗武生日》），因为他祖父杜审言就是位优秀诗人。宋代有大名鼎鼎的"三苏"。除此之外，还有很多很多。若论东汉，则首推班氏，他们家不仅有班彪、班固"父子兵"，还有班固、班昭"兄妹档"，若往远追溯，还有班婕妤与班昭的"祖孙女将"组合。他们每一位都是文学高手。出现这种奇妙的文学景观，在中国古代宗法社会里，家族内部重视文化传授和训导，应该是最重要的因素。其次，我们也不能否认文学基因的传承作用，因为毕竟不是每个家族都会出现这种奇迹的。

一　班门群英之班彪

1.雄辞杰识

　　班彪出身官宦世家，先辈在西汉后期任过郡守等官职。班彪年轻时遭遇王莽、更始之乱，曾避难天水，暂依军阀隗嚣。那隗嚣自恃拥有武力，想着长久割据，称霸一方，所以很向往春秋战国时天下分裂的局面。他曾问青年班彪："意者纵横之事复起于今乎？"班彪的回答却使他失望："周之废兴，与汉殊异。昔周爵五等，诸侯从政，本根既微，枝叶强大，故其末流有纵横之事，势数然也。汉承秦制，改立郡县，主有专己之威，臣无百年之柄。……方今雄杰带州域者，皆无七国世业之资，而百姓讴吟，思仰汉德，已可知矣。"（《后汉书》本传）班彪在这里指出周代与汉代"殊异"，最大的不同就在于体制上的差别：前者实行的是分封制，即封建制，那时周王实权有限，而诸侯势力根深蒂固，所以能够世代生存，还可以玩纵横之术；后者则已经实行了二百年皇权制，地方势力缺乏"世业"根基，虽能暂时乱中得势，终难持久存在，老百姓还是希望汉朝复兴。应当说，他对当时历史及现实的分析甚为深刻。但是隗嚣不服气，强辩说：那些笨蛋们当然只知道姓刘的汉朝皇帝，可是摆在秦朝末年，天下逐鹿，有谁知道姓刘的能做皇帝呢？班彪一看这隗嚣目光短浅，却野心勃勃，跟着他不会有好结果，于是再往西去，投奔河西窦融。那窦融头脑清醒得多，加入了当时节节取胜的刘秀集团，成为"河西大将军"。后来刘秀削平群雄，统一全国，隗嚣被消灭，割据美梦没有做成；而班彪随着窦融进入刘秀朝廷。刘秀问窦融，先前所上的奏章是谁执笔？窦融说那全出自班彪之手，刘秀因此召见班彪，颇欣赏其才情。关于窦融荐举班彪之事，后世流为美谈。唐代诗人李商隐在文章中说："吴公之荐贾谊，未塞前旌；窦融之举班彪，仍当后乘……"（《为东川崔从事谢辟启》)。又三公屡辟,后来又出任徐、望都等县令,在任颇有政绩,吏民爱之。班彪还曾任职于太学,王充就是其学生之一。他又曾上疏,建议皇太子和诸王"宜博选名儒"为师傅,得到刘秀的首肯采纳。

不过,班彪才高而好述作,不脱文士本色,所以他的精力多半使用于文史之间。他的作品今存不多,但有精品传世,后人曾有说法:"班彪之览,木华之赋,郦元之经,卢肇之说,韩愈之碑,雄辞杰识……"(宋胡铨《答谭思顺书》)这里提及了历代不同文体的代表性作品,并以"雄辞杰识"来概括它们的特色,其中便包括班彪之作。所谓"班彪之览",指的就是《览海赋》。班彪此赋写"余有事于淮浦,览沧海之茫茫。……顾百川之分流,焕烂熳以成章。风波薄其裔裔,邈浩浩以汤汤"等,真的雄辞磅礴、气势不凡。至于里面的思想,是否够得上称为"杰识"?还须另当别论。

我们还是先从班彪的其他作品来看他的思想见识。今存班彪文章,有《王命论》《史记论》等,前者论述皇权的合法性问题,后者评论上古以来史学著作的得失,内容比较充实,且有一些独到见解,特别是在政治历史、伦理道德等问题上,提出了不少属于自己的看法。班彪的这些看法,可以认为其中包含一些有价值的意见,但是否可以成为杰识,还是需要讨论的。

例如他的《王命论》,分析刘邦能够在秦末乱局中建立汉朝,有五大原因,说得相当全面:

盖在高祖，其兴也有五：一曰帝尧之苗裔，二曰体貌多
奇异，三曰神武有征应，四曰宽明而仁恕，五曰知人善任使。
加之以信诚好谋，达于听受，见善如不及，用人如由己。从谏
如顺流，趋时如响起。当食吐哺，纳子房之策；拔足挥洗，揖
郦生之说。悟戍卒之言，断怀土之情；高四皓之名，割肌肤之
爱。举韩信于行阵，收陈平于亡命。英雄陈力，群策毕举，此
高祖之大略所以成帝业也。

这五点，后面两点颇为符合历史实情，刘邦能够战胜项羽而"成
帝业"的关键，一是他比较"宽明"，头脑清醒，从善如流，料事有
方，待人大度，不拘小节；二是他能够容人，善于用人，文臣武将，
人才济济，愿为所用，虽然屡次失败，而屡败屡战，终于取胜。这
些说法，应当认为对于历史事件和人物，都有相当的判断力。不过
前面所说的三点，什么"帝尧之苗裔""体貌多奇异""神武有征
应"云云，完全是牵强附会、生拉硬扯之说。刘邦与帝尧有什么血
缘关系？这种历史上影子都没有的事情，只有那些溜须拍马的无
耻文人说得出口。若说到体貌，与公认的盖世英雄项羽相比，历史
真实记载中的刘邦，只不过是猥琐无赖模样。至于"神武有征应"
之类，更是凭空虚造的妄说，是谶纬一类骗人的把戏。班彪将这
些浅薄荒谬的说法，也当作严肃的道理来叙述，这是把自己贬低
到谎言捏造者和传播者的层次上去了。作为史学家而相信这一类
说法，应当说缺乏起码的清醒头脑，连常识都显得不够，更不用说

"杰识"了。班彪接着还说：

> 若乃灵瑞符应，又可略闻矣。……是以王、武感物而折券，吕公睹形而进女；秦皇东游以厌其气，吕后望云而知所处。始受命则白蛇分，西入关则五星聚。故淮阴、留侯谓之天授，非人力也。历古今之得失，验行事之成败，稽帝王之世运，考五者之所谓，取舍不厌斯位，符瑞不同斯度，而苟昧于权利，越次妄据，外不量力，内不知命，则必丧保家之主，失天年之寿，遇折足之凶，伏斧钺之诛。英雄诚知觉寤，畏若祸戒，超然远览，渊然深识、收陵、婴之明分，绝信、布之觊觎，距逐鹿之嚚说，审神器之有授，贪不可几，为二母之所笑，则福祚流于子孙，天禄其永终矣。

这里进一步解说他的所谓"灵瑞符应"，什么"白蛇分""五星聚"等等，将成败得失归结为"天授，非人力也"，将"天命"当作改朝换代的主要依据，这当然是不科学的历史观。即使在古代，也有不少人对于班彪的说法提出质疑，如宋代就有人说："历代之君，或以功，或以德，而受天命也。然班彪作《王命论》以为出于天命，唐柳宗元作《贞符书》以为由于人事，何耶？""夫怪力乱神之事，圣人之所不言；图谶符瑞之学，君子之所不取。若叔皮作《王命论》，是特知高祖之兴，五星聚，白蛇分，而不知诛秦灭项约法三章，则有功于民，而后受天命者也。以是观之，叔皮虽世掌史书，岂为无失乎？"（史尧弼《莲峰集》卷五《历代之君出于天命人事辨》）这里批评班彪的"王命"之说，指出其夹杂"怪力乱神"之类，明显有"失"，不可取。看来班彪的"雄辞"有余，而"杰识"方面则要打一点折扣，尤其在历史观上尚存欠缺。

班彪卒于建武三十年（54），享年五十二岁。班彪年轻时代遭逢乱世，后半生则进入东汉中兴时期，在千变万化的时势中，他却能善作选择，履险如夷，全身保生，显示了他在复杂的社会环境中具有很强的适应能力。他拥有明睿的生存之道，在这方面确有一些"杰识"。入东汉后受到刘秀信任，政治生涯平稳。班彪没有做过大官，只做到司徒掾、县令等。他并不很在意官职大小，因为他的人生目标主要在著作方面，功利观念并不很强烈。今本《汉书》中的《翟方进传》就是他的手笔，传末的评语说"司徒掾班彪曰"，他将"司徒掾"的名号顶戴在自己名字前，似乎还颇以为荣。不以官小而耻，这应该也是班彪的一种人生机智。唐代李华曾评论说："班彪识理，张衡宏旷。"所谓"识理"，与上面所说的"雄辞杰识"有相通的部分，但还不完全是一回事，应该指的是他在人生处世中的理性通达态度。

2."后传"的得失

班彪毕生从事的最重要的文化活动，就是关于汉代历史的整理和撰写了。在西汉武帝时期，司马迁早已写就了历史巨著《史记》，不过班彪觉得还存在不少缺憾。首先是自武帝太初年间以后，也就是司马迁身后的事，不再有权威的历史记述，虽然也有一些好事者包括著名文士如扬雄、刘歆、阳城衡、褚少孙、史孝山之徒，缀集时事，想做续貂工作，但在班彪看来，它们大多"鄙俗不足以踵继其书"，客观上《史记》需要有一位优秀的续写者。其次是《史记》尽管取得了伟大成就，但在班彪看来，也还存在不少缺点和失误。对此他有相当具体的考虑，并且形成一套意见。首先是"迁之所记，从汉元至武以绝，……采经摭传，分散百家之事，甚多疏略"，这是事实。《史记》所写对象，笼括上下三千年，不可能写得很详备，疏漏在所难免。还有，班彪对《史记》的写作立场和观念不大认同。他认为司马迁"崇黄老而薄五经"，问题很严重，是"大敝伤道"。班彪如此说，未必妥当。因为司马迁对先秦诸子的思想学说是平等看待的，他分析各家优劣，说"道家使人精神专一，动合无形，赡足万物"，又说"儒者博而寡要，劳而少功"等，都基本符合实情，并无明显的偏向。而班彪则将儒家置于神圣地位，在独尊儒术的前提下来看待诸子百家，所以他本人倒存在严重的先入之见。在这些问题上，他的"杰识"又要打一点折扣。尽管如此，班彪自己还是很认真地做着续写汉史的工作，他虽然对司马迁存有某些偏见误解，但是司马迁说的"究天人之际，通古今之变，成一家之言"，这种人生境界对他具有太大的吸引力，他倾力写出了"后传"数十篇（刘知几《史通》说他写了六十五篇）。之所以取名"后传"，是司马迁之作当时尚无"史记"名称，只称"前史"，所以班彪显然是要接写《史记》。

班彪所写的"后传"文字，在今本《汉书》中尚可见到痕迹，如有些篇章的末尾，有署名班彪的评语，据此大致可以认定，这些篇章基本上就是班彪的手笔了。它们有《韦贤传》《翟方进传》《元后传》等。就这三篇传文看，它们在今本《汉书》中显得都有些特别，在写法上与其他篇章颇为不同。这种不同是优是劣？下面我们稍作介绍、分析。

《韦贤传》写韦氏一门几代人物。本篇的写作特色在于描写人物都很简洁。先写韦家先祖韦孟，生活在西汉初，"家本彭城，为楚元王傅，傅子夷王及孙王戊。戊荒淫不遵道，孟作诗风谏。后遂去位，徙家于邹，又作一篇。其谏诗曰"云云。然后写"孟卒于邹。或曰其子孙好事，述先人之志而作是诗也。自孟至贤五世"。其中引述了韦孟的一首长篇四言诗（"肃肃我祖……"），文字不短，竟超过了叙述韦孟事迹的正文许多。也就是说，引文多于正文。

然后进入写传主韦贤本人："贤为人质朴少欲，笃志于学，兼通《礼》《尚书》，以《诗》教授，号称'邹鲁大儒'。征为博士，给事中，进授昭帝《诗》，稍迁光禄大夫詹事，至大鸿胪。……贤七十余，为相五岁，地节三年，以老病乞骸骨，赐黄金百斤，罢归，加赐第一区。丞相致仕自贤始，年八十二薨，谥曰节侯。"作为人物传记，文字也很简约。下面接着又写韦贤之子韦玄成："玄成字少翁，以父任为郎，常侍骑。少好学，修父业，尤谦逊下士。出遇知识步行，辄下从者，与载送之，以为常。其接人，贫贱者益加敬，繇是名誉日广。以明经擢为谏大夫，迁大河都尉。……玄成为相七年，守正持重不及父贤,而文采过之。"叙述同样很简洁。总之,本篇在叙述韦贤、韦玄成父子两位宰相的事迹方面,都比较简略。而这部分文字中也有引文,所引的是韦玄成的《自劾诗》("赫矣我祖,侯于豕韦……"),篇幅也不短。这些引述文字虽然较长,但毕竟它们是传主亲自所撰,与传主生平关系密切,它们可以是传文的一部分。

然而本篇以下文字中的引文,问题就大了。这些引文包括"尹更始等七十人皆曰……","大司马车骑将军许嘉等二十九人认为……","于是,光禄勋彭宣、詹事满昌、博士左咸等五十三人皆以为……","大司马王莽奏……谨与大司徒晏等百四十七人议,皆曰……"等。这些引文存在一些问题:首先,它们的文字更多、更长,加在一起,其绝对数量比传文正文长出许多倍;其次,这些引文的作者并非传主,这等于是将他人的作品收录进传文中来了;第三,这些引文全是讨论某一朝廷的相关礼法问题,具体而言就是有关汉代皇家祖宗宗庙的名号取舍问题。此问题涉及汉代列朝皇帝的"神格"身份的安排序列,亦即汉代诸皇帝的"昭穆""祖宗"的确定和称呼问题,比如称刘邦为"高祖"、称文帝为"太宗"等等。所以对汉朝皇室来说非常重要,当然受到朝廷的重视,也引起不少对于礼乐制度拥有发言权的文士的关注。但是这个问题对于本篇传文的传主而言,其重要性显然不那么大,对于传主的生平和思想介绍,更是关系甚小,所以它们以这么长的篇幅被安排在传文之中,显然是不合适的,属节外生枝、张冠李戴。对于传记文学作品而言,这种写法也是不规范的、颇为"出格"的,它使得传文显得不伦不类，降低了史传文学的质量和水平。所以，我们不能不说，像《韦贤传》这样的篇章，是写得比较差的作品，至少在文学性上是无可赞述的，不妨说这样的文章是败笔。

《元后传》则是另一种情况。传主是汉元帝皇后王政君。她位高寿长，历元帝、成帝、哀帝、平帝、孺子婴、新莽总共两朝六帝。她十八岁入宣帝掖庭，为皇后"家人子"；不久被送予太子（即元帝），得幸生子刘骜（即成帝），骜大受宣帝宠爱，被立为皇太孙。为此，她也母随子贵，在宫中受到器重。元帝即位，刘骜立为太子，她亦立为婕妤，三日后又立为皇后，其父亲王禁也封为阳平侯，叔父王宏为长乐卫尉。王禁不久病故，长子即她的长兄王凤，袭爵阳平侯，并任卫尉、侍中。元帝死，成帝即位，她作为皇太后，权势更盛，兄王凤为大司马大将军，领尚书事，专断朝政，而她的胞弟王崇封安成侯，食邑万户；不久，王家诸兄弟皆封为侯，有王谭、王商、王立、王根、王逢时等，时称"五侯"。当时"王氏子弟皆卿大夫、侍中诸曹，分据势官满朝廷"，"政事大小皆自凤出，天子曾不一举手"，"郡国守相刺史皆出其门"。又有百姓歌曰："五侯初起，曲阳最怒，坏决高都，连竟外杜，土山渐台西白虎。"王氏一门荣贵，引起其他大臣的非议，然而在成帝翼护之下，安然无事。王凤病死之后，又有另一王氏兄弟王音接任大司马、车骑将军，执掌朝柄。王音辅政八年而亡，王商代为大司马、卫将军，继续执政。四年之后，王商死，王根继任为大司马、骠骑将军。再过五年，王根"乞骸骨"退位，王莽遂继任大司马。这王莽是王皇太后早亡的胞弟王曼之子，是她的亲侄儿。王莽辈分稍小，王凤死后才出道从政，起初只是封新都侯，后来名誉日隆，地位迅速上升，终于专主朝政，经哀帝、平帝，成为安汉公，并成立新朝以代汉。王莽代汉本来是一个很复杂的过程，而班彪通过本篇传记的设立，通过对王政君个人经历的叙述，将这个过程讲述得条理清晰，事理清楚。王政君是王家得以代汉的关键人物，她个人具有双重身份：既是汉元帝刘奭的皇后、后来的皇太后、太皇太后，是刘家人物；同时她又是王家之女，是诸王的姊妹、姑母、太姑母，是王家人物。双重身份对她而言极为重要，她不能失去任何一方。这使她在保持利益均衡方面拥有特殊的立场：在保证刘家皇权不致倾覆的同时，又要保证王氏能够不断取得最大利益。这是一种两难的微妙平衡，最后却被王莽篡汉的行为打破了。她的"太皇太后"身份被取消，王莽封给她"新室文母太皇太后"这个奇怪的名号；令她不能忍受的是，她的夫君汉元帝的宗庙被毁坏，改造成为"文母太后庙"中的一所"食堂"，将来供她入主，她见状后不由得大怒。班彪这样写当时的情状：

> （太后）既至，见孝元庙废彻涂地，太后惊，泣曰："此汉家宗庙，皆有神灵，与何治而坏之！且使鬼神无知，又何用庙为！如令有知，我乃人之妃妾，岂宜辱帝之堂以陈馈食哉！"私谓左右曰："此人嫚神多矣，能久得祐乎！"饮酒不乐而罢。

王政君一向袒护侄儿王莽，但这一次她的态度变了，因为王莽破坏了她的平衡底线，她"惊泣"了，而且说了狠话：你们拆毁我夫君汉元帝的宗庙，这是得罪了神灵！你休想再得到神灵的护佑，你这样做长不了！班彪在篇末又以史家的身份评论说：

> 司徒掾班彪曰：三代以来，《春秋》所记，王公国君，与其失世，稀不以女宠。汉兴，后妃之家吕、霍、上官，几危国者数矣。及王莽之兴，由孝元后历汉四世为天下母，飨国六十余载，群弟世权，更持国柄，五将十侯，卒成新都。位号已移于天下，而元后卷卷犹握一玺，不欲以授莽，妇人之仁，悲夫！

班彪亲自出面，评说王政君其人其事。他的意思是，历来帝王失世，多因为女宠，王氏一门兴盛，以致王莽代汉的历史事件，基本的要因是有她的存在。但是她在最后时刻竟反对王莽称帝，还紧紧揾着那传国玺不想交给王莽。这种自相矛盾的表现，被班彪说成是"妇人之仁"，而且感叹说"悲夫！"实在写得既客观真实，又很微妙，很出色。本篇传文，与上述《韦贤传》相比，显然写得更加优秀一些。而班彪亲自出面说话的篇末评语，也写得颇为精到。

顺便要说的是，今存《汉书》中保存了三篇"司徒掾班彪曰"领起的篇末短评，这是仿照司马迁在《史记》中传末所作"太史公曰"的写法，同时也体现"卒章显其志"的《诗三百》传统。除上举

《元后传》一篇外，这里再录其余二篇，以为鉴别：

> 司徒掾班彪曰：汉承亡秦绝学之后，祖宗之制因时施
> 宜。自元、成后学者蕃滋，贡禹毁宗庙，匡衡改郊兆，何武定
> 三公，后皆数复，故纷纷不定。何者？礼文缺微，古今异制，
> 各为一家，未易可偏定也。考观诸儒之议，刘歆博而笃矣。
> （《汉书·韦贤传》）

应当说，《韦贤传》篇末的这篇简短扼要的评论，比他在正文
中的复杂叙述和繁琐引文，要精炼清晰得多。至于他的结论性意
见，说"刘歆博而笃矣"，牵涉到经学中的今古文派系分歧问题，
比较复杂，而他本人看来是站在古文经学一边的，所以支持刘歆。
这是一家之见，毋庸褒贬了。另一篇是：

> 司徒掾班彪曰：丞相方进以孤童携老母，羁旅入京师，
> 身为儒宗，致位宰相，盛矣。当莽之起，盖乘天威，虽有贲
> 育，奚益于敌？义不量力，怀忠愤发，以陨其宗，悲夫！（《汉
> 书·翟方进传》）

该传正文写翟方进及其子翟义生平事迹。翟方进由儒宗而出任宰
相，班彪誉为"盛矣"，褒奖得当。至于其子翟义反抗王莽专权篡
汉，兵戎相见，以失败告终，则是悲壮的，赞以"怀忠愤发"，班彪

叹曰"悲夫"，亦属恰当。此处显示道义所在，文笔中自有正气流贯。而文字更加简洁，概括有力。

总之，班彪的史笔，有的不甚高明，有的则颇为出色，有得有失。班彪编撰"汉史"的工作，在他身后由儿子班固、女儿班昭得以继续完成。这是班家的"世代工程"。诚如宋代陈元粹所说："昔司马谈之文，迁实发之；班彪之文，固实发之。二公光焰，照映千古，以其有子也。"（《省斋集》卷十《原跋》）子女都有出息，也是班彪专心史籍风气影响下结出的硕果。

二　班门群英之班固

1.明哲保身

班固字孟坚，班彪给他取这个名字，就是要他人格坚强，坚守道义，固若金汤。班固不负父望，从小就对文史之学具有浓厚兴趣和很好的悟性。他九岁就能写诗作文，这一点被传为佳话。十三岁那年，班彪的学生王充在太学里见到他，抚着小班固的背对老师说："此儿必记汉事！"这就是说王充预料到他将来会继承父业，撰写汉代历史。班彪去世后，他的"后传"写作中断了。青年班固返回乡里，果然潜心钻研汉代历史，并开始续写汉史。有人上书汉明帝，说班固在"私改作国史"，这可是一条大罪名。当时皇朝历史不允许私人撰写，司马迁写《史记》，有太史令的官方身份，所以没有这个问题，但班固的情况却不是这样。班固被抓去洛阳关押起来，写的东西全被抄没。幸亏班固弟班超诣阙上书，得明帝召见，说明本意。明帝又看了他的一些文字，印象不错，便令班固参与校核皇家藏书，任兰台令史，又迁为郎，这就也有了官方身份，得以继续写作。这是永平初年的事。其后班固潜精积思二十余年，至章帝建初年间，终于在班彪遗稿的基础上，总共写出一百多篇，《汉书》基本成书。

书稿流传开来，当时便得到好评，学者之间传看，都很赞赏。那汉章帝又是个雅好文章的人，班固更加得蒙宠幸，数次进入宫中，伴随皇帝读书，有时竟夜以继日。建初四年（79），章帝诏诸王诸儒在白虎观集会，讲议五经同异，班固担任记录、整理工作，其成果就是《白虎通义》一书。这部书是东汉中叶经学思想的重要文献，在思想史上有很重要的地位。和帝永元元年（89），外戚窦宪率大军出征北匈奴，班固被聘为中领军，参与军机。次年取得大胜，直打到燕然山（即今蒙古国杭爱山）。班固意气风发，作铭文以纪其事，宣扬大汉国威。永元四年（92），窦宪以谋反罪被诛，班固因为与窦宪关系密切，所以受到牵连，被免官。又因班固家人平时在洛阳骄纵惹事，不遵法度，连家奴都敢在大街上顶撞洛阳令，结怨不少。现在后台一倒，洛阳令便将他全家逮捕入狱。不久，班固死于狱中，时年六十一岁。

综观班固一生，才学优异，积极用世，绝大部分时间仕途顺利，长期受皇帝及权臣宠信。由此，使得其人生观自然向功名倾斜，一方面服膺儒术，信仰仁义道德；另一方面则追求名位，附会权势。此点对其写作立场影响不小，无论诗赋文章抑或《汉书》，都流露出正统的儒术理念和个人的功名欲望。今存他的《与窦宪笺》《奏记东平王苍》《东巡颂》《南巡颂》《窦将军北征颂》等，都体现出这种取向。出于其人生立场，班固在一些学术文化问题上的观念也多显露出保守倾向。例如对屈原、司马迁等前代优秀人物，他虽有所肯定，但都有一些不恰当的批评。在《离骚序》中，班固在宣扬"既明且哲，以保其身，斯为贵矣"人生态度的同时，针对淮南王刘安《叙离骚传》的说法，指责"今若屈原，露才扬己，竞乎危国群小之间，以离谗贼。然责数怀王，怨恶椒兰，愁神苦思，非其人，忿怼不容，沉江而死，亦贬絜狂狷景行之士"。他说屈原"露才扬己"，似乎是个自我中心主义者；而屈原在作品中批评楚怀王，是气量不够大，不能容忍不同意见。至于屈原投水而死，那是性格太怪癖的狂妄行为。这些批评都显示出班固自身缺乏是非分明的正义感。那楚怀王本是昏君，屈原为何不可"责数"之？屈原显露自己的才华，有何不可？他又说《离骚》"多称昆仑冥婚、宓妃虚无之语，皆非法度之政、经义所载。谓之'兼诗风雅，而与日月争光'，过矣！"诸如此类言论，表现出班固对于文学作品中的许多描写手法都不能理解，连引用神话故事都要加以排斥。这些话反而暴露出他自己的思想被"法度之政""经义所载"紧紧束缚的问题。在《汉书·司马迁传》中，他又接过其父班彪的说法，责备司马迁"是非颇缪于圣人"云云，还说司马迁不能做到"以智自全""明哲保身"等等。他如此批评前贤，显露出他的思想境界实在很渺小，很卑微，很庸俗，很自私，一点崇高正义感都没有。日后，班固本人终陷刑戮，丧命狱中，比司马迁还惨，又如何叫人同情？后来范晔驳斥他说："（班）固伤（司马）迁'博物洽闻，不能以智免极刑'，然亦身陷大戮，智及之而不能守之。呜呼！古人所以致论于目睫也。"说他虽然看上去很聪明，很会为自己打算，但实际上眼光短浅，自己结局更加不堪。

再者，班固还曾为当时盛行的谶纬辩护，与桓谭、王充等人所持立场相反。宋代叶适说："班固父子，以折衷古今自任，而于谶特多所附合。非其智不足以知之也，盖以时主好尚方盛，遂不敢婴其锋，亦理势之常。至于雷同趋和，比之经典，则希世太甚矣！"（《习学记言》卷二十六评《张衡传》）班固并非不明白谶言是些什么货色，他是故意"希世"迎合皇帝为代表的权力，所以才那样起劲地赞颂谶纬这些欺骗人的东西。他的这些缺点，表面上看去是思想见解比较固陋保守，实际上反映出他人格的局限性，是他为了自身利益"明哲保身"而采取了"希世"的立场，去曲意迎奉歪理邪说，才会如此言论荒谬、批评失当。不过事实表明，班固尽管一再主张"明哲保身"，而他自己"明哲"的结果，却未能实现"保身"，岂不令人诧异？

2.文冠两京

然而班固才情卓著，学养深厚，又加勤奋著述，其文学贡献甚大。班固是文学多面手，文学成就笼盖了文章、诗歌、辞赋等多个领域，还有《汉书》。在整个两汉，他都堪称是一位文学全才，甚至有人说他"文冠两京"（宋张九成《孟子传》），虽然有所过誉，也表明他在东汉文坛上地位之高，影响之大，无出其右者。

班固文章早闻于世，作品今存《答宾戏》《应讥》《典引》等。他的《封燕然山铭》最为有名：

> 惟永元元年秋七月，有汉元舅曰车骑将军窦宪，寅亮圣明，登翼王室，纳于大麓，惟清缉熙。乃与执金吾耿秉，述职巡御，理兵于朔方。鹰扬之校，螭虎之士，爰该六师，暨南单于、东胡乌桓、西戎氐羌侯王君长之群，骁骑三万。元戎轻武，长毂四分。雷辎蔽路，万有三千余乘。勒以八阵，莅以威神；玄甲耀日，朱旗绛天。遂凌高阙，下鸡鹿，经碛卤，绝大漠，斩温禺以衅鼓，血尸逐以染锷。然后四校横徂，星流彗扫，萧条万里，野无遗寇。于是域灭区单，反旆而旋，考传验图，穷览其山川。遂逾涿邪，跨安侯，乘燕然，蹑冒顿之区落，焚老上之龙庭。将上以摅高、文之宿愤，光祖宗之玄灵；下以安固后嗣，恢拓境宇，振大汉之天声。兹所谓一劳而久逸，暂费而永宁者也。

这里描写的是：汉大将窦宪，本是汉和帝母窦太后之兄，是为帝舅。窦宪身为朝廷重臣，挺身而出，为维护皇朝威严而毅然北伐。他率领着如鹰如虎的将士们，犹如周代的姜尚，去讨伐敢与大汉对抗的北匈奴。《诗经》中赞美姜尚说"维师尚父，时维鹰扬"，窦宪就好比那姜尚一般。窦宪还率领着南单于、东胡乌丸、西戎氏羌的各部侯王首领，一起组成浩浩荡荡的队伍，有战车一万三千多辆，气势震慑敌人。大军出征，一路艰苦卓绝，所向无敌，横扫万里，直捣龙庭，为当年曾经受辱的汉高祖、汉文帝报了宿仇，也给今后的子孙安居乐业奠定了基础。这确实是一场以一时艰辛换取永久安宁的伟大战斗。班固在这里调动了他的全部文学能量，为窦宪北征大唱赞歌，也为汉皇朝声威大肆鼓噪。应当说，这篇铭文体现出了大汉帝国的国威，代表着盛世文化的主流精神，亦即刘勰总结汉代文学时指出的"体国经野，义尚光大"（刘勰《文心雕龙·诠赋》）的精神。班固本人也因此跻身于汉代主流文学家之列。本篇后来收入萧统《文选》，列铭类之首。

班固辞赋名篇，首推《两都赋》（《东都赋》《西都赋》），历来备受重视。萧统《文选》入选赋部京都类第一篇，也是全书第一篇。《文心雕龙·诠赋》亦将"孟坚两都"列为"京殿苑猎"题材之代表作。总观《两都赋》的写作，以建都问题为由，"盛称洛邑制度之美"，赞颂东汉皇朝的神圣地位。本赋虽有讽谏奢华风气之用意，但只是"曲终奏雅""劝百讽一"而已；实际思想内涵主要是高唱皇朝赞歌，敷述皇帝神明，皇恩所届，两都繁华，天下太平。至于文辞丰赡，采润多姿，展示描绘技巧，表现辞藻功力，实为一流。其中形容两都之繁华富庶，美轮美奂，环境的雄奇壮丽，令人神迷目眩。这篇辞赋本以骈辞为能，而又具有相当可读性，其写作难度

很大。其中代表性文句如:

> 今将语子以建武之治、永平之事。监于太清,以变子之惑志。往者王莽作逆,汉祚中缺;天人致诛,六合相灭。于时之乱,生人几亡,鬼神泯绝;鼍无完枢,郭阆遗室。原野厌人之肉,川谷流人之血。秦项之灾,犹不克半;书契以来,未之或纪。故下人号而上诉,上帝怀而降监,乃致命乎圣皇。于是圣皇乃握乾符,阐坤珍,披皇图,稽帝文;赫然发愤,应若兴云;霆击昆阳,凭怒雷震。遂超大河、跨北岳,立号高邑,建都河洛。绍百王之荒屯,因造化之荡涤,体元立制,继天而作。
>
> (《东都赋》)

这里歌颂刘秀中兴大业,除了强调"上帝""致命乎圣皇""继天而作"的"天命"正统性之外,还不忘说及"握乾符,阐坤珍,披皇图,稽帝文"等,这些都是图谶一类天命的体现,刘秀曾以此愚弄民众,而班固也不免应声而作。而其辞藻丰赡,文字辉煌,亦颇为突出。与司马相如《子虚赋》《上林赋》相比,毫不逊色。

此外,班固还有《终南山赋》《幽通赋》等篇,亦以文辞丰赡、描述多变化为特色。班固的诗歌,历来最受关注者,即是《咏史》之篇:

> 三王德弥薄,惟后用肉刑。太仓令有罪,就逮长安城。自

恨身无子，困急独茕茕。小女痛父言，死者不可生。上书诣阙
下，思古歌《鸡鸣》。忧心摧折裂，晨风扬激声。圣汉孝文帝，
恻然感至情。百男何愦愦？不如一缇萦。

诗篇说上古三王时期，注重德政，不用肉刑，但后来时势变易，肉
刑出现了。西汉文帝时期有太仓令淳于意，因犯法获罪，羁押入
狱。淳于意无子，唯有女五人，其最小的女儿缇萦，"自伤悲泣，乃
随其父至长安"，上书朝廷："妾父为吏，齐中皆称其廉平，今坐法
当刑。妾伤夫死者不可复生，刑者不可复属，虽后欲改过自新，其
道亡繇也。妾愿没入为官婢，以赎父刑罪，使得自新。"表示愿意
以身为奴婢而赎父。汉文帝览书，颇生同情之心，遂下令："制诏
御史：盖闻有虞氏之时，画衣冠异章服以为僇，而民弗犯，何治之
至也！今法有肉刑三，而奸不止，其咎安在？非乃朕德之薄，而教
不明与！吾甚自愧。故夫训道不纯而愚民陷焉。诗曰：'恺弟君子，
民之父母。'今人有过，教未施而刑已加焉，或欲改行为善，而道
亡繇至，朕甚怜之。夫刑至断支体，刻肌肤，终身不息，何其刑之
痛而不德也！岂称为民父母之意哉？其除肉刑，有以易之。"（《汉
书·刑法志》）这就是著名的西汉文帝时缇萦救父的故事。诗一方
面赞美缇萦作为一名少女，能奋身救父，另一方面赞美西汉文帝为
政宽仁，能体恤民情，废除肉刑。至于本篇的写法，以叙事为主，无
多修饰，尽管曾被钟嵘评为"质木无文"，但不可否认，它是文士
五言诗的早期重要作品。

此外，尚须说及《竹扇赋》：

> 青青之竹形兆直，妙华长竿纷实翼。杳筱丛生于水泽，疾风时纷纷萧飒。削为扇翣成器美，托御君王供时有。度量异好有圆方，来风辟暑致清凉，安体定神达消息。百王传之赖功力，寿考康宁累万亿。（《四部丛刊》初编本《古文苑》卷五）

本篇虽题作"赋"，实为一首完整的七言诗，而且是专题咏物诗。它每句皆押韵，与后世诗歌有所不同，体现了当时诗歌的写作习惯。两汉文士诗歌不发达，其受重视程度明显不如辞赋、文章。而在诸体诗中，七言最被忽视，文士写作七言者极少，作品较五言更为稀见，故本篇弥足珍贵。自两汉四百年诗歌的写作史观之，本篇竟是今存可靠的最早的文士七言诗，其意义更重于《咏史》之于五言诗。

3.《汉书》的文学成就

班固的全部著作中，分量最重、对后世影响最大者，莫过于《汉书》。在写班彪的文章中已述《汉书》始作于班彪，班彪去世后，班固接着写。需要说明的是，《汉书》全部篇章中，"帝纪"前六篇沿袭《史记》改写而成；班彪撰有"数十篇"；班固又写了近百篇。但班固生前，八"表"及"天文志"尚未写就；后来和帝又诏其妹班昭在皇宫内东观藏书阁续写而成。故《汉书》实为多人集体之作，班彪首创，班固撰写及整理之功最多，班昭最后完成。

　　《汉书》写西汉及新朝二百三十年历史，全面记载了当时社会政治、经济、军事及文化大事，记述帝王后妃、将相大臣以及各类重要人物生平经历，评述其得失成败，写作态度认真，蒐集史料甚勤，而条例整饬，事理详核清晰，文笔也较严谨，一代史事，囊括其中，被公认为《史记》之后又一部重要著作，史学价值很高。中国历史著作文体，"纪传体"影响最大，为司马迁首创；不过《史记》从上古写起，直到作者当时（汉武帝时），所以它是"通史"。而《汉书》只写一个朝代，这应当叫做"朝代史"。后世"朝代史"体制颇为风行，"二十四史"绝大部分是"朝代史"，《汉书》就是"朝代史"之鼻祖。而且东汉以后直至隋、唐，各朝史书多名为"×书"，亦本自《汉书》。又，始自汉末迄乎南朝陈代，注解《汉书》者达二十五家之多，亦可见其影响之广。

　　《汉书》的不足，主要也就是写作立场过于向刘汉皇权靠拢，书中美化本朝帝王之处包括隐恶扬善、阿附谀颂的文字篇幅不少，有损史家立场的公正。如写汉武帝，《史记·孝武本纪》中尽写方士少翁、李少君、栾大、公孙卿等作祟之事，花样繁多，而武帝执迷不悟，再三上当。班固《武帝纪》中则将此类方士活动大部分移到《郊祀志》中，似乎与武帝无关了，这是为尊者讳。与司马迁的独立写作立场相比，班固基本上依据皇家利益立论，其史家独立品格明显较弱，更毋论批判精神了。此点为班固与司马迁的主要差距所在。

然而，《汉书》自有其文学成就。主要是：为一代众多重要人物立传，写出别具风格的传记文学作品。不能否认，《汉书》具有独特风格，在古代传记文学中占有一席高地。对班固的叙事风格，明王世贞评论说："孟坚叙事，如霍氏、上官之废昌邑王奏事，赵韩吏迹，京房术数，虽不得如化工肖物，犹是顾恺之、陆探微写生。东京以还，重可得乎？陈寿简质，差胜范晔，然宛缛详至，大不及也。"（《艺苑卮言》三）指出"宛缛详至"的优点，诚然。《汉书》中的一些优秀篇章，其可读性还是相当强的，如《司马迁传》就写得颇为周详，其中写司马迁的生平经历颇为全面细致，又把司马谈的《论六家要旨》、司马迁的《报任少卿书》等文章全文照录，占有本传篇幅的一半，这不但保存了重要的历史文献，而且对于记载和表现事主的思想性格，作用很大。我们读《报任少卿书》的文字，可以体会到司马迁当时的复杂心理和怨愤情绪：

> 仆怀欲陈之，而未有路。适会召问，即以此指推言陵功，欲以广主上之意，塞睚眦之辞。未能尽明，明主不深晓，以为仆沮贰师，而为李陵游说，遂下于理。拳拳之忠，终不能自列，因为诬上，卒从吏议。家贫，财赂不足以自赎，交游莫救，左右亲近不为壹言。身非木石，独与法吏为伍，深幽囹圄之中，谁可告愬者！此正少卿所亲见，仆行事岂不然邪？李陵既生降，隤其家声，而仆又茸以蚕室，重为天下观笑。悲夫！悲夫！事未易一二为俗人言也。

此外，还需要指出一点，《汉书》系统著录了上古以来重要的文化史料，集中表现于《艺文志》的编撰。本志内容，删刘歆《七略》而成，对于保存上古文献、研究中国学术思想史，贡献极大，价值极高。

三　班门群英之班昭及班婕妤

班固有妹名昭，字惠姬，博学高才，文名早著。十四岁嫁同郡曹世叔，不幸丈夫早卒。寡居生活反倒利于班昭集中精力，投入到文史的著述中。班固编写《汉书》，未竟而卒，班昭奉和帝之命续写。她还多次被召入后宫，充任邓皇后及诸贵人的文化教师，为此得了个雅号——"曹大家"，意思是"大专家"。朝廷每收到远方贡献的珍奇异物，和帝常诏曹大家作赋、颂以庆贺。安帝时，邓太后临朝执政，又将她当成了私人顾问，出入皇宫更多了。当时《汉书》刚整理毕，时人多不能通读，朝廷派年轻学者马融伏于阁下，边读边接受班昭指导。安帝永初中，班昭卒，年七十余。邓太后素服举哀，以示尊重。《隋书·经籍志》著录"曹大家《女诫》一卷"，又在"汉成帝《班婕妤集》一卷"条下注有："梁有《班昭集》三卷。"

班昭作品，今存辞赋多篇，有《针缕赋》《大雀赋》《蝉赋》等。此皆咏物小赋，题材不大，而篇幅短小，虽寓意简单，但措辞精妙，殊含情趣。如《针缕赋》：

镕秋金之刚精，形微妙而直端。性通达而渐进，博庶物而一贯。惟针缕之列迹，信广博而无原。退逶迤以补过，似素丝之羔羊。何斗筲之足筭，咸勒石而升堂。

前半述针缕之品德优秀，刚精、直端、通达、一贯等；后半说其功用至大，即使贵族功臣，亦需服用衣裳。此本妇功琐事，而能藉以发想成章，且寓道德训诫，可见其才气。又《大雀赋》云：

大家同产兄、西域都护定远侯班超献大雀，诏令大家作赋曰：

嘉大雀之所集，生昆仑之灵丘。同小名而大异，乃凤皇之匹畴。怀有德而归义，故翔万里而来游。集帝庭而止息，乐和气而优游。上下协而相亲，听《雅》《颂》之雍雍。自东西与南北，咸思服而来同。

西域都护班超为班昭次兄，兄献雀，妹赋雀，允为佳话。"帝庭""优游"，亦暗含其自身生活写照。作为应诏之赋，写来从容不迫，且颇为精巧，诚是难得。

班昭又有《东征赋》，颇令人称奇。值得称奇之处在于：在辞赋史上，"东征"无疑属于述行题材，作者一般皆是男性人物，因宗法社会，男性在外，有"行"乃"述"；妇女居家主内，无"行"可述。班昭能写出此赋，可谓力敌须眉。不过本赋并无"夫京殿苑猎，述行序志，并体国经野，义尚光大"（《文心雕龙·诠赋》）之类内容，倒是以抒述迁居怀土感受为主，抒情性甚强。本篇有明显效法其父班彪《北征赋》的迹象，所谓"先君行止则有作兮，虽其不敏敢不法兮"。她要效法"先君"，取则其行止。"乱"词中宣扬"正身履道""清静少欲"等道家观念，亦与班彪思想一致。所以两篇作品在内容取向及风格上存在紧密关联，亦唯如此，萧统编《文选》时，将父女二人的作品同时收入书中，列入"赋"之"述行"类的前二篇，有互为辉映之美。

　　说到班昭的优游帝庭，不能不联想到其姑祖班婕妤，她以另一种方式在帝庭中生活过。她少年时选入皇宫为侍女，不久受到成帝宠幸，封为婕妤。她在后宫众多女性中，亦以文采取胜。据载，成帝曾游后宫，要班婕妤一起坐辇，被班婕妤拒绝，她说："观古之图书，贤圣之君皆有贤臣在侧，三代末主乃有嬖女。今欲同辇，得无近褒姒之幸乎？"成帝听了，很欣赏她的机智。后来赵婕妤（即那位长袖善舞、身轻如燕的赵飞燕）为了擅皇帝之宠，姊妹二人专门在宫中播弄是非，造谣说班婕妤"挟媚道，祝诅后宫"，在使用邪道妖法害人。成帝审问班婕妤，她回答说："妾闻死生有命，富贵在天。修正尚未蒙福，为邪欲以何望？且使鬼神有知，不受不臣之诉；如其无知，诉之无益？故弗为也。"成帝觉得有理，不予追究。班婕妤深感在皇帝身边处境艰危，要求调到长信宫去专门侍候皇太后，获准之后，从此便远离后宫，图个平安无事。班婕妤亦有作品流传，其辞赋最有名，《自悼赋》写宫中的幽凄生活，心怀绵绵悲情："华殿尘兮玉阶苔，中庭萋兮绿草生。广室荫兮帷幄暗，房栊虚兮风泠泠。"颇为感人。荀悦在《列女传》中评曰"哀而不伤，归命不怨"；又引《诗经》"有斐君子，如切如磋，如琢如磨"等句，说"其班婕妤之谓也"。

　　班婕妤与班昭（"曹大家"），祖孙两代才女，为班氏家族群英增添了特别的光彩，在中国妇女文学史上也占有重要地位。

世禅雕龙的崔氏世家

"雕龙"与"雕虫"都是古代形容文学创作境界的说法。前者高超伟大，后者拙劣渺小。范晔《后汉书》中写道："崔为文宗，世禅雕龙。"意思是说崔氏一门，屡世都是文坛宗主。此言不虚。事实上，崔家在东汉，优秀文学家代代相传，比班门群英人数还多，历时更加长久。

一 家族文脉的开启者崔篆

崔家上世从西汉武帝时就开始做官，历代有人任侍御史、郡太守等职。不过那都是些行政官僚，很少有文学人才。到了西汉末，局面有了改观。这事应当归功于他们家的一位儿媳妇师氏。她自幼在娘家受到良好教育，能通经学和诸子百家之言。从这位女才子嫁来伊始，崔家便开启了文学血脉。她育有两个儿子：崔发、崔篆，都才华横溢、文采斐然。那时王莽经过多年经营，逐步掌握了朝政大权，后来更正式称帝。崔发受到王莽重用，在朝廷任大司空；而他母亲师氏，也备受王莽尊崇，赐号"义成夫人"，又赐金印紫绶、文轩丹毂，以示表彰。

小儿子崔篆在老家涿郡安平（今属河北省）年纪轻轻就成了郡文学。王莽手下宠臣乘势又荐举他任步兵校尉。可是这崔篆的想法却有些不一样了，他不愿在乱世当官，就模仿古代柳下惠和孔子的言论说："吾闻伐国不问仁人，战陈不访儒士。"摆出清高姿态，推辞不就。这王莽可不是能够随便对付过去的人，他表面上严于责己，实际上心胸狭窄，凡有政治上不附己或者阳奉阴违者，都要整治打击。崔篆抗不住强大压力，为避免老母及兄长被自己牵累，没过多久就勉强任职建新大尹。这"大尹"也就是郡太守，是王莽新政后改换的新名称，王莽喜欢搞这一套新花样。崔篆在郡，清静无为；但他曾释放无辜囚犯二千余人，颇收民望。后来新莽政权垮台，刘秀登极，东汉皇朝建立，也有不少人荐举他再度出仕，但崔篆内心十分纠结，自以为自家宗门接受过王莽"伪宠"，岂不有愧于汉朝？遂辞归不仕，客居荥阳（在今河南省），闭门著述，有《周易林》六十四篇等哲学著作；文学方面，则有临终前不久写的《慰志赋》。

　　篇名"慰志"，自慰生平之意。赋中回顾人生经历，陈述所遭遇时势之变幻，以及自己选择应对之艰难，既有诚挚的反省，也有委婉的解释，写出一种复杂心态。如：

　　　　嗟三事之我负兮，乃迫余以天威。岂无熊僚之微介兮，悼我生之歼夷。庶明哲之末风兮，惧《大雅》之所讥。遂翕翼以委命兮，受符守乎良维。恨遭闭而不隐兮，违石门之高踪。

这几句话意在解释自己身受王莽"伪职"的原委。因当时面临"我生之奸夷"这样的压力，身家性命受到毁灭威胁，不得已取明哲保身、委曲求全的态度，接受那建新大尹的官职，而事后想来，心中却深感惭愧。以下又写东汉皇朝建立之后，自己被幽州牧所辟举，感激之余，决定不再出仕，简居乡间，终老村野，以不辱于先人云云。从崔篆的经历来看，他任职于新莽朝，在当时算是个"污点"。尤其与他的好友孔僖比起来，更是差得很多。史载"子建（孔僖之字）少游长安，与崔篆友善。及（崔）篆仕王莽，为建新大尹，尝劝子建仕。对曰：'吾有布衣之心，子有衮冕之志，各从所好，不亦善乎！道既乖矣，请从此辞。'遂归，终于家。"（《后汉书·孔僖传》）不过与王莽政权有瓜葛之人，东汉初年大有人在，不少人皆无妨再仕。能够事后闭门潜思、知耻责己者，并不多见。由此可见，崔篆对道德问题还是有相当的自我要求，至少他有孟子所说的"羞恶之心"。何况他当初出仕新朝确实有一定苦衷，是被迫无奈之举。这篇《慰志赋》，也因写出作者纠结的真实内心，体现了道德反思，而具有感人力量。可以认为，这是崔氏家族在文学史上留下的第一篇"雕龙"之作。

二　文章之盛冠于当世的崔骃

崔篆之子崔毅，亦有文采，但因体弱多病，无所作为。至孙子崔骃（？—92）才成就了一番文学大事业。崔骃主要生活在东汉中前期明帝、章帝时期。自幼谨修家学，年十三通晓古今训诂、百家之言，文章出众。常以典籍为业，未遑仕进之事。有人讥笑他说：你光做学问，不去当官，只图虚名，不要实利吗？崔骃遂拟扬雄《解嘲》，写了一篇《达旨》，标榜清高的志尚和操守。当时汉章帝打算按照古代典礼去"巡狩四岳"，崔骃便献上《四巡颂》，以颂汉德，辞甚典美。章帝读了，赞赏不已，问侍中窦宪：你知道有个崔骃吗？窦宪回答：我只认识班固，他数次向我介绍崔骃，但我没见过崔骃。章帝当即批评说："公爱班固而忽崔骃，此叶公之好龙也。"此话出自皇帝之口，足见崔骃文章魅力之大。窦宪随即辟崔骃为掾属，以表示他并非"叶公"，他是真正的"好龙"者。崔骃得到章帝褒扬，这是莫大的幸运，他非常感激。不过他也有所还报，章帝死后的谥号，就是崔骃所拟。他依据《孝经》"天地明察，神明章矣"、《虞书》"平章百姓"、《诗经》"雕琢其章，金玉其相"等语，提出"臣愚以为宜上尊号曰章"（《章帝谥议》），朝廷果然采纳了他的提议。能够与皇帝互动，两汉文士享此殊荣者极少。和帝年少继位，窦太后临朝，窦宪为车骑将军，府中掾属有三十人，人才济济，大都曾经当过刺史、太守等高官，唯有崔骃是处士，而且年少，显得很特别。这窦宪依仗窦太后威势，擅权骄恣，崔骃屡次谏诫不听。等到窦宪率领大军出击北匈奴的路途上多发生侵扰百姓的事端，崔骃作为主簿，前后向窦宪上"奏记"数十封，批评得失，议论长短，窦宪觉得这个掾属不很听话，不会做人，触犯了自己的威严，有点儿讨厌了，便逐渐疏远了崔骃。不久，窦宪任命崔骃为辽东长岑县长。崔骃自知受到嫌弃，遂不赴任，直接回了老家，以行动表示抗议。和帝永元四年（92），卒于家。

崔骃一生，所著有诗、赋、铭、颂、书、记、表及《七依》《婚礼结言》《达旨》《酒警》等，《后汉书》有传，《隋书·经籍志》著录《崔骃集》十卷。

崔骃在当时文名极高，他因《四巡颂》而被章帝赞誉为"龙"，不过他真正的"雕龙"作品应当是《达旨》。这是篇抒情述志之作，内容核心是他不愿随便出去当官，因为他不能"失吾之度"。什么是"度"呢？屈原早就说过："刓方以为圆兮，常度未替。"（《九章·抽思》）"知前辙之不遂兮，未改此度。"（《九歌·怀沙》）王逸注："度，法也"，"恢廓仁义，弘圣道也；心终不变，内自守也"。可知"度"即指固有的道义原则和要自守的心志。崔骃能够重视"吾之度"，不肯脥容趋时，随波逐流，表现出清正高洁的人生原则，在作品境界上也无疑有所提升：

> 悠悠罔极，亦各有得。彼采其华，我收其实。舍之则藏，己所学也。故进动以道，则不辞执珪而秉柱国；复静以理，则甘糟糠而安藜藿。夫君子非不欲仕也，耻夸毗以求举；非不欲室也，恶登墙而搂处。叫呼炫鬻，县旌自表，非随和之宝也。暴智燿世，因以干禄，非仲尼之道也。游不伦党，苟以徇己；汗血竞时，利合而友。子笑我之沉滞，吾亦病子屑屑而不已也。先人有则而我弗亏，行有枉径而我弗随。臧否在予，唯

世所议。固将因天质之自然，诵上哲之高训；咏太平之清风，

行天下之至顺。

这里的自我表述，说出对于功名利禄的"用之则行，舍之则藏"（孔子语）的态度。他坚持一种"自然"的立场，不愿"夸毗以求举"。他最反感为了仕进而"叫呼炫鬻，县旌自表""暴智燿世，因以干禄"，认为那是无耻行为，不是君子所为。可以看出，崔骃对于自身的道德要求是相当高的。这与同事班固有所区别。

在行文上，本文多引经典，文字雅驯，通篇谨慎说理，不取激烈态度，刘勰特地指出："崔骃《达旨》，吐典言之裁。"（《文心雕龙·杂文》）称赞它的典雅特质。

崔骃另一名篇是《七依》，内容及写法都沿袭枚乘《七发》以下传统；但其文字优美丰富，很有特色，多被后世论者所关注、征引，尤其如下文字：

客曰："乃导玄山之粱，不周之稻。万凿百陶，精细如蚁。畬以缔绤，砥以柔韦。雍人调膳，展选百味。……洞庭之鲋，灌水之鳐……滋以阳扑之姜，薪以寿木之华；鹺以大夏之盐，酢以越裳之梅。……反宇垂阿，洞门金铺。丹柱雕楹，飞阁层楼。于是置酒乎燕游之堂，张乐乎长娱之台。酒酣乐中，美人进□□□□以承宴，调欢欣以解容。回顾百万，一笑千金。振飞縠以长舞袖，袅细腰以务抑扬。……当此之时，孔

子倾于阿谷，柳下忽而更婚，老聃遗其虚静，扬雄失其《太玄》。此天下之逸豫，宴乐之至盘也，公子岂能兴乎？

这是客说公子的一段，内容主题在"逸豫""宴乐"，以此说动公子"兴"起。本篇辞采的使用和发挥极有特色。其中奇词妙句，异想天开，活用典故，文采所系。如"当此之时，孔子倾于阿谷"以下四句，皆反说历史故事，显示其独到匠心，别开境界，具有意外的特殊效果。曹植曾著文论述两汉以来"七"体写作历程及主要作家、作品。其中提到"崔骃作《七依》"，说它们"辞各美丽，余有慕之焉"（《七启序》）。得到曹植这样的天才诗人的仰慕，不是容易的事。又傅玄《七谟序》说："若《七依》之卓砾一致，《七辨》之缠绵精巧，《七启》之奔逸壮丽，《七释》之精密闲理，亦近代之所希也。"所谓"卓砾"，也是优秀突出之意。

崔骃的其他作品，有赋、颂、论等多篇，皆以辞采美丽见长，如《博徒论》中形容农夫劳苦之状：

> 博徒见农夫戴笠持耨，以芸蓼荼，面色骊黑，手足骈胝，肤如桑朴，足如熊蹄，蒲伏陇亩，汗出调泥，乃谓曰："子触热耕芸，背上生盐，胫如烧椽，皮如领革，锥不能穿，行步狼跋，蹄戾胫酸。谓子草木，支体屈伸；谓子禽兽，形容似人。何受命之薄，禀性不纯？"

人物刻画非常生动，"肤如桑朴，足如熊蹄""背上生盐，胫如烧椽"之类，读者可以想象那"农夫"是何等辛劳、何等憔悴！他们受到多么长久的伤害，过的是怎样的非人生活！更可贵的是，在真实描写之中，作者对弱势群体的同情充溢其间，更彰显作品的价值所在。

崔骃与班固、傅毅曾同在窦宪大将军幕中，范晔《后汉书》写他们"文章之盛冠于当世"。崔骃后来因坚持独立人格，不肯同流合污，遂致仕归家，政治上也以萧条落寞而告终。这又从另一角度证明了他是个有良心、有节操的文士，他的品格高于其他两位。总之，崔骃文采、人品两方面都有高致，是崔家"世禅雕龙"的中坚人物。

三　神品作者崔瑗

崔瑗（78—143）是崔骃中子，字子玉，锐志好学，能尽传父业。他主要生活在东汉中期和帝、安帝、顺帝时期。十五岁时父亲亡故，十八岁到京师洛阳入太学，跟着著名学者贾逵学习，很快通晓天官、历数、京房《易传》等，并与马融、张衡、窦章、王符等才士意气投合，特相友好。崔瑗还是一条血性汉子，其兄被州人所杀，崔瑗手刃仇敌，因此不得不亡命他乡。后遇赦归家，年已四十多岁。他始任郡吏，后为度辽将军邓遵所辟召，又进入车骑将军阎显之府。当时阎太后称制，阎显也是外戚，执掌大权，不免本性显露，骄奢淫逸。崔瑗多有劝谏，却只被当耳旁风，不被采纳。永建元年（126）顺帝立，阎显兄弟被诛，崔瑗受到牵连，被斥罢归。从此在家，不复应州郡召命。旧的外戚势力刚刚垮塌，新的外戚又上台了，那就是顺帝母舅、大将军梁商。梁商初开幕府，第一个辟召的对象就想到崔瑗。可是崔瑗不愿再为贵戚之吏，以有疾为由，固辞不就。后来通过推举茂才的渠道，出任汲县令。在县为民开稻田数百顷，有德政，在位视事七年，受到百姓讴歌。那歌唱道："上天降神明，锡我仁慈父。临民布德泽，恩惠施以序。穿沟广溉灌，决渠作甘雨。"（《崔瑗歌》）看来他确实做了好事，因为百姓的评判最为公正。后来他又迁官济北相，与邻郡太山太守、著名的高士、清官李固互相赏识，成为知交。崔瑗重友情，好客，据《后汉书》记载，"崔瑗爱士，好宾客，盛修肴膳，殚极滋味，不问余产。居常蔬食菜羹而已"，为了招待宾客，几乎要倾家荡产了。不久，崔瑗病卒，年六十六岁。死后家无担石之储，当世享有清誉，这也是他继承了父祖的好传统、好人格。

崔瑗于文学写作，诸体皆能。首先他撰有一组"箴"文。崔瑗作有数十篇箴文，如《尚书箴》《博士箴》等。刘勰说："箴者，所以攻疾防患，喻针石也。"（《文心雕龙·铭箴》）崔瑗在《叙箴》中也强调要贯彻"箴规匡救"的精神，可知他喜欢写作这种文体，主要出于它能劝善戒恶，道德针砭功能强大。崔瑗这些箴文篇幅不长，但既有正面陈说，也有反面警戒，态度严肃，言辞犀利，寓意颇丰。例如《关都尉箴》：

> 茫茫九州，据为关津。唐尧积德，三代修仁。越季不轨，
> 爰失厥人。圣贤不用，顽嚚是亲。汉溃武关，项破函谷。秦王
> 子婴，缢为禽仆。尉臣司关，敢告并毂。

说历代全国设立关隘，虽有实际效用，但社会治理的关键还在
"积德"。以秦朝为例，武关、函谷关虽然险固，但一旦政治败坏，
任用"顽嚚"，排斥"圣贤"，结果仍是如同虚设，落得个国破朝亡
的结局。这里的箴规锋芒颇为尖利，也很深刻。

崔瑗又擅长撰写"铭"，其父崔骃早就写过不少"铭"文，崔
瑗也是继承了父业。他最著名的作品是《座右铭》：

> 无道人之短，无说己之长。施人慎勿念，受施慎勿忘。世
> 誉不足慕，唯仁为纪纲。隐心而后动，谤议庸何伤。无使名过
> 实，守愚圣所藏。在涅贵不淄，暧暧内含光。柔弱生之徒，老氏诫
> 刚强。行行鄙夫志，悠悠故难量。慎言节饮食，知足胜不祥。行
> 之苟有恒，久久自芬芳。

此篇作意在自诫。所说诸项皆立身处世、待人接物之原则，基本取
向为谦退冲静、与物无争、自我约束、以柔克刚。思想及用语多出
自《老子》。又其形态皆五言为句，朗朗上口，恰如五言诗。这是中
国历史上第一篇"座右铭"，对后世影响巨大，这三字本身也成为

古今汉语中的常用语词。诚如宋代谢薖所云："兹言置座右，可配崔瑗铭。"（《王坦夫静寄斋》）萧统《文选》收入"铭"文二篇，本篇即其一。人们一说起"座右铭"，立即联想到崔瑗，这是何等了不起的成就！

崔瑗作品尚有《河间相张平子碑》，崔瑗、张衡二人生前为挚友，皆有才情，而互相了解，彼此欣赏。张衡先逝世，崔瑗十分哀痛。此文高度评价了亡友，亦寄托了崔瑗本人的哀思。这一篇作品艺术价值极大，这里不能不全文照录了：

> 河间相张君，南阳西鄂人，讳衡，字平子。其先出自张老，为晋大夫。纳规赵武，而反其侈，书传美之。君天姿浚哲，敏而好学，如川之逝，不舍昼夜。是以道德漫流，文章云浮；数术穷天地，制作侔造化。瑰辞丽说，奇技伟艺，磊落焕炳，与神合契。然而体性温良，声气芬芳，仁爱笃密，与世无伤，可谓淑人君子者矣。初举孝廉，为尚书侍郎，迁太史令，实掌重黎历纪之度，亦能焯燿敦大，天明地德，光照有汉。迁公车司马令、侍中，遂相河间。政以礼成，民是用思。遭命不永，暗忽迁徂，朝失良臣，民陨令君。天泯斯道，世丧斯文。凡百君子，靡不伤焉。乃铭斯表，以旌厥问。其辞曰：
>
> 于维张君，资质懿丰。德茂材羡，高明显融。焉所不学，亦何不师？盈科而逝，成章乃达。一物不知，实以为耻；闻一善言，不胜其喜。包罗品类，禀授无形；酌焉不竭，冲而复盈。

廪廪其庶，亹亹其几；膺数命世，绍圣作师。苟华必实，令德惟恭；柔嘉伊则，孝友祗容。允出在兹，维帝念功；往才女谐，化洽民雍。愍天不吊，降此咎凶；哲人其萎，罔不时恫。纪于铭勒，永终誉兮！死而不朽，芳烈著兮！（《古文苑》卷一九）

此石碑流传，后世尚在，崔瑗撰文，署名赫然。文中简述碑主张衡的生平经历，言简意赅。而最精彩之处，在于对传主成就的概括："君天姿浚哲，敏而好学，如川之逝，不舍昼夜。"这是赞美传主聪明好学，"川逝"云云，是借用孔子之言："子在川上曰：逝者如斯夫！不舍昼夜。"（《论语·子罕》）化其意而用之。"焉所不学，亦何不师？盈科而逝，成章乃达。一物不知，实以为耻；闻一善言，不胜其喜。包罗品类，禀授无形；酌焉不竭，冲而复盈"等语，是说传主毕生虚心，好学不倦，求知欲非常强烈，虽然知识丰富，但永不满足。"道德漫流，文章云浮"二句，是称赞张衡道德与文章两方面都臻于优秀，成就巨大，笼盖天地间。"数术穷天地，制作侔造化"二句，是说张衡在学术研究和科学创造领域达到了空前的境界，人间所无。这两句成为古今对于张衡学术科技成就的最确切的概括，常为后世所引用。"瑰辞丽说，奇技伟艺，磊落焕炳，与神合契"等四句，是说张衡的美妙学说和奇特创造光耀千秋，简直是神奇之至！这些赞词，无疑非常崇高，无以复加；但是揆之以事实，则完全恰当，并非虚誉夸饰，妄加赞美。因为张衡的道德、文章和学术创造确实十分伟大，史无前例。而崔瑗能够在碑文中如此准确地概括张衡的成就，表明他是传主真正的挚友，他对张衡的了解十分深入、透彻，这种了解本身也非常难得，显示出崔瑗本人在道德、文章和学术各方面的造诣亦非同一般，配得上是张衡的真正朋友。特别是"数术穷天地，制作侔造化"二句，是古今公认的对张衡最崇高最准确的评价。碑文又有"天泯斯道，世丧斯文"等语，说出了全篇的主题：张衡虽逝，而其道德文章，将永存天地间。

刘勰尝言："逮后汉书记，则崔瑗尤善。"（《文心雕龙·书记》）刘勰在论西汉"书记"时，举了"史迁之报任安，东方朔之难公孙，杨恽之酬会宗，子云之答刘歆"四家作品，说它们"志气盘桓，各含殊采"；但是对于整个东汉时期，刘勰只是标举崔瑗一家，不提他人，可知崔瑗的书记文章在东汉一朝实居于鳌头。

此外，刘勰又说："张衡《七辨》，结采绵靡；崔瑗《七厉》，植义纯正。"（《文心雕龙·杂文》）知崔瑗"七"体写作，亦臻于优秀。再者，崔瑗所作《南阳文学官志》，亦享盛誉。《后汉书》本传谓："其《南阳文学官志》称于后世，诸能为文者皆自以弗及。"可知当时即受推重。后世亦有人称道："昔崔瑗有《南阳文学志》，王粲有《荆州文学志》，皆表儒训，以著不朽。"（唐·梁肃《昆山县学记》）《后汉书》本传还说崔瑗撰有"七言""赋"等等，可知崔瑗其人实在是位全能型文学高手，连当时文士们很少涉足的七言诗领域，他都有所成就。

崔瑗还是杰出的书法家。其成就高踞中国书法史峰巅。唐代书法大家张怀瓘撰《书断》，总结上古以来书法有"神品二十五人"，其中"章草书"八人，依次为张芝、杜度、崔瑗、索靖、卫瓘、王羲之、王献之、皇象。崔瑗居第三名；又"小篆"五人，依次为曹喜、蔡邕、邯郸淳、崔瑗、卫瓘。崔瑗居第四名。崔瑗今存《草书势》一文，论草书的发生历史及特点，以及书写要领，可以视为一篇早期书法论文。文章本身也写得十分生动，寥寥数语，"略举大较"，即将书法中重要一体的草书的几微要妙之处，解析得非常扼要到位。其中精彩之笔甚多，如说草书特色"方不中矩，圆不副规"，一语破的，精绝妙绝！又多用譬喻，"竦企鸟跱，志在飞移。狡兽暴骇，将奔未驰"，描述一种动态的飞驰之势，充分体现了草书的特点，亦属神来之笔！至于"状似连珠，绝而不离。畜怒怫郁，放逸生奇"，"若杜伯揵毒缘巇；螣蛇赴穴，头没尾垂"之类，亦皆生动鲜活，写出草书之奇、草书之妙。实践出真知，能写出如此"神品"书法文章者，必拥有深厚的书法功力及书法体验，兹非崔瑗而莫属。

由上所述，崔瑗是当时文学艺术创作最全面的作家。诗赋文章，包括书法，皆有神品。范晔在总结东汉中期文化现象时说："桓焉、杨厚以儒学进，崔瑗、马融以文章显。"(《后汉书·左雄传》)崔瑗就是东汉中期文学的领衔人物，他同时也将崔氏家族的"雕龙"事业，推进到一个更高层次的境地。与其父崔骃比较，真乃青出于蓝而胜于蓝。

四　文章博通的崔琦

崔瑗有侄子崔琦，字子玮。少年游学京师，文章博通，被举孝廉，为郎。那时，已经到了东汉中后期的顺帝时期，外戚河南尹梁冀闻其高才，主动请求与他交游。梁冀行为多不轨，琦遂作《外戚箴》，举古今后妃外戚成败事件来讽诫他。先写"赫赫外戚，华宠煌煌"，举上古帝舜时娥皇女英等故事，表彰优秀的内眷外戚。然后说"爰及末叶，渐已颓亏"，后代有许多不良的内眷外戚事件发生，什么"惟家之索，牝鸡之晨。专权擅爱，显己蔽人。陵长间旧，圯剥至亲。并后匹嫡，淫女毙陈"之类，也举出许多例证，证明其恶果累累。然后批评说：

> 不相率以礼，而竞奖以权。先笑后号，卒以辱残。家国泯绝，宗庙烧燔。末嬉丧夏，褒姒毙周，妲己亡殷，赵灵沙丘。戚姬人豕，吕宗以败。陈后作巫，卒死于外。霍欲鸩子，身乃罹废。故曰：无谓我贵，天将尔摧；无恃常好，色有歇微；无怙常幸，爱有陵迟；无曰我能，天人尔违。患生不德，福有慎机。日不常中，月盈有亏。履道者固，杖执者危。微臣司戚，敢告在斯。

这些都是针对帝王内眷及外戚而发的，规劝他们要把眼光放长远一点，不要以为我现在很高贵，到时候老天爷会来灭你；不要以为皇帝会永久喜欢你，人的美色总有衰老的一天；不要以为皇帝会永久照顾你，任何关爱都有结束之时；不要以为就我能耐，到时候天怒人怨，你再厉害也要完蛋。箴文又警告他们多行不义必自毙，"履道者固，杖执者危"。然而梁冀自以为权大位固，哪里听得进这些逆耳之言？崔琦又作《白鹄赋》，再一次讥刺梁冀。梁冀很感厌烦，就对崔琦说："君何激刺之过乎？"说朝廷内外百官，各管各的事，天下问题多多，难道都要由我来承担？难道只是我一人的过错？你为何没完没了地刺激我？崔琦不服，针锋相对地反驳他说："昔管仲相齐，乐闻机谏之言；萧何佐汉，乃设书过之吏。今将军累世台辅，任齐伊、公，而德政未闻，黎元涂炭，不能结纳贞良，以救祸败，反复欲钳塞士口，杜蔽主听，将使玄黄改色，马鹿易形乎？"直接就将梁冀比作指鹿为马的秦代赵高。梁冀大怒，把他逐出公府，还让他去临济当县长，崔琦不敢就职，解印绶归家去了。梁冀又令刺客去追杀他，刺客看见崔琦在家耕种田地，休息时专心读书，对这样的正人君子，他实在不忍下手。并且刺客以实相告，放崔琦逃脱。谁知那梁冀竟极其狠毒，最后还是将崔琦抓住杀了。崔琦立身正直，不向权贵低头，敢于与执掌大权的外戚作对，其性格作风与东汉后期的清流人物很接近，同时他也是继承了崔家前辈人士的传统正派作风。

崔琦的著作，这篇《外戚箴》最有代表性，文章征引大量帝王女眷外戚正反两方面事例，敷述历史教训。箴文所写"戚姬人豕"

等，皆是刘汉皇朝近代故事，并非虚构，为后妃外戚作乱之证。文章以严厉的语气和姿态，对外戚发出严重警告，显示了正义感和社会责任心。而他因为这篇箴文，刺激得权臣发怒，竟招来杀身之祸，也表明了其作品态度之严厉、内容之尖锐。为一篇文学作品而付出生命代价，这种事例，在整个中国文学史上也是很少看到的。这也表明本篇作品分量之重，价值之高。

崔琦被权贵外戚所害之事，在东汉一代文学家中最称壮烈。他付出了生命代价，以酬其本志。他的文章也体现了强大的人格精神。诚如他在《四皓颂》中所写的："富贵而畏人兮，不如贫贱之肆志。"他真正做到了"肆志"，践行了古圣遗训"富贵不能淫，贫贱不能移，威武不能屈"。从这个意义上说，他也是崔家"雕龙"事业和精神的延续者、发扬者，所以《后汉书》将他列入《文苑传》。

不过从另一方面说，崔琦在文学方面尚未充分发挥全部潜能。这主要是因为他中年横遭荼毒，被害性命，虽然留下血染的不朽名篇，但文学写作事业上未竟其志，未尽其才。他的总体文学成就比起崔骃、崔瑗等前辈，稍显逊色。

五　才美能高的崔寔

崔寔（？—170）是崔骃之孙，崔瑗之子，字子真，一名台，字符始。他是崔琦的堂弟。他生活的时代已进入东汉末期。崔瑗死时，他尚年少，崔瑗临终时嘱咐他说："夫人禀天地之气以生，及其终也，归精于天，还骨于地。何地不可藏形骸，勿归乡里。"于是崔寔遵奉父亲遗命，留葬洛阳。谢承《后汉书》记载"初，崔寔父卒，标卖田宅，起冢茔，立碑颂，葬讫，资产竭尽，因穷困以榷酤鬻为业，时人多以此讥之。寔终不改，亦取足而已，不致盈余。"（见周天游《八家后汉书辑注》之谢承《后汉书》）我们已知其父崔瑗看重情义，而不重财产，看来崔寔与其父是一脉相承，仗义轻财。而那些庸俗时人竟然讥笑他，真是"燕雀安知鸿鹄之志哉！"

另外，少年崔寔还做出一件令人刮目相看的事情：父亲逝世后曾隐居墓侧，守丧三年。这虽然是礼制上早有规定的，但历来真正做到的人却很少。为此他名声大振，三公高官都争相辟召，但他一概不应。桓帝初，诏公卿郡国举"至孝独行之士"，崔寔受本郡及朝廷官员推举，说他"才美能高"，遂召拜议郎，迁大将军梁冀司马。又遇上这个梁冀。不久，出任五原太守，在任因病，征拜议郎，回到洛阳朝廷，与诸儒博士一起，以主要精力从事文化工作，共定五经。崔琦与梁冀的关系并不亲密，但梁冀被诛，崔寔还是作为其"故吏"而受到牵连，被免官，禁锢数年。事后，又被荐举任辽东太守、尚书等。崔寔以世道乱象丛生故，便病不视事，数月之后被免官归家。灵帝建宁中（170年左右）病卒。这时离汉末大乱已为时不远了。

崔寔为官，颇有政绩。出守五原时，其地宜植麻枲，而民俗不知纺绩，民众寒冬之月竟无衣可穿，只能蜷缩在草堆里过冬。而官员来了，百姓就披着草编的简陋衣服出来相见。崔寔到任后，斥卖府中财物，换成纺织之具，以纺绩工艺教导民众，百姓因此长了技能，并得以免除寒苦。当时东汉朝政紊乱，国力衰颓，匈奴连入云中、朔方，杀掠吏民，百姓逃亡奔命。崔寔整厉士马，巩固边防，一时匈奴不敢来犯，境内安然。崔寔毕生清廉，生活简朴。他曾历任朝廷及边郡官职，家境却始终贫薄，是少有的清正廉洁官员，以致家徒四壁，死后无以殡殓。

崔寔著作甚多，凡碑、论、箴、铭、答、七言、祠、文、表、记、书等，莫不精熟。他撰写过《政论》五卷，又撰有"农家"类著作《四民月令》。崔寔又曾参与撰写《汉纪》，还有《崔氏五门家传》二卷。后者是崔家的家传，崔寔一定为自己的"世禅雕龙"家族而自豪。

崔寔的重要作品，首先有《应讥》。这是属于东方朔《答客难》、扬雄《解嘲》等系列文章中的一篇，可与其祖崔骃的《达旨》媲美。本篇主要讨论士人的出处问题。作者强调应当审时度势，不能盲目干禄求荣，否则事与愿违，只能自取其辱，如：

> "……今子游精太清，潜思九玄，励节缥霄，抗志浮云。
> 口愿甘而尝苦，身乐逸而长勤，志求贵而永卑，情好富而困
> 贫，慕容名而失厚，思虑劳乎形神。"答曰："子徒休彼绣衣，
> 不知嘉遁之独肥也。且麟隐于退荒，不纡机阱之路；凤凰翔

于寥廓，故节高而可慕。李斯奋激，果失其度；胥种遂功，身乃无处。观夫人之进趋也，不揣己而干禄，不揆时而要会，或遭否而不遇，或智小而谋大。纤芒毫末，祸亟无外；荣速激电，辱必弥世。故曰：爱饵衔钩，悔在鸾刀；披文食豢，乃启其毛。若夫守恬履静，澹尔无求，沉绵浚壑，栖息高丘。虽无炎炎之乐，亦无灼灼之忧。余窃嘉兹，庶遵厥猷！

本篇撰于汉末社会衰败、政治污浊之际，当时宦官专权，党锢之祸已兴，司隶校尉李膺等二百余人，被诬为"党人"，并坐下狱，甚至迫害致死。正直士人，颇有"励节缥霄，抗志浮云"者，故而篇中强调士子不应当"不揣己而干禄，不揆时而要会"，应当与险恶的政治保持距离，以免"祸亟无外""辱必弥世"，这是从全生保身的角度说的。本篇所述在险恶情势下士人应当洁身自好，不贪恋权势，情愿"永卑""困贫"，这是一种清高的士人"抗志"，相当具有代表性，其现实针对性较之扬雄、崔骃等同类作品更强，批判意义也更突出。

崔寔的《四民月令》性质奇特，它说的是四季节气、相应农事生产及生活常识。其中不乏科学生产知识之阐扬，及适宜生活方式之选择、四季生产技术之要领、家庭日常生活之安排等。其中既有大量民生知识性的总结，又含道德习俗的训导，辅育民风健康的养成，诚然是百姓居家立业的百科全书。如：

> 正月之旦, ……各上椒酒于其家长, 称觞举寿, 欣欣如
> 也。……上除若十五日, 合诸膏、小草续命丸, 法药、马舌下
> 散。农事未起, 命成童已上入大学, 学五经; ……砚冻释, 命
> 幼童入小学, 读《孝经》《论语》篇章。命女红趣织布。……
> 命典馈酿春酒。

这是说乡民生活规程的一部分。正月元旦, 新年伊始, 各家庭成员向家长敬酒祝寿, 合家欢乐。正月十五日, 要开始制作各种草药。乘着农事未起, 叫十五岁以上的孩子("成童")进入学校, 学习五经。天气渐暖, 不再结冰, 就叫六岁至十四岁孩子("幼童")进入小学, 学习《孝经》和《论语》。所谓"篇章", 是指书法和作文。真是在细微末节处都关心备至, 体现出崔寔作为"父母官"的仁爱心肠。又如:

> (二月)榆荚成及青, 收干以为旨蓄……昏参夕, 杏华
> 盛, 桑葚赤, 可种大豆, 可种胡麻, 谓之上时, 可种穄禾。美田
> 欲稠, 薄田欲稀。

这是说二月份, 星象有所变化, 而杏花盛开, 桑葚发红, 此时应抓紧时机, 栽种大豆。到四月份, 雨季来到, 可以种植大豆、胡麻等。种植时要考虑土地的肥瘠程度, 或稠或稀。又说, 这时榆树果荚成熟了, 应当收下来作为食物储藏。这榆树的功用, 古人是相当重

视的，据《汉书·天文志》记载，西汉成帝河平元年，"旱，伤梦，民食榆皮"。又《循吏传》载，龚遂为渤海太守，"劝民务农桑，令口种一树榆、百本薤、五十本葱、一畦韭；家二母彘、五鸡……"，可知榆树在饥荒年可以备救急之用。

崔寔撰此《四民月令》，诸如此类，内容繁多，谆谆教导，循循善诱，表现出"为民父母"的慈仁心理，这从另一侧面表现了他的爱民勤政精神。

崔寔最倾其心力写作的成果，无疑是《政论》，这是又一部"雕龙"作品了。范晔《后汉书》本传谓其"指切时要，言辩而确，当世称之"。汉末另一位政论家仲长统甚至提出应将此书作为君主的政治教科书："凡为人主，宜写一通，置之座侧。"《政论》的基本政治立场，自以下数语中可以概知：

> 今既不能纯法八代，故宜参以霸政，则宜重赏深罚以御之，明著法术以检之。自非上德，严之则理，宽之则乱。

他主张"明著法术"，实行"霸政"。崔寔在此执法术之论，以治汉末乱世。这种立场，有异于儒者的常见态度，令人惊奇不解。但也可以理解，当时朝政腐败，社会病态，已入膏肓，以通常"德教""仁政"之类矫治，自难以奏效于一时，所以必须下偏方猛药，冀能挽回于万一。这是崔寔头脑清醒的表现。崔寔又将治理目标，首先对准最高统治者——皇帝，他说：

凡天下所以不理者，常由人主承平日久，俗渐敝而不悟，政寝衰而不改，习乱安危，恬不自睹。或荒耽嗜欲，不恤万机；或耳蔽箴诲，厌伪忽真；或犹豫歧路，莫适所从；或见信之佐，括囊守禄；或疏远之臣，言以贱废。是以王纲纵弛于上，智士郁伊于下。悲夫！自汉兴以来，三百五十余岁矣。政令垢玩，上下怠懈，风俗凋敝，人庶巧伪，百姓嚣然，咸复思中兴之救矣。

指陈"人主"种种"荒耽"昏庸的事端，为"天下所以不理"之主要原因，一语中的！在皇权专制体制下，任何重大社会问题之出现，以及严重危机之发生，当然应归咎于体制，责任首先应由皇帝承担，而不应推卸或转嫁到臣民身上。崔寔还揭示了皇帝的种种劣政表现，包括宠信奸佞、疏斥忠良等，矛头无不指向汉末弊政。当然，崔寔论政无论怎样中肯、激烈，桓、灵二帝及其翼卵下的宦官集团都不可能听纳其意见。刘汉"皇路"更加"险倾"，终至覆灭。崔寔厉声呼"救"，虽然在实际生活中不能奏效，但是在文学史上却留下了"立言"之迹。

崔寔又有从兄崔烈，曾在灵帝、少帝时任职廷尉、司徒、太尉等朝廷高官，据《魏志》注引《傅子》载："崔烈入钱五百万，以买司徒。烈子钧亦有世名，烈问曰：'吾作三公，天下论何如？'钧曰：'大人少有高名，不谓不当为公。但海内嫌铜臭尔！'"原来其司徒之职，是用钱从灵帝处买来的，名声污秽，勿怪他儿子也要嫌其"铜臭"了。崔烈听到儿子竟敢当面数落他，勃然大怒，挥杖就打。那崔钧当时正任虎贲中郎将，身穿着武官服，狼狈而逃。崔烈边打边骂说："父亲教训你，你竟敢逃跑，你哪里像个孝子？"儿子崔钧不买账，反驳说："舜之事父，小杖则受，大杖则走，非不孝也。"结果还是崔烈"惭而止"。

此"铜臭"崔烈，史上有名。对于一向以清高正直著称的崔氏家族传统而言，这无疑是一个污点。不过，崔烈后来的行为表现应当还算尚可。献帝即位后，在董卓的挟制下，朝廷西迁长安，崔烈亦曾随往。那时山东群雄袁绍等起兵，讨伐董卓，崔钧时任西河太守，也参与了袁绍的行动。为此，董卓将崔烈抓起来，投入监狱。董卓既诛，崔烈又被献帝任命为城门校尉，在西凉军阀李傕等作乱时被杀害。他虽不能算烈士，至少也不是作乱者。或许他自从被儿子谴责一顿之后，良心上受到触动，有所反省。

崔烈亦有文才，《后汉书》载他有诗、书、教、颂等作品四篇。数量不多，而且遗佚不完整，难以判断其水准如何。

纵观崔氏一门，绵延东汉二百年，文脉昌盛，人才辈出。崔氏家族对于一代文学，贡献良巨，成就了史上佳话。范晔除了"崔为文宗，世禅雕龙"的赞誉外，还有"崔氏世有美才，兼以沉沦典籍，遂为儒家文林"（《后汉书·崔骃传》）的说法，真是内心钦佩，赞美有加！刘勰也说："傅毅、崔骃，光采比肩；瑗、寔踵武，能世厥风者矣。"(《文心雕龙·才略》)肯定崔家一门世代的文学业绩。能在中国文学史上创造出如此伟业佳绩,崔氏足堪光耀千秋了。

以献诔成名的杜笃

人生可以走不同的道路，只要坚守，总能够做出相当的成绩。杜笃其人，年轻时行为不检，不拘小节，搞得舆情十分不利，结果他做什么都受到非议，弄得处境狼狈，自己也感叹说，他们家族到他这里就"衰矣"！但是后来他竟战死疆场，做出了壮烈之举，令人刮目相看。他在文学方面也有所成就，虽然才气不是很高，但也算得上是东汉一代重要作者。

一　献诔以免刑

杜笃字季雅，京兆杜陵（杜陵为西汉宣帝刘询之墓，在今陕西西安东南郊）人，祖上曾任西汉御史大夫，也算是官宦门第。不过到他这里，家族已经不很兴盛了。杜笃少年时期学习努力，知识广博，小有才气，颇为自负。他不修小节，经常在小事情上得罪人，因此乡里人缘不大好。后来迁居美阳（在今陕西武功附近），与当地县令很快成了哥儿们，两人经常互相请托办事。但是不久两人发生矛盾，关系恶化起来。杜笃这人不肯让步认错，县令很恼火，借故把他抓起来，送进洛阳监狱，尝尝铁窗滋味。在权力面前，杜笃败下阵来。

建武二十年（44），大司马吴汉病故。那吴汉是东汉开国功臣，后来流传的"后汉二十八将"中，他位列第二，仅次于邓禹。所以皇帝刘秀下诏，为这位功勋大臣征集诔文，不少文士都踊跃写作，献上作品。杜笃正在狱中，听说之后也奋笔撰写，草成一篇呈上。结果刘秀认为杜笃这一篇水平最高，于是给予嘉奖，并赦免出狱。后来刘勰在《文心雕龙·时序》中写道："杜笃献诔以免刑。"说的就是这件事。杜笃的《大司马吴汉诔》这样写道：

> 笃以为尧隆稷、契，舜嘉皋陶，伊尹佐殷，吕尚翼周。若此五臣，功无与畴。今汉吴公，追而六之，乃作诔曰：
>
> 朝失鲠臣，国丧牙爪，天子愍悼，中宫咨嗟。四方残暴，公不征兹；征兹海内，公其攸平；泯泯群黎，赖公以宁。勋业既崇，持盈守虚；功成即退，挹而损诸。死而不朽，名勒丹书；功著金石，与日月俱。（《艺文类聚》卷四十七《职官部三·大司马》）

诔文篇幅不长，却能抓住两大要点，首先是说吴汉的勋业巨大，无与伦比，简直可以比作上古"稷、契"等名臣，所以他的死去，是"国丧牙爪"，"泯泯群黎，赖公以宁"，是国家和百姓的不幸。其次是说吴汉其人作风谦退，"持盈守虚"、"功成即退"，不居功自傲，这使他"死而不朽"。这两点确实概括了吴汉生前的行为作风。更重要的是，这两点其实正是皇帝刘秀对于大臣的要求：一是要忠于自己，全心全意为皇朝立功；二是建立功绩后应当谨慎退让，尤其不能自我膨胀，给皇帝制造麻烦，甚至挑战皇权。吴汉这个人生前既南征北战，建有大功，平时又"斤斤谨质，形于体貌"（《后汉书·吴汉传》），很谦虚谨慎，特别在刘秀面前，处事小心翼翼。吴汉做到了以上两点，而杜笃也写出了这两点，所以都得到刘秀的肯定。

因为这篇诔文得到皇帝的赏识，于是杜笃名声大振，他开始接近朝廷。向朝廷靠近的办法首先是投靠权贵，就如冯衍曾经做过的那样。杜笃投靠的权贵是马援。那马援的远祖是战国时期赵国名将赵奢，有爵号"马服君"，后代便改姓马。马援也是辅佐刘秀打天下的东汉功臣，曾拜伏波将军，南征交趾，北伐匈奴，成为一代名将。他有名言："丈夫为志，穷当益坚，老当益壮！"这"老当益壮"的成语，就是由他说出来的。杜笃投靠马援，有一条现成的渠道：他的妹妹嫁给了马援的儿子。这桩婚姻是怎么结成的，史书上没有写清楚，我这里也说不明白，反正他与豪门马家攀上了亲戚。而马家同时又是皇室姻亲，早先马援有个小女儿入皇帝后宫，后来被汉明帝立为皇后，就是东汉很有名的"明德马皇后"。章帝继位，马皇后又成为马皇太后，而马援的二儿子、车骑将军马防，即是马皇太后的胞兄，凭此关系，马防在朝廷权势很盛。"刺史、守、令多出其家"（《后汉书·马援传》所附《马防传》）。不少人想做官，就去他那里钻营、走后门。当时马防兄弟拥有"资产巨亿"，在洛阳城内大兴土木，建造府邸，占有成片街区，里面有奴婢数千人，平日声色享受，堪比皇家。而"宾客奔凑，四方毕至"，杜笃也在其中。因为有这一层姻亲关系，所以杜笃出入马府很方便，其地位也非一般的"食客"可比。但是他似乎也并未得到马防太多的照应，他大部分时间都在洛阳无所事事。

杜笃闲来无事，就想沿用前代名士司马相如、扬雄等人的办法，用文章来打动人主，以进一步博取功名。于是他精心构思，写了一篇《论都赋》，主题是讨论当时应当定都在哪里才好。他的看法是，关中地区"表里山河"，形胜之地，又是先帝旧京所在，因此西都长安比东都洛阳好。这样的说法，在当时涉及一个敏感话题，因为刘秀建立皇权之后，面临着一个定都何处的问题。如果沿用西汉的做法，当然应在长安。但经过西汉末和新莽时期的战乱，长安城被破坏得厉害，而洛阳却破坏不严重，更重要的是刘秀势力的壮大，是以南阳、洛阳为主要基地的，所以他决定建都洛阳。对此，旧都长安一带的民众心里未免失落。杜笃这篇作品一经问世，便得到关中地区众多人士的好评。他们看到杜笃这篇赋，以为是代表了官方意向，便都欢欣鼓舞，满怀希望朝廷搬回来，可以恢复长安城的往昔繁华。但是这篇作品并未得到朝廷认可，刘秀根本没有迁到长安旧都去的念头，所以杜笃此赋只是一厢情愿、一纸空文，"论都"只是白"论"了一番，那些关中父老们也白欢喜了一场。

二 内外五世，至笃衰矣

杜笃在洛阳呆了不久，总算谋到一个郡里的文学掾职位，这是地方长官的僚属，说到底还是个幕僚角色。由于他一贯"不修小节"，到处得罪人，缺少良好人脉；加上眼睛有病，视力不佳，此后他竟二十多年再没有回过洛阳看看。光阴荏苒，杜笃不觉年纪渐老，长期徘徊于下位，不由得感叹自己运气晦暗。他也说过一段"名言"："杜氏文明善政，而笃不任为吏；辛氏秉义经武，而笃又怯于事。外内五世，至笃衰矣！"此话怎讲？原来杜笃祖先（本家即"内"家）包括杜周、杜延年等都以当文官著名，这叫做"文明善政"；而杜笃本人的大半生表现，看来缺乏做官的才能，不能好好做官，或者做不成官，这就叫"不任为吏"。"辛氏"是杜笃的母系亲属（即"外"家），祖上多出将军武官，特别是有一位辛武贤，有赫赫威名，官拜破羌将军，这叫做"秉义经武"；而杜笃本人在军事上更不是块料，手无缚鸡之力，胆小怕事，上不了战场，这就叫"又怯于事"。到杜笃这里，正好是"五世"了，落下个"衰矣"的结果。总之，他是感叹一代不如一代，自己有辱祖先的光荣。

杜笃这几句话，既对又不对。说它对，是说出了实情。杜笃确实文武两方面（特别是做官）都没有做出什么成就，比他的"外内"祖先都要差一大截。说它不对，则是这话听起来有些自暴自弃，自己不努力，行为不检点，喜欢做些向官员"请托"之类的小动作，不重视社会影响，搞得自己名誉受损，处境不佳，前途暗淡，你能怨谁？

不过我们也不能说杜笃完全不中用，他的运气也不能说完全晦暗。有一件事还是给他的人生以希望的。

建初三年（78），机会终于来了。马防奉朝廷之命，率领大军出征反叛的临洮地区西羌，这个时候马防想起了自己的这位文士亲戚，于是请杜笃前来军中，担任幕僚从事中郎。杜笃在马防幕中有何表现，史载不详。不过这事却引来了一大堆非议，例如当时有司空第五伦上疏，向肃宗皇帝告状说：国家对于皇亲国戚，可以封他们为侯，也可以让他们过富裕生活，但是不应当让他们担任重要职务。为什么呢？因为万一他们犯了严重过错不好办：将他们绳之以法吧，有伤皇帝的恩情和颜面；对他们网开一面吧，又破坏了法纪。第五伦接着举例说：我听说现在让马防率领大军出发西征，这里面有马皇太后的仁慈恩典，也有皇上对太后的孝道，我没有什么话可说；但是我担心马防如果出了什么过失，恐怕太后和皇上都难以处理。接下去第五伦就指名道姓说到杜笃了：

> 闻（马）防请杜笃为从事中郎，多赐财帛。笃为乡里所废，客居美阳，女弟为马氏妻，特此交通，在所县令苦其不法，收系论之。今来（马）防所，议者咸致疑怪，况乃以为从事，将恐议及朝廷。今宜为选贤能以辅助之，不可复令（马）防自请人，有损事望。苟有所怀，敢不自闻。

这里把杜笃以前的老账都翻出来了，说他如何如何行为不端，众所不齿，还被关过监狱；如今却被姻亲马防招到幕中，还多赐给他钱财。说这件事引起人们议论纷纷，大家都觉得奇怪而且怀疑。杜笃被任命为从事中郎，有了公职，他做出什么坏事来，很可能会影响朝廷威望。第五伦建议说，应该由朝廷选派贤能人士去辅佐马防，不应该由马防自己任意用人，以挽回这件事上的负面影响。看来，在第五伦等人的心目中，杜笃简直就是一个声名狼藉的无赖小人了。肃宗看了第五伦的上疏，或许是出于照顾马防，没有采纳其意见。

杜笃在军中表现如何没有具体记载，只知道就在那一年，他战死在射姑山（在甘肃庆阳县北）。据史书记载，马防征西羌一役，虽然最终取得胜利，但打得相当惨烈，伤亡很重。至于杜笃，尽管未能实现仕途宏愿，他自己在某些方面的行为也不够检点，招来非议，但他人生的最后一笔，还是放出了光彩。他战死疆场的实际行动，也算是杜塞了他人非议之口，也否定了他自己的"衰矣"之说。

不过历史上对于杜笃的负面议论影响始终存在，到了南北朝时期，颜之推还在批评"自古文人，多陷轻薄"一段文章里举例提到他，说："杜笃乞假无厌。"（《颜氏家训·文章》）"乞"是讨要，"假"是借贷之意，这意思是说杜笃其人，没完没了地用种种手法向别人要好处。这不算什么大恶行，但也令人讨厌看不起。历史上的事情往往如此，一种舆论一旦造成，要彻底洗刷纠正，是很难很难的。看来杜笃本人确实存在种种言行缺欠，他的人生有一些污点；但是舆论将他压得毕生喘不过气来，恐怕不免有些冤枉了他。所以我们也应当对历史上的某些说法有所分析。

三 关于《论都赋》

杜笃留下的作品不少，有《祓禊赋》《首阳山赋》《书槚赋》等，《后汉书》本传记载说他作有赋、诔、吊、书、赞、七言、《女诫》及杂文凡十八篇，又著《明世论》十五篇。他的代表作，除那篇《大司马吴汉诔》外，影响最大的当属《论都赋》。

《论都赋》有序：

> 臣闻知而复知，是为重知。臣所欲言，陛下已知，故略其梗概，不敢具陈。昔般庚去奢，行俭于亳，成周之隆，乃即中洛。遭时制都，不常厥邑。贤圣之虑，盖有优劣；霸王之姿，明知相绝。守国之势，同归异术：或弃去阻阨，务处平易；或据山带河，并吞六国；或富贵思归，不顾见袭；或掩空击虚，自蜀汉出；即日车驾，策由一卒；或知而不从，久都烧埆。臣不敢有所据，窃见司马相如、扬子云作辞赋以讽主上，臣诚慕之，伏作书一篇，名曰《论都》，谨并封奏如左。

作者这里说自己写作《论都赋》的初衷，一是感慨历代在建都问题上的做法，有优有劣，但是基本的原则应当是"遭时制都，不常厥邑"，按照当时形势的需要，做出正确决定。二是他自己仰慕司马相如、扬雄的"作辞赋以讽主上"。至于"讽主上"的意图是什么，他没有明说。但我们可以从那两位前辈的经历里，分析得出杜笃的目的，就是能够取得皇帝的赏识，仕途发达。

这篇赋的内容，主要就是分析长安、洛阳两都各自的优势和短处，从历史、地理形势、军事、经济、人文环境等方面，做出优劣比较，得出结论说应该将都城由洛阳西迁长安。平心而论，长安、洛阳，西、东两都，都拥有各自优势，都有成为都城的条件，就看当时政治军事情势的需要。至于东汉刘秀为何定都洛阳，据《后汉书·光武帝纪》记载："建武元年冬十月癸丑，车驾入洛阳，幸南宫却非殿，遂定都洛阳。"似乎并无特别理由。但细察当时形势，就在刘秀率兵入洛的同时，长安还被赤眉军占领着，"赤眉杀更始，而隗嚣据陇右"（同上），关中地区完全不在刘秀的掌握之中，所以刘秀也不可能定都长安。杜笃《论都赋》的说法，基本上是书生意气，事后说说风凉话。

杜笃此赋一出，当时在文士圈中颇引起重视，定都问题一时竟成为议论的重要话题，不久就有人出来发表各种见解，大多是与杜笃唱反调的。有一位王景，时任徐州刺史，他认为洛阳建都已经五六十年，皇家宗庙、社稷等一切都已初步建成，现在还来谈论迁都问题，是在扰乱民心，所以写了一篇《金人颂》，"颂洛邑之美，天人之符"，反对迁都。又有著名文士崔骃写了一篇《反都赋》，傅毅也写了一篇《洛都赋》，都是反驳杜笃主张的。他们在赋中强调"汉历中绝，京师为墟；光武受命，始迁洛都"的正当性和必然性，反对有"客"在那里鼓吹"陈西土之富，云洛邑褊小"等等，杜笃几乎成为众矢之的。更有班固，写了名篇《两都赋》，他在序里说出写作缘由："京师修宫室，浚城隍，起苑囿，以备制度。西土耆老，咸怀怨思，冀上之眷顾，而盛称长安旧制，有陋洛邑之议。故臣作《两都赋》，以极众人之所眩曜，折以今之法度。"看班固的意思，他也是为了批驳杜笃的。赋中设"西都宾"和"东都主人"两位人物，互相辩论，各自说长安和洛阳的好处，最后结果是"西都宾矍然失容，逡巡降阶，慄然意下"，狼狈失败，东都主人义正词严，辩论取胜，而得意之余，还要教育对手"授子以五篇之诗"等等。以上这几位，都是杜笃的同时代人，杜笃几乎面临被围攻之势。这样的结局，恐怕也出乎杜笃的意料之外，究其原因，大概与他人缘不佳有关吧。

　　不过在辞赋史上，《论都赋》还是占有重要地位的。宋叶适说："杜笃《论都赋》于相如、扬雄之外，别出思致。语峻而洁，意切而明，节短势险，无曼衍之病，词赋之杰。班固方之弱矣！众作不能及也。"（《习学记言》卷二十六）这里认为杜笃《论都赋》优于班固的《两都赋》，而且具体分析，指出种种优点所在。也许是时代隔开了，论者能够平心静气地面对问题，没有了人际关系的纠缠，没有了意气用事，评论也就比较客观公正，能够看到杜笃作品的一些优点。杜笃另外一些作品，写得也有相当水准，例如他的《祓禊赋》：

> 王侯公主，暨乎富商，用事伊洛，帷幔玄黄。于是旨酒嘉肴，方丈盈前；浮枣绛水，酹酒醲川。若乃窈窕淑女，美媵艳姝，戴翡翠、珥明珠、曳离袿、立水涯，微风掩垓，纤縠低徊；兰苏肸蠁，感动情魂。若乃隐逸未用，鸿生俊儒，冠高冕、曳长裾、坐沙渚、谈诗书、咏伊吕、歌唐虞。（《艺文类聚》卷四《岁时中·三月三》）

这些丰富而又多变的文字，将当日洛水两岸三月三日的祓禊节日风俗，描写得十分生动热闹，一派悠闲富贵风雅的生活景象，体现出相当的文学技巧，能够"感动情魂"。

本文开头说到刘勰，他对于杜笃的评价最为全面深入。下面介绍刘勰的多则评语，我们读后就可以对杜笃的文学成就有一个比较客观的了解。对于《大司马吴汉诔》一文，刘勰除了在《时序》篇中说过"杜笃献诔以免刑"一句之外，还有专文评议："杜笃之诔，有誉前代。吴诔虽工，而他篇颇疏，岂以见称光武，而改盼千金哉？"（《文心雕龙·诔碑》）指出它虽然写得工整，但结构不够紧密，不能因为受到光武帝刘秀的赞赏，就一定是完美无缺了。优点缺点，刘勰这里分析得很到位。

刘勰对杜笃的"连珠"也有所评论："扬雄覃思文阔，业深综述，碎文瑸语，肇为连珠，其辞虽小而明润矣。……文章之枝派，暇豫之末造也。……自连珠以下，拟者间出。杜笃、贾逵之曹，刘珍、潘勖之辈，欲穿明珠，多贯鱼目。可谓寿陵匍匐，非复邯郸之步；里丑捧心，不关西施之颦矣。"（《文心雕龙·杂文》）这里批评杜笃的《连珠》写得很不成功，是鱼目混珠、东施效颦者流。

最后，刘勰对于杜笃的总体文学才能的评论是："……傅毅、崔骃，光采比肩，（崔）瑗、（崔）寔踵武，能世厥风者矣。杜笃、贾逵，亦有声于文，迹其为才，崔、傅之末流也。"（《文心雕龙·才略》）也还是坚持分析的态度，肯定他"有声于文迹"，留下了一定的文学成绩，文学史上有一定地位，但是总体上不是很高，只能排在崔骃、傅毅之后，位列"末流"了。

通儒贾逵

东汉太学里流传一句话，叫做"问事不休贾长头"，说的就是这位贾逵。他后来成为一代经学巨擘，古文学派的代表人物，号称"通儒"。在行为举止方面，贾逵与杜笃相近，也是"不修小节"之人，但他"附会"有方，颇受皇帝信用，坐享高官厚禄，为此受到一些正人君子的讥嘲。在文学领域，他的成绩主要在章表之类的写作方面，是一代制式文章的写作高手。

一 问事不休贾长头：少年贾逵的学习之道

贾逵的祖上颇为荣耀，就是西汉文学天才贾谊。不过那是九世之前的远祖了，遗传基因即使起作用，也已经相当淡薄。父亲贾徽早已改弦易辙，走的是经学之路，是西汉末著名学者刘歆的学生，专门研习《左氏春秋》，兼学《国语》《周官》，后来又到另一学者涂恽那里学习古文《尚书》，再到谢曼卿门下学《毛诗》。这些学业功课从门派来说，都属于经学中的古文学派系统，所以贾徽成了一位古文学专家。关于这个门派问题，需要大略交代几句：经学是从西汉开始才成为主流文化形态的。此前，它只是儒学或儒术，是先秦时期诸子百家中的一家之学。但是在"秦始皇兼天下，燔诗书，杀术士"（《汉书·儒林传》）之后，汉初遗存下来的先秦文化学术文献很少，只有依靠几位老年学者（如淄川田生、济南伏生、鲁国申培公、齐国辕固生、燕国韩婴、鲁国高堂生、齐国胡母生等）的记忆背诵，由他们口述儒家经典文献，再用当时的文字（小篆，与先秦时期多用古文不同）记录下来，形成正式文本，这就叫做今文经。西汉被官方认可的通行的儒家经学，基本上都是今文经学。到汉武帝末，鲁共王为了扩建王宫而拆毁了部分孔子故居，在旧壁中发现大量文献，包括五经文本，它们用先秦时期通用的古文书写，而篇章及文字，与今文经有较大的差异。例如《尚书》，这古文经有四十五篇，比今文经多出十六篇。古文经逐渐流传，于是形成古文经学，与原有的今文经学成为两大门派，分庭抗礼。到西汉末，有刘歆等学者崇尚古文经学，不少学人跟进，于是两大经学门派的影响发生了消长，古文经学逐渐抬头。贾逵出生在一个信奉古文经的家庭，自幼受到父训，自然也就朝着这个方向发展。他生性聪慧，全盘继承了父亲的学问路数。关于他的学问成长，有一则记载说："贾逵年六岁，其姊闻邻家读书，日日抱逵就篱听之。逵年十岁，乃暗诵六经。父曰：'吾未尝教尔，安得三坟五典诵之乎？'对曰：'姊尝抱于篱边，听邻家读书，因记得而诵之。'"（《四部丛刊》三编本《太平御览》卷五百一十七《宗亲部七·姊妹》引王嘉《拾遗记》）这故事是小说家言，不一定可靠，但耳听成诵，真是天才！总之贾逵二十岁时，已经能够背诵《左传》全文，以及五经的本文，这是确凿无疑的。

少年贾逵身高八尺二寸，早早就进了官办的最高学府太学，在那里专心学习，不管其他生活琐事，所以不久太学里就流传一句话说："问事不休贾长头。""长头"应该是形容他的外貌，身材瘦长，脑袋长得像黄瓜模样；"问事不休"则说他谦逊好学，经常向人请教学问。贾逵在太学里呆了几年，学问大长，年纪轻轻就开始著作，写出了《左氏春秋》和《国语》的"解诂"五十一篇（其中包含《左传》三十篇，《国语》二十一篇），这部书隋代尚在，可惜唐以后就失传了。

明帝永平年间，贾逵把他的《解诂》献上朝廷，得到明帝赞许，放进了皇家藏书处，由此贾逵出了名。不久，不知哪里飞来几只头上长有一撮彩色羽毛的"神鸟"，在皇家宫殿和官府屋顶上飞翔徘徊。明帝很感兴趣，就问人那是什么鸟？有一位大臣刘复，回答说"这事得问贾逵才行，因为他博学多识"。于是明帝召见贾逵，贾逵说："从前周武王继承文王的大业，有一种鸟'鸑鷟'在岐山出现；后来汉宣帝威震西戎、北狄，也有神雀来集。所以这是胡人来降的象征。"这说法大家听着似乎有点道理，于是明帝当场赐给纸笔，叫他写了一篇《神雀赋》，并拜他为郎，与著名文士班固等人一起，做校对整理皇家藏书的工作，并且随时准备应对皇帝的种种问题。例如东平王刘苍（明帝胞弟）上了一篇《光武受命中兴颂》，写得文字典雅，明帝很欣赏，就特地命校书郎贾逵专门给它作训诂注释，而贾逵所做的注解，也很得体乖巧，其中不乏引用各种图谶之说，来证明刘秀"受命"是秉承了"天意"，是伟大神圣的"天子"。

二 左氏与图谶合：贾逵的经学

明帝去世之后，章帝继位。新皇帝也很重视儒学，特别喜欢古文《尚书》和《左传》。这就对上了贾逵的专长。于是章帝刚登极，便专门召来贾逵，让他到位于北宫的白虎观和南宫的云台里面去讲学，亲自驾临听讲，并表示赞成贾逵的说法，还要他把古文学的《左传》与今文学的《公羊传》作具体的比较，把《左传》的优点逐条写出来。贾逵于是奉旨写了《左传》比那两家更优之处总共三十条呈上，同时说明：这些优点都是涉及君臣之大义、父子之纪纲的，事关重大；至于在其余问题上，《左传》与《公羊传》大同小异。贾逵还讲述了《左传》从西汉以来受到排斥的原因，说明那是因为《左传》属于古文学系统，不是西汉以来官方认可的今文学中的学问。为了说明《左传》的优越性，贾逵还把图谶问题拉扯了进来。

关于图谶，这里又要说明一下：这是古代一种重要的思想文化现象。早在上古时期，社会上就流传着一些说法，能够预言政治兴衰、人事存亡等，还出现了相关的职业"巫""卜"等。图即"图书"，谶即谶言。"河出图，洛出书，圣人则之"（《周易·系辞上》），"河图""洛书"就是最初的图、谶，它们大多是一些政治征兆性的神学预言，充斥着荒诞不经的内容。汉代也流传一些同样性质的图、谶；随着经学的兴起，还有与六经相附会的纬书之类，它们是今文经学的一部分，专门演绎"天人感应""说灾祥"等事例，与"图""谶"性质上也很接近。随着帝王统治者的爱好程度不同，图谶或谶纬、图纬，也有盛有衰。西汉末，王莽意在篡夺，便串通方士们，制造出不少有利于自己的图谶之说。后来王莽失败，新起的刘秀也利用谶言，大造自己是"真命天子"的舆论，如炮制出一篇《赤伏符》，说"刘秀发兵捕不道，四夷云集龙斗野，四七之际火为主"等。到明帝、章帝时期，图谶仍然受到皇帝的钟爱。需要指出的一点是，当时朝廷的官学基本都是今文经学，而今文学中就有不少说灾祥的内容，尤其是《春秋公羊传》等，其中的神学预言真是不少，这也是今文学在当时备受重视的原因。贾逵有鉴于此，为了争取《左传》的合法地位，说服皇帝支持自己的立场，就仿效今文学家的办法，将《左传》与图谶拉扯到一起来，大肆宣传"左氏与图谶合"的观点，甚至捏造说《左传》中有"刘氏为尧后"的话。贾逵的这种做法，表面看来是权宜之计，但他罔顾《左传》中基本不存在神学预言的事实，添油加醋，曲解原著，甚至胡乱编造，违背了科学精神，是政治实用主义的做法。

贾逵宣扬《左传》"与图谶合"，果然取得了效果。章帝表示嘉许，并且赏给他五百匹布、一套官服，又让他自己选择二十名高才生跟他学习《左传》。贾逵母亲体弱多病，章帝又通过亲信大臣马防，赏给他二十万钱。还说："贾逵的母亲多病，而这个人就像伯夷、叔齐，在外面不拉关系，所以家中缺钱。"贾逵又进一步在皇帝面前说古文《尚书》与各种经、传、《尔雅》等书相贯通，于是章帝叫他写欧阳、大小夏侯《尚书》（皆属今文学）与古文《尚书》的异同，贾逵写出了三卷，章帝看后满意，再让他写齐、鲁、韩诗（皆属今文学）与毛诗（古文学）的异同，同时又写了《周官解诂》一书。从此，《左传》《尚书》《毛诗》《周官》（即《周礼》）这四种古文学派的经学，便得到官方认可，正式进入主流文化之中；从此，古文学与今文学分庭抗礼，并且在竞争中逐渐由劣势转为优势。所以，贾逵是东汉古文学兴起的最大功臣，也自然成为当时古文学派的权威之一。古文学派的著名学者尚有郑兴、郑众父子，他们比贾逵稍早，也都是《左传》专家，"郑贾之学"一时成为重要的经学流派。贾逵的学生后来不少人成为各诸侯王国的"郎"，朝夕教授经学，受到当时青年学子的羡慕。其中也有出色人才，如崔瑗十八岁时到洛阳，跟着贾逵学习"天官""历数"这些天文学知识，后来成长为优秀的文学家。

和帝继位，贾逵又拜为左中郎将，后来又升任侍中，领骑都尉，常出入皇宫，兼领秘书，颇受皇帝信任。他所推荐的一些人物，也多得到皇帝任用。贾逵毕生著作甚丰，有各经、传的"义诂"，还有"论""难"等文章百余万言，又作诗、颂、诔、书、连珠、酒令共九篇。他的学识被广泛尊重，后世称之为通儒。然而他"不修小节"，尤其是他既要做学问，又要迎合皇帝，采取实用态度，亵渎了学术的严肃性，当时就颇有人讥嘲他，因此他的人缘不算好，影响了他的仕途，没做成公卿大官。后来应劭在《风俗通义》、范晔在《后汉书》中，都曾批评贾逵，尤其是联系到东汉初学者中，桓谭因为公开反对图谶而被流放，郑兴也因反对谶纬被免官，而贾逵因为善于迎合附会，便毕生显贵。比较而言，他在当时著名学者中被视为文德文品不佳的人物。贾逵卒于永元十三年（101），享年七十二岁。

尽管贾逵受到诸多批评，但是平心而论，他也没有做过大的坏事，史书上也只是说他"不修小节"。作为历史人物，他的贡献我们还是应当给予充分肯定。贾逵的文化贡献当然首先是经学领域的，以上基本都已经说了。在文学领域，他也有相当的成就。

三　"金玉"与"瓦石"：贾逵的文章

贾逵的文学作品，《神雀颂》最受称颂。王充曾说，自古以来的帝王建有伟大功德者，都须要有"鸿笔之臣"歌功颂德，这样就可以德音远扬，流芳千古。又具体提到永平年间有"神雀群集"，明帝诏令群臣写作《神雀颂》，于是有百官作颂之事。王充说："百官颂上，文皆比瓦石，唯班固、贾逵、傅毅、杨终、侯讽五颂金玉，孝明览焉。"（《论衡·佚文篇》）指出贾逵是优秀作者之一。不过歌功颂德，这事当时虽然颇为轰动，过后却无人感兴趣。而贾逵的那篇《神雀颂》也已遗佚。这结果也容易理解：这种称美赞颂之文，当时投合帝王喜好，然而本身只是赞美谀颂行为，生命力有限，必然难以持久；加之一般谀颂之徒勉力于此，滥造"瓦石"无数，堆砌辐凑，令人生厌；即使其中有"金玉"之作，亦受连累淹没，终于后世莫闻。

　　贾逵又有"连珠"之作。西晋傅玄《叙连珠》说："所谓'连珠'者，兴于汉章帝之世，班固、贾逵、傅毅三子受诏作之。而蔡邕、张华之徒又广焉。其文体，辞丽而言约，不指说事情，必假喻以达其旨，而贤者微悟，合于古诗劝兴之义。欲使历历如贯珠，易观而可悦，故谓之连珠也。班固喻美辞壮，文章弘丽，最得其体；蔡邕似论，言质而辞碎，然其旨笃矣。贾逵儒而不艳，傅毅文而不典。"（《艺文类聚》卷五十七《杂文部三·连珠》）这里两次说及贾逵，前面说贾逵是章帝时"三子"之一，后面又说他的作品"儒而不艳"，意思是写得有学者风格，但是缺少艳丽美观。把文学作品写成了学者文章，这评价实在不怎么高。所以在傅玄看来，贾逵不但赶不上"最得其体"的班固，也不如傅毅的"文而不典"，三子之中，只能屈居殿军了。无怪乎其原文今已散佚不存。到了刘勰那里，批评更加严厉。刘勰说："自连珠以下，拟者间出。杜笃、贾逵之曹，刘珍、潘勖之辈，欲穿明珠，多贯鱼目，可谓寿陵匍匐，非复邯郸之步；里丑捧心，不关西施之颦矣！"（《文心雕龙·杂文》）贾逵作品被说成是鱼目混珠、东施效颦一类的东西，看来"通儒"贾逵在文学描写手段上的确有所欠缺。要之，贾逵是连珠体的早期作者之一，虽然自有其风格，但写得不很高明，原作也已经遗佚不存，看来也不能算是"金玉"了。

贾逵的作品存世较完整者，首推奏疏文章。其中《条奏左氏长义》（建初元年），主要辨说《左传》与《公羊传》的异同，这是今古文经学纷争史上的一篇标志性著作。文章内容已如上述，这里不再复述。文章在今古文经学纷争的背景下，为《左传》造势，以哀兵姿态，先退后进，在争取皇帝支持方面煞费心机，甚至为争《左传》的合法性，不惜引图谶为同盟。策略运用之结果是颇收实效，其主张受到皇帝接纳，基本达到目的。另外，他面对皇帝，也不便在是非问题上大褒大贬，故而文中立场并不高标激进，只是客观对比异同而已。但细味其语意，则其态度已在其中。将是非判断寓于客观叙述之中，显示作者的深沉涵养，以及隐微笔法，是本篇的写法特色。同样面对谶纬，同样服膺古文经学，贾逵的做法与桓谭差异很大。贾逵以退为进，屈伸自如，态度圆转，效果似乎更好；但从坚持原则立场、坚持自我人格而言，则桓谭是非分明，一丝不苟，显示了高风亮节，贾逵则愧弗如之。

　　贾逵在朝廷也有发表正言谠论的表现。和帝时，居巢侯刘般去世，长子刘恺竟不肯承袭其父爵位，执意要让给胞弟刘宪，理由是父亲生前有此意愿。朝廷得知其事，不少官员认为这是破坏既有规矩，非但不能同意其做法，而且应当取消其居巢侯的爵位。然而和帝颇为赞赏那兄弟情谊，特地下诏，抚慰表扬刘恺，希望他服从传统法规。然而刘恺竟不顾皇帝旨意，不出来表态，朝廷大臣再次上奏说应该严厉处分刘恺。贾逵便奏道："孔子称：'能以礼让为国，于从政乎何有？'"（《后汉书·刘般传》）意思是刘恺的行为是孔子所称赞的"以礼让为国"，这对于政治没有任何坏处，不应该惩罚他。和帝听了，觉得有理，便下诏说："盖王法崇善，成人之美。其听宪嗣爵。"同意将爵位授予弟弟刘宪，又把让爵的兄长刘恺召来朝廷，先拜为郎，后来又升任侍中。这事在当时影响很大，不但刘恺成了礼义道德模范，就是贾逵也因为褒扬了礼让高风，而备受舆论赞扬。看来只有这一篇，才可以算作真正的"金玉"之作。这里引述于下，以供鉴赏：

> 孔子称："能以礼让为国，于从政乎何有？"窃见居巢侯刘般嗣子恺，素行孝友，谦逊洁清，让封弟宪，潜身远迹。有司不原乐善之心，而绳以循常之法，惧非长克让之风，成含弘之化。前世扶阳侯韦玄成，近有陵阳侯丁鸿、郾侯邓彪，并以高行洁身辞爵，未闻贬削，而皆登三事。今恺景仰前修，有伯夷之节，宜蒙矜宥，全其先功，以增圣朝尚德之美。

他反对有司"不原乐善之心，而绳以循常之法"，主张"长克让之风，成含弘之化"，这在道义方面是站得很高的。贾逵虽然可能得罪那些主政官员即有司，但也要坚持自己的道义原则，表现出正人君子的态度。这在贾逵而言，与他在另一些场合的实用主义表现颇有差异，所以值得嘉许。他的主张最终得到皇帝的采纳，也算是运气不错。

对于贾逵其人，当时有刘珍作诗称赞："摛藻扬晖，如山如云；世有令闻，以迄于君。"德行文章，称誉甚高。刘珍的赞扬，尽管不完全是凭空虚美，但也多少含有客套成分。说贾逵"如山如云"，未免过誉了。应当说，另一同时人王充的评论更中肯綮，更加深刻。他说：

> 或曰："通人之官，兰台令史，职校书定字，比夫太史、太祝，职在文书，无典民之用，不可施设。是以兰台之史，班固、贾逵、杨终、傅毅之徒，名香文美，委积不绁，〔无〕大用于世。"（《论衡·别通篇》）

王充肯定班固、贾逵等人是一些知识广博的"通人"，他们担任兰台令史，职务只是在整理写定文书，这种文书工作虽然并无"典民之用"，不负责管理民众的具体工作，然而他们能致"名香文美"，亦属成功。这里说的"名香文美"，当然也包括贾逵。贾逵以及班固、傅毅等文士，怀着高度的文化文学造诣，"职在文书"，从使用价值角度言，虽说"无用"，然而文化事业积淀深厚，最终有益于社会世道人心的健康发展，这是"无用"之用，亦可谓"大用"。

毕生疾虚妄的王充

桓谭因为反对谶言，被光武帝刘秀当面骂为"非圣无法"，差点儿被杀头。清朝的乾隆帝隔着一千七百年，竟也大骂另一位东汉文士"非圣无法"，说也该杀头。乾隆为何大动肝火？被骂者又是谁？

一　王充阅市，遂通众流

"王充阅市，遂通众流"是东汉前期流传在都城洛阳太学里的两句话（此语最早见于元代许有壬《冯氏书堂记》），说的是一位来自会稽郡上虞县（今属浙江省）的学子王充，师从于著名学者班彪。他无事就去洛阳书市转悠，在书店里，他是只看不买。老板虽然有点儿烦他，但对他那种爱读书的劲头，也颇为佩服。再说人家到你书店里看书，有什么可说的！王充既然爱书，为何不买？原因一是他家境不富裕，在京城生活费用很高，无钱买书；二是他天资聪颖，过目不忘，看一遍即能记诵，也用不着买书。就这样，他学识大长，诸子百家他全都懂得。同学们都了解他，遂有这两句赞美之语，说他在市场上读书，读成了一位通贯各种学问的大学者。

王充（27—？）字仲任，少年失父，事母惟谨，乡里称孝。稍长便赴京城学习，学成之后，返回乡里，曾在州、郡、县任功曹、从事等职，这些都是地方衙门中的普通办事吏员。在任期间，他好述己见，即使明知与长官意见不合，也要据理力争。如此态度，自然不得长官欢心，最终都以去职了事。经过数次尝试，他对仕途失去信心，遂于章和二年（88）从州里"自免"，居家以教学著书为业。其后有友人谢夷吾上书朝廷，倾力举荐，说："充之天才，非学所加，虽前世孟轲、孙卿，近汉扬雄、刘向、司马迁，不能过也。"章帝很感兴趣，特下诏派公家车去接他，但王充当时已年近七十，老病不能行。和帝永元年间卒于家。

王充毕生勤奋述作，在家户牖墙壁，各置刀笔等书写工具，著《论衡》八十五篇，二十余万言。又作《讥俗》《政务》二书。这是三部大书。他自述写作三部书的目的是：

> 充既疾俗情，作《讥俗》之书；又闵人君之政，徒欲治人，不得其宜，不晓其务，愁精苦思，不睹所趋，故作《政务》之书。又伤伪书俗文多不实诚，故为《论衡》之书。（《论衡·自纪篇》）

首先，他认为当时风俗不佳，需要纠正，这是《讥俗》一书的内容；第二，是皇帝只想着"治人"，而不知如何去做，措施不当，需要他来指点，这是《政务》一书的作意；第三，是当时社会上流行的多是

"伪书俗文"，它们的内容"多不实诚"，需要他加以驳正，这是他写《论衡》的出发点。可知他的社会责任心非常强烈，政治、文化，大事、小事，他都要管，甚至管到皇帝。此外，他晚年又撰《养性书》十六篇，论说节制嗜欲、颐养精神之道，这是讲个人自我修养的问题了。

王充的人生信念中，包含着仕进功名。不过与一般人不同的是，他很重视政治道德，并不以追求高官厚禄为主要人生目标。他洁身自好，不肯结党营私、同流合污，所以几次任职都难以获得上司赏识，亦未得到强有力援引。唯一的一次受荐举，虽直达至尊，得到圣谕召见，却来得太晚，不能取得实际功效。对于仕途通塞问题，王充看得比较透彻，他认为那是一个"遇"与"不遇"的问题，而与本人的德才无关：

> 操行有常贤，仕宦无常遇。贤不贤，才也；遇不遇，时也。才高行洁，不可保以必尊贵；能薄操浊，不可保以必卑贱。或高才洁行，不遇，退在下流；薄能浊操，遇，在众上。世各自有以取士，士亦各自得以进。进在遇，退在不遇。处尊居显，未必贤，遇也；位卑在下，未必愚，不遇也。（《论衡·逢遇篇》）

要点就是"操行有常贤，仕宦无常遇"两句话。所以他对于仕途的通塞、官位的尊卑，是比较轻忽的，倒是对于个人的"才高行

洁""能操"方面非常重视。王充在行文中讲述了一个故事,阐明"遇"与"不遇"的问题:

> 昔周人有仕数不遇,年老白首,泣涕于途者。人或问之:"何为泣乎?"对曰:"吾仕数不遇,自伤年老失时,是以泣也。"人曰:"仕奈何不一遇也?"对曰:"吾年少之时,学为文,文德成就,始欲仕宦,人君好用老。用老主亡,后主又用武,吾更为武,武节始就,用武主又亡。少主始立,好用少年,吾年又老,是以未尝一遇。"仕宦有时,不可求也。夫希世准主,尚不可为,况节高志妙,不为利动,性定质成,不为主顾者乎?(同上)

这是一则精彩的寓言,不管是他改编的还是自创的,这故事说明"仕"的前程完全有赖于"主"的喜好和需要,主动权完全在"主"一方,无论"仕"怎样努力迎合,也难以做到与"主"之间契合,所以"遇""不遇"完全看时运,这就是"仕宦有时,不可求也"。王充在这里揭示了秦汉皇权体制下士人在功名追求方面的无奈。当然,也包含着他自己的仕进体验。

对于不同人为何会有"遇"或"不遇"的原因问题,王充归结为"命"不同。他说:"凡人遇偶及遭累害,皆由命也。有死生寿夭之命,亦有贵贱贫富之命。"(《论衡·命禄篇》)人的死生、寿夭、贫富、贵贱,"皆由命也",结果都是注定的,人力无法改变。这就进入了宿命论。王充说出这样的观念，其实与他本人努力学习、勤奋著述和重视德操的行为存在矛盾，我们也许可以理解为他是在为自己从政失败自我安慰，故出此语。其所谓"命"，实际上指个人无法抗拒的强大的客观社会力量；然而当时的文士尚不能解释这是社会体制问题，所以扬雄早有"时与不时者，命也"（《太玄经·玄摛》）之说，王充也只能理解到这里为止。

由于王充的生活经历基本上是属于"不遇"状况，所以他无奈地将人生的努力方向定位在著作方面。于是我们看到，王充对于著述和真知的关注，比对功名的追求更加看重。"充好论说，始若诡异，终有理实"（《后汉书》本传）。所谓"理实"，指理致严密和内容切实，这基本上是追求真知之意。至于"好论说"，则是说他拥有良好的剖析事理的习惯和愿望。可见我们在桓谭那里看到的"知识主义"观念，在王充身上也有着相当突出的表现。这是汉代一部分文士身上存在的闪光点，是他们的一种值得后人学习的优秀品格。

二 以"疾虚妄"为主旨的《论衡》

王充的三部著作中，《讥俗》和《政务》已佚，《论衡》是今存唯一基本完整的著作，全书共计八十五篇，所写内容大略可分为四大部分：一为认识论和天道论，二为人生论（命运论）、人性论，三为政治论，四为历史文化论。在《论衡》中，尽管也包含了若干"讥俗"与"议政"的文字，它们在努力分析并澄清自然界和人间社会的一些具体是非问题，但《论衡》无疑是一部主要解决认识世界和人生的认识论专门著作。《论衡》全书的写作，就是要辨析虚实真伪，他自己扬言："《诗》三百，一言以蔽之，曰'思无邪'；《论衡》篇以十数，亦一言也，曰'疾虚妄'。"(《佚文篇》)。你听这话的口气有多大！那"思无邪"云云是圣人孔子说的，王充在此自拟孔子，发表自己的"疾虚妄"主张。他又将《论衡》与《诗经》相提并论，意思是《论衡》也将是一部经典。真是非常自信！不过他的自信也并非没有一点根据，范晔概括《论衡》为"释物类同异，正时俗嫌疑"(《后汉书》本传)。无论是"释"或"正"，皆事关对事物的正确认识，这样的视角笼盖了《论衡》全书。王充本人说：

> 是故《论衡》之造也，起众书并失实，虚妄之言胜真美也。故虚妄之语不黜，则华文不见息；华文放流，则实事不见用。故《论衡》者，所以铨轻重之言，立真伪之平，非苟调文饰辞，为奇伟之观也。其本皆起人间有非，故尽思极心，以机世俗。世俗之性，好奇怪之语，说虚妄之文。何则？实事不能快意，而华虚惊耳动心也。是故才能之士，好谈论者，增益实事，为美盛之语；用笔墨者，造生空文，为虚妄之传。听者以为真然，说而不舍；览者以为实事，传而不绝。不绝，则文载竹帛之上；不舍，则误入贤者之耳。至或南面称师，赋奸伪之说；典城佩紫，读虚妄之书。明辨然否，疾心伤之，安能不论？(《对作篇》)

这是说《论衡》的写作出发点，完全针对着"虚妄之言""虚妄之语""虚妄之文""虚妄之传""虚妄之书"。有此五"虚妄"，"安能不论？"可见《论衡》就是一场虚实之争论，他的目的在于消除"虚妄"，恢复"真美"！王充不但要"明辨"具体问题上的一些是非，还要"立真伪之平"，建立起一套鉴别是非真伪的准则。王充是在追求超出具体是非之上的认识事物的规律，亦即他在追求建构一种认识论。

在王充的认识论中，予人印象最深者有三点，一是其客观立场，二是其怀疑精神，三是其实证主张。

王充认识事物的客观立场表现在，他认为世间一切事物的形成，归其因无不由于自然，而自然是无意志的客观存在。例如在宇宙天道观问题上，在王充看来，"天"是"自然"性质的、无欲的。"何以知天之自然也？以天无口目也"；"今无口目之欲，于物无所求索，夫何为乎？""何以知天无口目也？以地知之。地以土为体，土本无口目。天地，夫妇也，地体无口目，亦知天无口目也。"（《自然篇》）天地既无意志，故亦不能指挥操纵万物。"天地合气，万物自生，犹夫妇合气，子自生矣。"（《自然篇》）

"自然"既是一切事物形成的根本，故而一切"不合自然"之说，王充认为皆可怀疑。"或说以为天生五谷以食人，生丝麻以衣人。此谓天为人作农夫桑女之徒也。不合自然，故其义疑，未可从也"（《自然篇》）。这是对有意志的天道论的否定。王充的怀疑对象很广泛，凡世间一切已有知识包括已有文献记载，无不受到王充的怀疑，挑战其正确合理性。王充的怀疑对象，甚至包括了古昔"圣人"。他说：

> 世之儒生，不能实道是非也。凡学问之法，不为无才，难于距师，核道实义，证定是非也。问难之道，非必对圣人及生时也。世之解说说人者，非必须圣人教告乃敢言也。苟有不晓解之问，追难孔子，何伤于义？诚有传圣业之知，伐孔子之说，何逆于理？（《问孔篇》）

孔子及其著作都可"追难"，何人何事不可怀疑？所以古来关于天地万物和人生命运的种种既成知识和说法，他都要重新加以审视。

与怀疑精神相匹配的，是其实证主张。他强调是非真伪皆须验证。他在书中使用了数以百计的"验""证""效"等语辞，凡百问题，欲得结论，必先"证验"，"核道实义，证定是非"：

> 事莫明于有效，论莫定于有证。空言虚语，虽得道心，人犹不信。（《薄葬篇》）
>
> 百姓安者，太平之验也。（《宣汉篇》）
>
> 故夫王道定事以验，立实以效，效验不彰，实诚不见。时或实然，证验不具，是故王道立事以实，不必具验。（同上）
>
> 事有证验，以效实然。（《知实篇》）

要重事实，要重证据；事实在证据之中，所以论事必"定于有证"。一切观点产生于"证验"，这是一种与近代科学方法论接近的"证据至上"思想。客观立场、怀疑精神和实证主张，构成王充认识论的三大内核。王充的认识论超越了他的同时代人，使他成为知识和思想界的时代先驱，成为汉代知识理性潮流的中坚人物之一。

王充的认识论中也存在局限性。例如他还相信"祯祥""吉验"之类："凡人禀贵命于天，必有吉验见于地，见于地，故有天命也。验见非一，或以人物，或以祯祥，或以光气。"（《吉验篇》）在一些问题上，他在坚持"验见"的前提下，不能对"验见"过程本身作出审验，导致得出错误见解。可知他受知识结构局限，还难以做到彻底的唯理性思维，有时不免也会误信一些虚妄之说。不过在当时历史环境中，王充能够自觉运用实证的方法论，来认识和解释世界和人生，此尤为可贵者也。可以说，王充是汉代知识主义代表人物之一。

三 《问孔》《刺孟》的独到与创新

思想文化史是王充最关心的领域，它成为《论衡》论述的重心之一，其中有不少意见具有独到之处和创新价值。

王充很重视以求实态度去对待思想文化史，这集中体现于如何看待经典的问题上。汉代独尊儒术之后，儒家经典就具有了神圣性质，儒者多视之为绝对真理之化身，他们谨守家派师承，勉力于传注笺释功夫，面对前人之说，不敢越出雷池一步。王充对此提出：

> 儒者说五经，多失其实。前儒不见本末，空生虚说；后儒信前师之言，随旧述故，滑习辞语，苟名一师之学，趋为师教授，及时蚤仕，汲汲竞进，不暇留精用心，考实根核。故虚说传而不绝，实事没而不见，五经并失其实。（《正说篇》）

王充并非否定经典的价值，他反对的只是对待经典的实用主义态度，"前儒"们"空生虚说"的不严肃做法，以及"后儒"死守前儒之说"随旧述故"的不良学风，这种状况导致了"五经并失其实"的局面。他的正面主张就是要"留精用心，考实根核"，恢复经典之"实"。

与对待经典问题相联系的是如何理解古今关系。先秦儒家等流派思想取向比较保守，他们常表现出重古轻今的立场。孔子本人在阐述礼乐等一些基本政治文化主张时，往往打出上古尧、舜、文、武、周公等圣贤人物为旗号，并以"述而不作，信而好古"（《论语·述而》）为治学格言。汉代儒学的保守复古性格，与这种精神传统有直接关联。王充深切认识到"俗儒好长古而短今"（《须颂篇》），"夫俗好珍古不贵今，谓今之文不如古书"（《案书篇》），针对这种传统偏见、谬误，他列举当代（东汉）人物班固、杨终、傅毅等，认为他们的成就并不逊于西汉时期著名作者刘向、扬雄，甚至还可以与公认的杰出文学家屈原、贾谊媲美。他甚至以尖锐的讽刺口吻，形容那些否定当代社会、当代文化的颂古非今者，说："舍其家而观他人之室，忽其父而称异人之翁，未为德也。"（《须颂篇》）在古今关系问题上不迷信古人，重视当代文化，成为贯穿《论衡》全书的基本观念。桓谭曾批评过"凡人贱近而贵远"（《汉书·扬雄传下》），王充具有这种观念，应当是受了桓谭的一定影响。

由于儒家在文化史上有显赫地位和影响，所以也成为王充思想文化史批评的重要对象。他甚至直面儒家的宗师孔子，提出不少尖锐精彩的问题，这集中在《问孔篇》中。王充承认孔子为"贤圣"，但他说即使是圣人，"仓卒吐言，安能皆是？"他更指出在现有文献中，孔子之言"上下多相违，其文前后多相伐者"，孔子自相矛盾，他的话不可能"无非""专精"，所以不应该盲目信从。将圣人"常人化"，这是他对孔子的基本态度。《问孔篇》中提出十多则问题，来质疑孔子及其言论，有一则说：

> 宰我昼寝，子曰："朽木不可雕也，粪土之墙不可杇也。于予，予何诛？"是恶宰予之昼寝。问曰：昼寝之恶也，小恶也；朽木、粪土，败毁不可复成之物，大恶也。责小过以大恶，安能服人？使宰我性不善，如朽木、粪土，不宜得入孔子之门，序在四科之列；使性善，孔子恶之，恶之太甚，过也。"人之不仁，疾之已甚，乱也。"孔子疾宰予，可谓甚矣。……《春秋》之义，采毫毛之善，贬纤介之恶。褒毫毛以巨大，以巨大

贬纤介，观《春秋》之义，肯是之乎？不是，则宰我不受；不受，则孔子之言弃矣。圣人之言，与文相副，言出于口，文立于策，俱发于心，其实一也。孔子作《春秋》，不贬小以大，其非宰予也，以大恶细，文语相违，服人如何？

关于宰我（予）昼寝的故事，人所熟知；孔子"朽木不可雕也"等评语，已经成为古今通用成语，用来形容那些不求上进、自暴自弃者。然而王充对此提出异议，认为学生睡个午觉，只能算"小恶""小过"；而孔子把它当作"大恶"来谴责，是"责小过以大恶，安能服人"？而且这与孔子自己在《春秋》中的"不贬小以大"的做法相悖，故而并不允当。王充就此事进一步追问说：

> 子曰："始吾于人也，听其言而信其行；今吾于人也，听其言而观其行。于予，予改是。"盖起宰予昼寝，更知人之术也。问曰：人之昼寝，安足以毁行？毁行之人，昼夜不卧，安足以成善？以昼寝而观人善恶，能得其实乎？案宰予在孔子之门，序于四科，列在赐上。如性情怠，不可雕琢，何以致此？使宰我以昼寝自致此，才复过人远矣。（《问孔篇》）

这里更从"昼寝"与"德行"的关系来讨论孔子言论的正确性，说"人之昼寝，安足以毁行？毁行之人，昼夜不卧，安足以成善？"睡午觉与善恶有什么必然关联？孔子显然是将没有必然关联的两件事生硬地扯在一起了，缺乏说服力。而且如果宰我真的如"朽木""粪土"，"不可雕"，那为何《论语》中又有"言语：宰我、子贡"（《论语·先进》）的记载，将他列入孔门四科优秀学生之一？孔子岂不自相矛盾？王充在这里，大多抓住记载中孔子言论谬误、论证矛盾及有逻辑漏洞的地方，加以追问，他的诘问非但逻辑上颇为严密，而且理念上亦可成立。如此"问孔"，问得尖锐，问得深入，问得沉重，问得合理。即便孔子复生，恐亦难作答。

《论衡》中对孟轲的批评更加严厉，故而篇题亦称《刺孟》。王充首先"刺"孟轲在论辩中曲解对方原意的情况：

> 孟子见梁惠王，王曰："叟不远千里而来，将何以利吾国乎？"孟子曰："仁义而已，何必曰利？"夫利有二：有货财之利，有安吉之利。惠王曰："何以利吾国？"何以知不欲安吉之利，而孟子径难以货财之利也？……如问安吉之利，而孟子答以货财之利，失对上之指，违道理之实也。

按：王充所说甚是。梁惠王所谓"利吾国"，并未专说"货财之利"，并未排斥任何道德等要素。故孟轲驳王之论，将"利"与"仁义"相对举，有曲解对方话语、犯先入之见逻辑错误之嫌。说他"违道理之实"，并不冤枉。王充又"刺"孟轲随意出言，言无依据：

五百岁必有王者之验，在何世乎？云"五百岁必有王者"，谁所言乎？论不实事考验，信浮淫之语；不遇去齐，有不豫之色；非孟子之贤效与俗儒无殊之验也？

这里指出孟子所说言论缺乏"考验"，即没有根据，是"信浮淫之语"；又认为孟子本人政治上碰了壁，就"有不豫之色"，其表现就是"与俗儒无殊之验"。此种批评已经越出对文献记载和史实的质疑，关涉孟子本人的言论行事作风，其批评分量也更重于《问孔》。王充对于孔、孟相关著作的质疑批评，其行为在当时独尊儒术、儒学昌明的大背景下，与主流文化精神不相合拍，甚至显得十分突兀。这样的怀疑和批评，也使得王充超越汉代一般儒者和文士，表现出自己的独立立场，具有重要的文化史意义。这是对强大的文化保守传统的挑战，也是进取的文化史观的体现，是汉代知识主义思潮高涨之结晶。

需要指出的是，《问孔》《刺孟》中诸如此类诘问虽不少，但他的怀疑和诘问，主要仍然是一种求真求实的过程，而非从思想体系上对孔、孟学说持批判或反对态度。尤其是对孔子，他只是反对神化圣贤，要恢复作为人的真实的孔子。历史上不少论者将王充视为反孔、批孔人物，实属误解或曲解。其中就有一位本文开头提到的清代乾隆皇帝。当初在编修《四库全书》之际，四库馆臣曾请他过目《论衡》，但估计他并未通读全书，仅粗粗看了《问孔》《刺孟》等篇，就不免光火起来，说：

夫欲以言传者，不衷于圣贤，未有能传者也。孔孟为千古圣贤，孟或可"问"，而不可"刺"，（王）充则"刺孟"而且"问孔"矣。此与明末李贽之邪说何异？夫时命坎坷，当悔其所以自致坎坷耳，不宜怨天尤人，诬及圣贤。为激语以自表，则已有犯非圣无法之诛。即有艳其言者，亦不过同其乱世惑民之流耳，君子必不为也。（《御制读王充论衡》）

乾隆对"刺孟"尤其对"问孔"极为反感，说那是与明代李贽一样的"邪说"。他认为王充个人命运坎坷，是他自己做得不好；自己不思悔改，却怨天尤人，还诬及圣贤。王充这样做，就是"非圣无法"，汉代皇帝应该杀掉他才对。唉！王充若泉下有知，真该庆幸自己没活在清朝，否则他纵有几条命，亦难逃"非圣无法之诛"啊！而汉代皇帝没有杀他，千百年后的清代皇帝竟要管闲事"诛"他，此事本身表明，中国古代的文化生态环境，汉代比清代反而要好一些。就这一点说，真是一代不如一代，"近"不如"古"。

轶态横出、瑰姿谲起的傅毅

在东汉中期，文坛上班氏和崔氏以其家族的群体实力，构成无与伦比的强势地位。然而也有一个人，虽然没有太多的家世文学凭借，却以个人的杰出才华和优秀作品，"轶态横出，瑰姿谲起"，竟然能与那两家中的杰出代表班固、崔骃相颉颃，被刘勰形容为"光采比肩"，难分高下，三人一时呈鼎足之势。此君就是傅毅。

一　文章之盛，冠于当世

傅毅字武仲，扶风茂陵人，生于东汉建武年间。他很小就开始学习五经章句，这为他奠定了坚实的学问基础。他二十岁时写了一首《迪志诗》，颇受瞩目。诗为四言体，首先从自己的现状写起。说：

> 咨尔庶士，迨时斯勖。日月逾迈，岂云旋复！哀我经营，
> 旅力靡及。在兹弱冠，靡所庶立。

这是一种自我告诫的口气，说时间过得非常快，一定要珍惜光阴。而自己"经营"不善，虽然已届弱冠，却还没有什么成就。所谓"庶

立"，指的是传统的"三不朽"："太上立德，其次立功，其次立言"
（《左传·襄公二十四年》）。他自愧在事业上没有做出成绩，心情
很难受。不到二十岁的青年人，事业心如此强烈，显得如此老成，
很难得！

接着，诗篇写他的祖先，也曾有过光辉业绩：

> 於赫我祖，显于殷国。二迹阿衡，克光其则。武丁兴商，
> 伊宗皇士。爰作股肱，万邦是纪。奕世载德，迄我显考。保
> 膺淑懿，缵修其道。汉之中叶，俊乂式序。秩彼殷宗，光此
> 勋绪。

傅家最"赫"的"我祖"，首先有殷商时代的傅说，这是一位帮助
商王武丁振兴商朝的功臣，建有殊勋，历史上非常显赫。又自西汉
中叶以来，有傅介子、傅喜、傅晏、傅商等，或以军功，或以论议正
直，在朝廷任高官。诗中说，对照这些前辈"俊乂"人物，自己很感
愧疚。自己虽然年轻，来日方长，但千万不能在道德和学问上放松
自己。看来，傅毅具有强烈的事业心或者功名心，与他的出身有关
系。不过就算老祖宗做出了伟大功业，毕竟那是千百年前的遥远
往事，时代相隔太远，对于傅毅并无任何实际的帮助。而且就傅毅
的近亲父祖来说，史籍上并没有记载他们有如何显赫的功业和名
位，仅就这一点说，他与班固、崔骃两位的差距一下子就拉大了。看
来他祖上"很阔"这一点，只存在于遥远的记忆当中。他大肆宣扬

"於赫我祖"，固然可以增添一点精神优越感，但千年之前的傅说不能给他任何实际好处，否则姓傅的后人何止千百？一个傅说岂能庇佑他们全都升官发财？当然傅毅这样写，主要还是为了给自己励志鼓气，不是仅仅给自己脸上贴金，所以他这样攀附远祖，也说得过去。诗中接着又写道：

> 伊余小子，秽陋靡逮。惧我世烈，自兹以坠。谁能革浊，清我濯溉？谁能昭暗，启我童昧？先人有训，我讯我诰。训我嘉务，诲我博学。爰率朋友，寻此旧则。契阔夙夜，庶不懈忒。

这里说他很担心先祖建立的光辉传统，被自己的碌碌无为所败坏掉，所以希望有人来帮助指点自己。他表示一定要以先辈为榜样，自强不息，不分日夜，绝不懈怠。看来傅毅虽然年纪轻轻，但人生动力非常强烈。他的勇于奋斗的积极进取精神可嘉！

在思想意识层面，傅毅在儒家正统教育下，经常萦怀社会、思考国家面临的问题，显得颇有主见，精英意识十分突出。他认为当时朝廷求贤不够急迫，而不少文士过于标榜清高，动不动就在家隐居，不能人尽其才，所以又写了一篇《七激》表述自己的看法。他站在皇朝与文士相结合的立场上，以"玄通子"与"徒华公子"对话的方式，一方面号召文士积极用世，说"君子当世而光迹，因时以舒志，必将铭勒功勋，悬著隆高"，由此他批评有些隐士"削迹藏体，当年陆沉，变度易趣，违拂雅心。挟六经之指，守偏塞之术，意亦有所蔽与？何图身之谬也！"另一方面也不忘颂圣，说"汉之盛世，存乎永平；太和协畅，万机穆清。于是群俊学士，云集辟雍；含咏圣术，文质发朦"。此文强调士人应当积极进取，不要稍遇挫折，或者略有不满，就灰心丧气，轻易放弃，隐居山林，不与世事，体现出作者积极进取的人生态度。而它的文字写得十分华丽，例如篇中"玄通子"说：

> 三时既逝，季冬暮岁，玄冥终统，庶卉零悴。王在灵囿，讲戎简旅。于是驷骥骒，乘轻轩，麾旄旗，鸣八鸾。陈众车于广隰，散列骑乎平原；属罘网以弥野，连罻罗以营山。部曲周匝，风动云旋；合团促阵，禽兽骇殚。仆不暇起，穷不及旋；击不待刃，骨解肉离。摧牙碎首，分其文皮；流血丹野，羽毛翳日。于是下兰皋，临流泉，观通谷，望景山。酌旨酒，割芳鲜，此天下之至娱也，子能强起而观之乎？（《艺文类聚》卷五十七《杂文部三·七》）

这里描述冬季皇家的狩猎场面，气势盛大，气氛热烈，而词汇富赡，用字美丽，十分突出，比起"七"体的前辈作家如枚乘等有过之无不及。文章一出，赢得不少文士赞誉，同时也受到章帝赏识。前文已经说到汉章帝爱才，他曾称赏崔骃为"龙"；这回对傅毅也颇为重视，任命他为"兰台令史"，拜郎中，与当时已有大名的班固、贾逵一起去整理皇家图书。傅毅进入朝廷，初步得志，他再接再厉，进一步显露自己的才华。他认为汉明帝（庙号"显宗"）生前大力提倡儒术，重视文化事业，功德很盛，死后应当"追美"一番，便写了十首《显宗颂》献上。这组颂圣作品写得古朴厚重、堂皇典雅，颇类似于《诗经》中的《清庙》等篇，深得章帝首肯，由此巩固了他的文坛地位，成为当时主流文学家之一。

傅毅知识广博，儒学之外，又知佛事。当时佛教已经在中亚流行，影响所及，渐入华夏。《后汉书·西域传》记载汉明帝曾梦见一位金人，身材高大，而且头顶放光。他询问朝廷大臣们那是什么人？结果是"或曰西方有神名曰佛"。这是中国历史上关于佛教西来的最早记载。不过此事在《隋书·经籍志》中记载得更加明确，说"汉明帝夜梦金人飞行殿庭，以问于朝，而傅毅以'佛'对。帝遣郎中蔡愔及秦景，使天竺求之，得佛经四十二章"。原来《后汉书》中写的那位"或曰"之人就是傅毅，可知他在这件事上起了点睛的作用。至于他是如何拥有佛教知识的，则难以确考了，反正傅毅是最初的一位佛教专家。就因为他知识广博，所以朝廷凡有讲学之事，也往往有他参与，声誉很盛。

章帝建初元年（76），马防以外戚身份行车骑将军，在朝廷显贵一时，他耳闻傅毅有才情，为附庸风雅、装点门面，便聘傅毅为军司马，待以师友之礼。后来马防在权力争夺中失败，傅毅也被连累，免官归家。永元元年（89）和帝即位，新的一位帝舅窦宪任车骑将军，又迁大将军，显贵一时。窦宪也是个附庸风雅之人，他就请班固为中护军，崔骃为主簿，并请傅毅为司马。三位才子聚集在一起，构成当时的文坛中枢。《后汉书》这样形容说："（窦）宪府文章之盛，冠于当世。"须知班、崔两人都文名早著，又出身文学世家，文脉深厚，他们受到重用，易于理解。而傅毅没有这些资本，他能够与他们齐肩并列，难分高下，这只能说是他的真才实学所致，他无愧乎鼎足而三。然而天不佑人，傅毅在风头正劲、前景灿烂之际，不幸罹病而亡，享年四十左右。才士早卒，留下千古遗恨！这样的不幸事件，历史上发生过很多，汉代就有贾谊等人，傅毅的经历只是又增加了一位英年早逝的文学天才，令人感叹不已。尽管如此，作为东汉中前期的一位文学高手，傅毅已经在文学史上留下了不朽英名。

二 《舞赋》：舞蹈的文学与文学的舞蹈

傅毅今存文学作品，除了上述《迪志诗》《七激》外，最负盛名的是《舞赋》。《舞赋》堪称东汉一代赋中精品。它不是当时流行的"京殿苑猎、述行序志"之类的宏大题材，亦无"体国经野、义尚光大"等等的神圣含意，它描写的是一种游艺或者艺术题材，主要发挥着文学的娱乐性能，所以它属于当时非主流辞赋题材。赋以楚襄王游云梦为事由，让宋玉出现在作品中，并且说："臣闻歌以咏言，舞以尽意。是以论其诗不如听其声，听其声不如察其形。"这是强调舞蹈这种"形"体艺术，与语言艺术（如诗歌、文章等）的

"意""声"相比较，具有自身的要素特色，也有其优越性。赋中正面展开对舞蹈的描写，结构敷设，循序渐进，先后有方。首先写优美的夜色背景："夫何皎皎之闲夜兮，明月烂以施光。"继而写舞者绚烂出场，"于是郑女出进，二八徐侍；姣服极丽，姁媮致态"；再写舞女体态和动作之美丽："貌嫽妙以妖蛊兮，红颜晔其扬华；眉连娟以增绕兮，目流睇而横波。珠翠的砾而照耀兮，华袿飞髾而杂纤罗。顾形影，自整装，顺微风，挥若芳，动朱唇，纡清阳。亢音高歌，为乐之方。"再写音乐伴奏声起："扬激徵，骋清角，赞舞操，奏均曲。形态和，神意协，从容得，志不劫。于是蹑节鼓陈，舒意自广。"于是舞蹈正式开始：

其始兴也，若俯若仰，若来若往；雍容惆怅，不可为象。
其少进也，若翱若行，若竦若倾；兀动赴度，指顾应声。罗衣从风，长袖交横；骆驿飞散，飒擖合并。鵾鹬燕居，拉挋鹄惊。绰约闲靡，机迅体轻。姿绝伦之妙态，怀悫素之洁清。

这里"若俯若仰""若来若往""若翱若行""若竦若倾"等，写出舞者的动作丰富多样，微妙而美观，而使用"若×若×"这种句式，最充分地写出了舞蹈动作的动态之美、变化之美，达到了极致境界。"兀动赴度，指顾应声"等，则写出舞蹈与音乐的密切配合。"燕居""鹄惊"等，又写出舞蹈的动静变幻，缓急相宜。接着舞蹈稍息，而写"观者"感受："观者增叹，诸工莫当。"然后舞蹈进入高潮："合场递进，按次而俟。埒材角妙，夸容乃理。轶态横出，瑰姿谲起。"而最高潮的场景描写则是：

> 纤縠蛾飞，纷猋若绝。超逾鸟集，纵弛殟歾。蜲蛇姌
> 袅，云转飘忽，体如游龙，袖如素蜺。

注意此节文字，全用譬喻，"蛾""猋""鸟""蛇""云""龙""蜺"等，所取之象，无非轻灵活跃、行迹飘忽之物。而烘托热烈气氛，亦臻于极点。最后写舞毕散场："黎收而拜，曲度究毕。迁延微笑，退复次列。观者称丽，莫不怡悦。于是欢洽宴夜，命遣诸客。"有礼有序，皆大欢喜。

纵观中国文学史，以"舞"为写作对象，滥觞于《诗经》："简兮简兮，方将万舞。日之方中，在前上处。硕人俣俣，公庭万舞。有力如虎，执辔如组。左手执籥，右手秉翟；赫如渥赭，公言锡爵。"（《邶风·简兮》）形容"万舞"场面，赞扬舞者优美有力，此是首次正面描写舞蹈，所写虽颇热烈生动，文字未免简约粗放。此外，《诗经》中还有"猗嗟娈兮，清扬婉兮。舞则选兮，射则贯兮"（《齐风·猗嗟》）、"坎坎鼓我，蹲蹲舞我"（《小雅·伐木》）等零散描述。其后又有若干作品涉及舞蹈描写，如枚乘"练色娱目，流声悦耳，于是乃发激楚之结风，扬郑卫之皓乐"（《七发》）；司马相如"建翠华之旗，树灵鼍之鼓，奏陶唐氏之舞，听葛天氏之歌，千人唱，万人和。山陵为之震动，川谷为之荡波"（《上林赋》）等等，气

氛颇为热烈，场面亦甚宏丽，但在描绘的专注和细化方面，皆有欠缺。傅毅本篇专写舞蹈，其题材开拓性鲜明；而篇幅较长，段落分明，层次丰富，格局恢宏；同时描写细腻，刻画精致，奇辞丽藻，层出不穷，意象活跃，氛围炽热。写来又进退互用，缓急相参，节奏有序，从容大度，呈现出高雅的品格和尊贵的风范。傅毅在前人写舞的经验基础上，有了大幅提升，成功描写一种艺术表演的全过程，此之谓大手笔。《舞赋》中有"轶态横出，瑰姿谲起"两句文字，描述舞蹈表演如彩虹一般的精彩美丽和神妙奇特，我们不妨用它们来形容这篇作品本身的艺术成就，甚至用来概括傅毅的文学风格，也是很合适的。

要之，《舞赋》既是写舞蹈的文学，由于写得非常生动优美，所以它也可以说是文学的舞蹈。其实东汉中期，以舞蹈为对象的辞赋作者不止傅毅一人，如张衡就有同题之作。张衡写得虽颇出色，亦有辞采，风格与傅毅之作不尽相同，但在描写节奏安排及形态的生动性上稍逊一筹。

傅毅《舞赋》影响深远。如后世曹植的名篇《洛神赋》，其中对于神女姿容和形态的描写，非常出色，向为人所传诵。"其形也，翩若惊鸿，婉若游龙，荣曜秋菊，华茂春松。仿佛兮若轻云之蔽月，飘飖兮若流风之回雪。远而望之，皎若太阳升朝霞，迫而察之，灼若芙蕖出渌波。秾纤得衷，修短合度，肩若削成，腰如约素"等等。而它们在写法甚至某些文句的组织上，都可以看出来是借鉴了傅毅的《舞赋》。

三　文人相轻及其他

　　傅毅的佳作，除了上述《迪志诗》《七激》《舞赋》外，还有《连珠》。这是一种很特别的文体，据西晋傅玄《叙连珠》说，傅毅是这种文体的创始人之一。可惜原作已散佚不完整，难以全面鉴赏了。

　　对于傅毅的总体评价，《后汉书》本传已经将他与班固、崔骃三人，一起赞为"当世"文章之"冠"。刘勰也说："傅毅、崔骃，光采比肩；（崔）瑗、（崔）寔踵武，能世厥风者矣。杜笃、贾逵，亦有声于文，迹其为才，崔、傅之末流也。"（《文心雕龙·才略》）指出傅毅与崔骃为当时一流的文学才士，而杜笃、贾逵似稍次之，其说大体符合实情，可予采信。总之，在东汉中前叶，班固、崔骃和傅毅三人才华出众，在文坛上鼎足而立。历史上也有人对傅毅人品颇有微词，说"傅毅党附权门"（颜之推《颜氏家训·文章篇》），显然是指其两次入权臣（马防、窦宪）之门充当幕僚事。按文士清高有骨鲠者如崔瑗，不肯屈尊入权门为僚，已见前篇《崔氏世家》；相比之下，傅毅在这方面是谈不上有什么高风亮节。然而从史籍记载看，傅毅先后在权臣府中任职，惟以文学为能事，虽颇得恩幸，荣耀备至，也写了一些谀颂文字，但并无望风承旨、仗势欺凌他人或者乘机攫取个人好处等佞恶行径发生。主官恶劣，下属未必全同。至于一些小眚，古代文士除个别人外，大都难免沾染一二，不必苛求了。

　　班固与傅毅两人曾经是"比肩"的同事和朋友，但彼此关系也有些复杂微妙。曹丕《典论·论文》写道："文人相轻，自古而然。傅毅之于班固，伯仲之间耳。而固小之，与弟（班）超书曰：'武仲以能属文，为兰台令史，下笔不能自休。'"这里首先认为傅毅与班固的文学水平在"伯仲之间"；又指出班固看不起傅毅，讥刺傅毅"下笔不能自休"。曹丕将这件事当作文学史上"文人相轻"的典型事例举出来。曹丕的叙述态度是很清楚的，他说的是班固对傅毅"小之"，而没有说傅毅对班固"小之"，或者两人互相"小之"，所以问题主要发生在班固身上。对此，今天应当怎么看？或许二人出身背景的差异，当时处境的不同，心情和态度也会出现一些问题。而且班固其人对屈原、司马迁等前辈公认的优秀文学家也要妄加非议，这在前面的《班门群英》一篇中已经说过了；他这里挖苦傅毅"下笔不能自休"，也就不算稀奇事了。另外，我们从班固的话里还能体味到一种酸溜溜的语调，似乎嫌傅毅写得太多了，是否他有点儿忌妒傅毅呢？我这是猜测，提出一个疑问吧，不能作定论的。

天下无双的黄香

　　"天下无双，江夏黄童。"这两句赞词，说的是东汉少年黄香。黄香十二岁就名播遐迩，原因在于他的感人孝心。后世将他的事迹列入"二十四孝"之中，称为"黄香扇枕"。长大之后，他才学兼优，荣宠帝庭，德被近郡。汉代文士，很少有他这样仕途亨通、名位双收的。黄香又是辞赋高手，《九宫赋》别具一格，文学史上也留有美名。

一　从门下孝子到典郡从政

　　在中国古代流传甚广的"二十四孝"故事中，有"黄香扇枕"一则。说的是东汉时期黄香幼时母病，他每日在侧悉心伺候，夏日炎热难当，他就在枕边摇动蒲扇，为病母祛暑扇凉；冬日寒气袭人，他每天以身卧床，为母预温被褥。当时家境贫困，并无婢仆，他小小年纪，亲执箕帚，操劳家务，事迹感动乡里，美名远播州郡。九岁时，慈母违世，黄香日夜思念，身心憔悴，几乎丧命。太守刘护闻其名而召到府中，称他是"门下孝子"，甚是尊敬关爱。从此黄香一心向学，很快博涉经典，精研学问，而文章辞赋，臻于一流。

十二岁时,京师洛阳盛传口号说:"天下无双,江夏黄童。""黄童"即指黄香。不几年,他被任命为郎中,作为少年,初入仕途。章帝元和元年(84),有诏让他去皇宫东观内,阅读他从未看过的稀见书籍,以拓宽眼界,增长知识。其后黄香曾一度请假回家,理由是父亲在家,年老无人奉养。不久他奉召回到京城,章帝在殿下接见他时,问他父亲年龄多少?为何不带来住在公府?黄香的回答公私分明,使得章帝颇为感动。当时有千乘王刘伉年届二十,皇家为他举行冠礼,章帝亲自出席。在典礼上,章帝命黄香上前,对着诸侯王们说:"你们看,此人就是'天下无双,江夏黄童'的黄香。"在场之人无不肃然起敬,惊叹不已。不久,皇帝诏他到安福殿讨论政务,任命他为尚书郎。黄香在任,恪尽本职,多次向皇帝进言,谈论政策得失,深为章帝赏识,颇获褒扬奖励。他曾经独自夜宿尚书台上,昼夜工作,不离岗位,章帝得知后,又是一番表彰。

和帝永元四年(92),黄香任左丞,期满后本来应该调换职务,但和帝让他留任,同时增加俸禄。两年后让他任尚书令,这是皇帝与臣下之间沟通联络的最重要职位,臣下上疏、皇帝下诏、文书交流,都要通过他,其中不乏一些机密事务,皆由他来掌管。又过了几年,朝廷要黄香转任东郡太守,他得知后上疏辞让,他的疏文写得态度谦和,言辞恳切,而文字颇为典雅,多引典故,很见功力。疏文中对皇家的忠诚跃然纸上,故而颇令皇帝感动。和帝阅后,竟一反常例,同意黄香的要求,继续让他留任宫台。考虑到他诸事熟悉,所以又继续留下他担任尚书令,同时增秩二千石,赐钱三十万，让黄香再次荣耀了一把。黄香在号称"枢机"的这个位子上长期任职，兢兢业业，皇帝觉得使用他得心应手，如同股肱。宫内宫外，上下各方官员，也对他谦虚勤奋的作风多表满意，评价他是"忧公如家"。所以他如鱼得水，一干就是十来年。

永元十二年（100），东平郡清河县官员上奏，说有卿仲辽等人，散布妖言，煽惑民众，扰乱社会秩序，要求严惩。黄香主办此事，鉴于此案涉及人数多，牵连一千多人，大部分是被蒙蔽裹挟者，他便按照情节轻重，分别做出不同处理。以此，他拯救出不少人，使之免于被处死。每当各郡国地方发生有疑问的罪案，他在处理中都尽量从轻发落，爱惜人命，放人一条活路。黄香又通晓边疆地区情形，对于军政等各方面事务，能够做出妥帖处理。和帝知道他精心政务，勤于公事，所以多次予以嘉奖。黄香曾经在位得病，皇帝给予慰问，并赐给医药治疗。黄香也曾向朝廷推荐一些优秀人才，大多能够得到重视任用。

殇帝延平元年（106），黄香在宫中任职已久，终于外放，担任魏郡太守。以前凡有主官任免交接，府衙中都要新添一套家具设备和生活用品，花销动辄数千万，开支巨大。黄香到任，一概不许，还处理掉不少多余什物。他连祭灶求福之类的活动都免了，而且闭门谢客，不交私情。他上任后，原有的衙门吏员一概留下继续工作，要他们揭发各种奸人恶徒，并且能够快速处理各种案件，效率很高。这与前任的做法迥异，也使他立即获得了当地民众的好感。魏郡距洛阳不远，自然条件甚好，有朝廷内外官员在此拥有私家田地，出租给当地百姓耕种，每家每年收取租谷数千斛。按汉代十升为一斗，十斗为一斛，一斛粮食约重62.5公斤，一千斛粮食重60吨以上，"数千斛"就是百吨以上甚至数百吨了，数量很大，这是对农民的严重压榨。黄香到任后对此实行改革，他下令说："《田令》'商者不农'，《王制》'仕者不耕'，伐冰食禄之人，不与百姓争利。"将这些土地没收了，分给农民耕种，统一由官府征税，减轻了百姓的负担。所谓"商者不农""仕者不耕"，那是古代制度，为的是划清政府权益与士农工商"四民"的界限，同时也为了保护农业生产不受商人和官员的肆意掠夺破坏。"伐冰食禄之人"，指的是卿大夫官僚阶层，他们已经有国家俸禄保证，所以不得再占有土地、收取租税、与民争利。黄香这样做，表面看是抑制权势者的过度财富掠夺行为，实际上为的是平衡社会各阶层和官府利益，以免矛盾激化。"伐冰之家畜牛羊，则于礼为大禁。大抵大小相维而不相殊绝，是之谓'均'"（宋王与之《周礼订义》卷二十一）。他的目的不是真正做到平均，而是尽量"大小相维而不相殊绝"，维持一种利益均衡状态。应当说，与那些为了满足私利而对农民竭泽而渔的官员相比，黄香"不与百姓争利"的措施是开明的，也是有远见的。

魏郡有一年遭水灾，黄香就从自己的俸禄中拿出一大部分来，赈济受灾民众，在他带头之下，地方富裕人家也都纷纷出钱出粮，救济灾民。后来因为大水溃决，冲毁堤坝，淹没大片土地，生命财产损失惨重，他作为地方首长有责，被罢免官职。几个月之后，他也因病去世了。总体上说，黄香一生的仕途经历可以用"宠遇"二字来形容。而他本人则愈是得到褒宠，愈是小心翼翼，怵惕戒惧，所以得免于大起大落，乐极生悲。当然，他如此受宠，肯定也会招致一些同僚的不快，有人甚至吹毛求疵，挑他的毛病，但是他都能虚怀若谷，从容应对，化险为夷，化有为无，终于以全而终。黄香的仕宦经历如此圆满，古代皇权社会中很少见，诚所谓"天下无双"。如果要探讨其中原因，那是他的"曲全"意识和"不争"做法，成全了他的仕途经济，保证了他的毕生平安。诚如《老子》所云："曲则全，枉则直；洼则盈，敝则新；少则得，多则惑。……夫唯不争，故天下莫能与之争。古之所谓曲则全者，岂虚言哉！"（《益谦》第二十二）在黄香的处世哲学中，可以看到浓厚的老子影响。

二　《九宫赋》及其他

黄香的事迹，影响甚大，但他的著作，后世遗失却甚多。《后汉书》本传记载，只有赋、笺、奏、书、令等五篇。不过他的文章很有特色，受到后世肯定，《后汉书》将他列入《文苑传》中，似乎他的人生成就主要在文章写作方面。当然这是范晔个人的看法，我们可以赞同，也可以持异议。但是无论如何，黄香的写作水平是相当高的，为此这"文坛点将录"里也不能遗漏了他。

这里首先要介绍他的奏疏文章。他的此类文章，能够充分表现出个人风格，个性化很强。说到他的个性，给人的第一印象就是他极为恭敬有礼。上文已经提及他的《辞东郡太守疏》，其原文如下：

> 臣江淮孤贱，愚曚小生，经学行能，无可算录。遭值太平，先人余福，得以弱冠，特蒙征用，连阶累任，遂极台阁。讫无纤介称，报恩效死，诚不意悟，卒被非望，显拜近郡，尊位千里。臣闻量能授官，则职无废事；因劳施爵，则贤愚得宜。臣香小丑，少为诸生，典郡从政，固非所堪，诚恐曚顿，孤忝圣恩。又惟机密端首，至为尊要，复非臣香所当久奉。承诏惊惶，不知所裁。臣香年在方刚，适可驱使。愿乞余恩，留备冗官，赐以督责小职，任之宫台烦事，以毕臣香蝼蚁小志，诚瞑目至愿，土灰极荣。

这一篇疏文，自称"孤贱""愚曚"，说在经学和德行、才能等方面，都"无可算录"，不值一提。又说自己在"弱冠"之龄就被朝廷任用，而且"连阶累任"，直升到尚书令，感到非常意外，现在又要去"近郡"担任太守显职，内心觉得惶恐不安；拜读诏书之后，更是惊慌失措，不知如何处理是好。最后说自己正值年轻力壮之时，可以为皇帝所"驱使"效力，希望留下来继续当个多余的"冗官"，来行使"督责小职"，做一点"宫台"中的杂务，以满足自己的"蝼蚁小志"。作者自称"小丑"，自比"蝼蚁"，自述"曚顿"，将尚书令这朝廷要职说成是"冗官""小职"等等，真是谦卑到极点。文后又说自己的愿望只是如此，赔上命也不后悔，是终身的光荣，等等。如此文字，既谦恭，又真诚，不给人虚伪的印象，所以和帝感动，也在情理之中。可见黄香不但德行优秀，而且文字出众，能写出自己的真诚、恳切、坦率，极不容易。

黄香辞赋的代表作，当推《九宫赋》。什么是"九宫"？那是对天上星象的一种概括。它最初出现于纬书《易·乾凿度》中："太一取其数，以行九宫。"郑玄注："太一者，北辰神名也。下行八卦之宫，每四乃还于中央。中央者，地神之所居，故谓之九宫。天数大分，以阳出，以阴入；阳起于子，阴起于午。是以太一下行九宫，从坎宫始。自此而坤，而震，而巽，所行者半矣。还息于中央之宫，既又自此而乾，而兑，而艮，而离，行则周矣。上游息于太一之星，而反紫宫也。"郑玄的解释有些玄妙，但是我们只需知道这是古人对于自然天象的一种系统性认识，它以一定的客观观察为基础，又加进了古人的主观诠释，所以它具有客观知识性与古代哲理性双重性质，它的玄妙难懂主要也在这里。这一套复杂玄妙的学问，又与所谓"术数之学"相通，要掌握它难度很大，精通这一套学问的人更少。但是黄香具有广博的知识，所以他有信心写这篇赋。赋的主旨，就是按照上述关于"九宫"的原理，作天象之巡游，即"下行八卦之宫"。

赋的开头部分写道：

伊黄灵之典度，存乎文昌之会宫。翳华盖之葳蕤，依上帝以隆崇。握璇玑而布政，总四七而持纲。和日月之光曜，均节度以运行。序列宿之焕烂，咸垂景以煌煌。历天阴之晦暗，阳玉石以炳明。（《艺文类聚》卷七十八《灵异部上·仙道》）

这是写从居于上天中央的文昌宫出发，开始巡游。"华盖"即指"天帝之座"，"璇玑""政""四七"等，都是相关星宿之称。"日月之光曜"云云，是说按照日月的光照情况去游走运行。杨泉《物理论》说："极南为太阳，极北为太阴。日月五星，行太阴则无光，行太阳则能照。"这里写九宫之行，始于正北的"坎"宫，故而写"阴""晦"；终于正南的离宫，故而写"阳""明"。而所说的"玉石"等，都是阳物。由此描写可知写作本篇赋的知识要求，实在非常广大深奥，非一般文士所能为。

赋的中间一段又写道：

银拂律以顺游，径阊阖而出玉房。谒五岳而朝六宗，对祝融而督勾芒。荡翊翊而散降，聊优游以徜徉。跖昆仑而蹈碣石，跪底柱而跨太行。肘熊耳而据桐柏，介嶓冢而持外方。浣彭蠡而洗北海，淬五湖而漱华池。粉白沙而囓定容，卷南越以腾历。

这里写的是巡游天宫之时，又兼顾巡游地上的山岳湖海。"阊阖"是天门之称，是太一之神所居，"祝融"是南方之神，"勾芒"

是东方之神，"昆仑""碣石""底柱"（即砥柱山）"太行""熊耳""桐柏""蟠冢""外方"（即嵩山）等，皆是四方名山。"彭蠡""北海""五湖""华池""定容"等，皆是各地胜水。这些地理名称虽然并不神秘，但天地错杂，连贯组合，显出天文地理、虚实相副的知识厚度。而写到"南越"之后，也就意味着已经巡游到了正南的"离宫"，按照九宫路径，将转回到中宫。

本赋篇末写道：

> 党巷溏而触螳蜋，挟磐砀而扑雷公。摽挚缺而拂勃决，奋云旗而椎鸿钟。声淳沦以纯仑，四海澹而祐地梁。碎太山而刺嵩，吸洪河而嚖九江。登嶣峣之釐台，窥天门而闪帝宫。享嘉命而延寿，乐斯宫之无穷。

这里写到了神话传说中的神祇、妖怪，然后写"云旗""鸿钟"，表示天意覆盖大地，传布四海。"淳沦""纯仑"，是形容和畅纯粹的气氛；"地梁"，犹言"地维""地轴"，意思是九宫覆盖之下，四海清晏、下土蒙福。最后说山岳可堕，江河可竭，而九宫定位，未尝变易，唯有它是永恒的存在。最后说游行一周之后，又返回到中宫。而巡游周天九宫，能够延年益寿，伴随天地，享乐永久。

这篇《九宫赋》，内容很特别，主要是一种天道观念，哲理形态；它与当时的社会生活关系不密切。不过读到它的后面，各种天神、妖怪也出来了，我们不由得联想起屈原的《离骚》，似乎其间存在若干写作灵感上的关联。所以本篇还是吸收了传统辞赋的一些营养，它的巡游九宫，与屈原写的去天庭四方追寻理想境界，不能说没有关系。当然，本篇在知识性这一点上，比《离骚》等前贤作品无疑要浓厚得多，而文学性则相对薄弱一些。由于本篇全方位的知识性内容，无疑具有特殊的写作难度；作为读者，要理解其意义也必须先具备一定的基础知识。写作这样一篇赋，只有兼通天文地理、社会人文的大学问家，才能胜任。东汉中期，我们印象中只有张衡这样伟大的科学家兼人文学者，才会在作品中（如《思玄赋》等）表现类似的内容，而黄香居然也能写出这篇《九宫赋》来，确实令人对他刮目相看了。其实黄香的知识面本来很广，有史籍记载说："汉尚书令黄香曰：日蚀皆从西，月蚀皆从东，无上下、中央者。"（《南齐书·天文志》）可知他对于日月天象早有观察，并拥有相当的专业知识。黄香的这篇《九宫赋》，标志着他也是东汉知识主义潮流中的人物之一。

黄香尚有《太子冠颂》等文章，兹不赘述了。

三　儿孙继统，青出于蓝

黄香的儿子黄琼、重孙黄琬，也都在历史文化上做出了贡献，值得在此附带一说。

黄琼从小跟随黄香，体验官场生活，见多识广。他长大成人之际，父亲黄香正任魏郡太守，位居要职。朝廷有人提议他任太子舍人，他却以病推辞，表现出不想借重父荫的高洁姿态。后来黄香病故，他又遵礼服丧，丧期满后，朝廷有五官府接连发出辟召，他却连年不应，再示清高。到顺帝永建年间，朝廷公卿大臣多有引荐他的，他仍然坚持不应。甚至有人派出"公车"来主动迎接，他不得已上车，但走到离洛阳不远的纶氏县，却又推病不走了。这行为有些过分，惹得有些官员生气参劾他，说他对朝廷"不敬"，要治他。有大臣李固，对黄琼一向颇为欣赏，就写信劝勉他赶紧前来。此函据实说理，写得精彩，兹摘如下：

　　盖君子谓伯夷隘，柳下惠不恭，故传曰："不夷不惠，可否之间。"盖圣贤居身之所珍也。诚遂欲枕山栖谷，拟迹巢、由，斯则可矣；若当辅政济民，今其时也。自生民以来，善政少而乱俗多，必待尧舜之君，此为志士终无时矣。常闻语曰："峣峣者易缺，皦皦者易污。"《阳春》之曲，和者必寡，盛名之下，其实难副。近鲁阳樊君被征初至，朝廷设坛席，犹待神明。虽无大异，而言行所守无缺。而毁谤布流，应时折减者，岂非观听望深、声名太盛乎？自顷征聘之士，胡元安、薛孟尝、朱仲昭、顾季鸿等，其功业皆无所采，是故俗论皆言处士纯盗虚声。愿先生弘此远谟，令众人叹服，一雪此言耳。

信函指出，即使是伯夷、柳下惠，如果做得太过分了，也会陷于"隘""不恭"的境地。如果你想等待"尧舜之君"出现，那种机会是很少的。现实社会中"善政少而乱俗多",所以搞得不好,就将是"志士终无时矣",你将终身没有机会。所以你如果只想做古代巢父、许由那样的隐士,当然可以去做。但是你如果还想"辅政济民"做一番事业的话,那就不必犹豫了,赶紧抓住机会出来吧!信函又指出,当时有一批"处士",其实际才学("功业")"无所采",没有突出表现,但是以清高自居,造作声价,"俗论"都说他们是"纯盗虚声"。所以信函提出,你应当认真考虑这个问题,要让大家信服你,就要拿出实际行动,来"一雪此言"!

李固不愧是当时清流文士的领袖,这封颇含锋芒、毫不客气的信函,真是起了作用。黄琼读了,二话不说,当即来到洛阳。他已经拥有"盛名",必须拿出实际行动,来证明他是否"名""实"相副。黄琼开始时拜议郎,后来升任尚书仆射。由于他用心工作,干练精明,所以凡朝廷有争议之事务,往往由他酌情处理,一锤定音,他人难与抗衡。当时各地连续发生灾异,按照古时天人感应原理,黄琼上疏向顺帝提出建议,一方面说应当将公卿大臣中"诸无功德者,宜皆斥黜",另一方面说要对一些有才能的处士,"宜更见引致,助崇大化";总之是要求做人事上的大调整。顺帝听了他的意见,居然引进了一些新人,给予接见。又顺帝即位以后,不行籍田之礼,黄琼认为这是国之大典,不宜久废,遂上疏建议恢复。顺帝也遵从其说,次年初春即举行并亲自参与"籍田"典礼。不久黄琼升任尚书令,重新担当起他父亲黄香当年的职位。又前任左雄曾主持"孝廉"取士选举,专门考核儒学文史,忽略了实际政务才能方面的审核，显然有所偏颇、欠缺，黄琼便上疏提出，应当增加"孝悌"及从政能力的审察，改变为取士"四科"。朝廷也依照施行了。不久，黄琼出任魏郡太守，接着，又任朝廷九卿之一的太常。

桓帝即位后，黄琼被选入宫中，到皇帝身边任"侍讲"。元嘉元年（151）出任三公之一的司空。与他的父亲黄香相比，他在仕途上已经青出于蓝了。桓帝得以继位，外戚、大将军梁冀出了大力，梁冀授意部分官员提出建议，说梁冀勋德崇高，"宜比周公，锡之山川、土田、附庸"等。朝中大臣不敢得罪梁冀，多附和其说。黄琼勇敢表态，说梁冀虽然有大功劳，但在封爵和食邑上已经重赏过了；现在只需比照着西汉霍光、本朝邓禹给他优待就可以了。梁冀没有"比"成周公，到手的好事被黄琼坏了，不免怀恨在心。黄琼明知梁冀不好惹，但他仍然坚持原则，对于梁冀推荐请托的人，一概不予任用。

永兴元年（153）之后，黄琼转任司徒、太尉等。延熹二年（159），梁冀被诛，宦官专权，一大批阿附梁冀的高官被免职处分，黄琼则再任太尉，因他曾对皇帝有师傅之恩，而且不阿梁氏，被封邠乡侯，食邑千户。黄琼上疏六七封，坚辞得许。当时桓帝信任宦官，"五侯"擅权，横行朝野，势力极大。黄琼自度力不能匡正，感到大势已去，就称疾不起。延熹七年（164），他临终上疏，这篇绝命之疏，大胆说出了内心的思虑，批判当时朝政，从皇帝本人到宦官，皆不能免；又为当时受到迫害的正直官员申述鸣冤，言辞锋利，直指要害，可谓难得的好文章。疏文先说历代圣君们如何"以德义为首"，"以贤者为力"，实现"长守万国，保其社稷"的事业。接着便矛头一转，直指桓帝本人及宦官集团，批评其恶行劣政：

> 陛下初从藩国，爰升帝位，天下拭目，谓见太平。而即位以来，未有胜政。诸梁秉权，竖宦充朝，重封累职，倾动朝廷。卿校牧守之选，皆出其门，羽毛齿革、明珠南金之宝，殷满其室，富拟王府，势回天地。言之者必族，附之者必荣。忠臣惧死而杜口，万夫怖祸而木舌。

"即位以来，未有胜政"，这两句话就把桓帝完全否定了。对当朝皇帝如此说话者，自古以来，很难找到第二个。而"诸梁秉权，竖宦充朝"两句，也把外戚、宦官专权的危害问题，全盘端出来了。接着又说：

> 塞陛下耳目之明，更为聋瞽之主。故太尉李固、杜乔，忠以直言，德以辅政，念国亡身，陨殁为报，而坐陈国议，遂见残灭。贤愚切痛，海内伤惧。又前白马令李云，指言宦官罪秽宜诛，皆因众人之心，以救积薪之敝。弘农杜众，知云所言宜行，惧云以忠获罪，故上书陈理之，乞同日而死，所以感悟国家，庶云获免。而云既不辜，众又并坐，天下尤痛，益以怨结，故朝野之人，以忠为讳。

这里又从打压、残害正直臣下的角度，批评皇帝政策的根本性错误，"以忠获罪"，"天下尤痛"，说出了所有正直士大夫和百姓的愤恨，在这里，皇帝被描述为完全的昏君。疏文最后说：

> 臣至顽驽，世荷国恩，身轻位重，勤不补过，然惧于永殁，负衅益深。敢以垂绝之日，陈不讳之言，庶有万分，无恨三泉。

他说自己"世荷国恩"云云，这又提到了父亲黄香了；说自己临终写出这些触犯忌讳的言语，是因为考虑到一旦死去，我可以黄泉之下，面对先人，庶无遗恨！黄琼言语直率，毫无遮拦，略不隐讳，正气浩荡，如此说言正论，落地有声，直斥皇帝及其宠竖罪恶，诚是千年之前的正气之歌！人说明代有海瑞骂皇帝，其实早在千年之前的汉代，就有黄琼骂皇帝，而且骂得透彻，骂得解气！

　　至于曾孙黄琬，自幼丧父，得祖父黄琼悉心栽培，长大后亦有声誉，"有拨乱之才"。灵帝时历任青州刺史、司徒、太尉、司隶校尉等。他一身正气，参与反对宦官集团的斗争，成为汉末清流名士群体中的一员，在党锢之祸中遭到迫害，后来又与杨彪、王允等人一起反对董卓专权。西凉军阀李傕、郭汜等作乱，黄琬遇害于长安。从黄香到黄琼，再到黄琬，我们不能不向黄氏祖孙表示由衷的钦佩。他们以各自的个性和文字，为东汉历史和文学增添了光彩！

高士梁鸿

坚守人格清正，秉持道德高尚；为求内心无憾而甘愿养猪、充当佣作；更因一篇诗作惹怒皇帝，无奈隐姓埋名，流寓江东。梁鸿毕生清贫，却收获"高士"盛誉，还有夫妻纯情，演绎了"举案齐眉"的生动故事，终于"德耀"古今。

一　太学生牧猪

梁鸿字伯鸾，出生于西汉末哀、平年间（约公元1年前后）一个普通官员家庭。当时皇帝年幼，两大势力——王莽党羽与刘汉皇室，明争暗斗多年。朝政既已混乱，吏治不免黑暗，社会风气败坏，边地武装团伙头领也乘机作乱，地方治安急转直下，普通百姓更是生计艰难，水深火热，人心已散，人心思变。不久，王莽代汉，建立新朝，梁鸿父梁让，竟以意外缘故得以升迁。原来王莽性好古学，喜卖弄学问钻牛角尖，以为梁氏是上古少昊金天氏后裔，高贵血统仅次于黄帝，故而应当封增其爵位，以顺天命，遂封梁让为"修远伯"（意为能够继承远古高贵传统），并任城门校尉。此为武职，负责守卫京城城门，责任重大，秩六百石，地位不低。后来又派他去北地（今甘肃庆阳附近）任职，不久病故。当时地方大乱，梁鸿年在童稚，家无积蓄，只能卷席裹尸，草草葬父。不久，新莽失败，刘秀削平群雄，建立东汉，社会秩序得以恢复。刘秀重视经学，为奖掖后进、培养人才，在洛阳开设太学，地点在城东南开阳门外。梁鸿经人推荐，亦得以入学受业。他刻苦钻研，致力学问，博览群书，知识大长，诸子百家无不通晓。当时儒者浸盛，枝叶蕃滋，解经章句，繁琐成风，往往"一经说至百万言"，甚至短短一句，也要敷衍上万字。梁鸿学业唯重大义，不合当时潮流，故学毕之后，不为时流所重，生计无着，遂在上林苑旧址临时以牧豕为业，有猪十余头。

　　一个太学生，去当养猪专业户，既难能可贵，亦实属不易。不久果然出事了：由于炊事不当，草房着火，不但居所焚烧，还殃及邻舍。梁鸿主动承担责任，询问邻居损失。那邻居要求赔偿，梁鸿无钱，只能将所饲养生猪全部交出，作为抵偿。然而邻人仍嫌太少，梁鸿无奈，便当场表态说：我再无其他财物，只能充当佣人，为你干活。邻人竟亦同意，自此梁鸿便转换身份，由养殖户变成纯粹出卖劳动的佣作苦力。他晨兴夕休，勤奋耕作，毫不懈怠。附近乡邻父老见状无不感动，称赞他为人忠厚，年龄不大，竟有"长者"风度；同时也为之不平，谴责那邻人过于自私，刁钻刻薄。邻人受到众人严词批评，颇表悔改，便同意解除主佣关系，并愿归还全部生猪。梁鸿坚辞不要，只身飘然离去，返回家乡右扶风平陵县（在今陕西咸阳附近）去了。

二 梁鸿难偶

平陵距上林苑不远，梁鸿的高尚品德本地人颇有所闻，他无意之中，竟在地方上声名大振。盛名之下，便有不少大户殷实人家愿以爱女许嫁，主动前来议婚，然而梁鸿却不为所动，一概谢绝。看来梁鸿的婚事有些难办，诚如隋唐间诗人王绩所感叹的："老莱不婚，梁鸿难偶。"（《祭处士仲长子光文》）不过王绩此话说得也不完全对，因为实际上梁鸿的婚姻不久就解决了。解决的过程是又一件奇闻：平陵县内有孟家女子，状貌"肥丑而黑"，完全说不上漂亮；但是她身体健硕，能够力举石臼，那石臼为古时舂米设备，少说也在百斤以上，可知其体力超群，不让壮男。这孟家少女也曾有一些人陆续来说亲，她却全都看不上，婚姻耽搁下来，眼看着年近三十。父母替她着急，问她打算怎样？她回答说："我就要嫁梁伯鸾那样优秀的人物。"这话辗转传到梁鸿耳朵里，他便前往求婚，孟女立即同意，并当场表示，要亲手制作布衣麻鞋，准备箩筐纺车之类劳动工具，作为嫁妆。成婚那天，孟女乔装打扮一番，进入梁家。梁鸿一看，竟一连七天不搭理她。孟女见状，不解所以，便跪在堂下说："我听说夫子您道德高尚，曾拒绝好几位女子婚事；而我也曾拒绝过好几位男子。现在您既然选择了我结为夫妻，为何又不理睬我？我岂是犯有什么过错？"梁鸿说："我本来是想找一个朴实普通女子为妻，可以一起去深山野岭过穷困隐居日子。

想不到你竟是穿绸缎衣服、涂脂抹粉的人，我太失望了！"孟女一听，便说："唉！我这是故意试探你的！看我马上就改换模样。"她立即把头发挽成一个简单的大髻，并且换上一套粗布衣服，开始干起家务活，手脚利索。梁鸿一看大喜，说："这才是梁鸿的真正妻子！咱们可以一起生活了。"梁鸿给她取名叫"孟光"，字"德曜"，这里的含义是，尽管她是平民身份，却要昭示道德的光耀。过了一些日子，孟光说："我早听您说要去隐居，可是怎么不见行动？难道您想改变主意去做官吗？"梁鸿说："好啊！"便一起搬进霸陵山里，以耕织为业，自给自足。闲来无事，就弹琴读书，咏诗自娱，夫妻生活过得潇洒自如。

梁鸿曾经"难偶"，却终归于不难，而且婚后夫妇过清贫生活，相守始终，相敬如宾，成就千古美谈。唐代诗人杨炯写道："业耕织而乐琴书，有梁鸿之雅尚。"（《从甥梁锜墓志铭》）对于他的生活方式颇为欣羡向往。

三　《五噫之歌》及《适吴诗》

某日梁鸿有事东出函谷关，经过京城洛阳，看到城池雄壮，建筑华丽，诗兴上来了，便写下一篇《五噫之歌》：

> 陟彼北芒兮，噫！顾览帝京兮，噫！宫室崔嵬兮，噫！人之劬劳兮，噫！辽辽未央兮，噫！

总共短短五句，五个"噫"字，表达了强烈的情绪感受。至于诗篇含意，则并不难解，写的是他从北邙山下走过，回头遥望京城，看到宫殿雄姿，宏伟漂亮，这些都是赞辞；然而"人之劬劳兮"一句，语调已变，由赞而刺！而且刺中要害，亦即这些宏伟美丽的建筑，是以百姓的劳苦为代价的。"劬劳"二字，早在《诗经》中就是常用语，表达普通人的劳作辛苦，含有不满情绪。至于末句说"辽辽未央"，那是一句双关语，既可以理解为皇都伟大无垠，也可以理解为是"劬劳"没完没了。所以本篇的作意，有赞有刺，而归结为讽刺。当时已是东汉章帝时期，诗篇传到章帝那里，他读出了作者的用意，不禁很生气，要抓作者来追究。梁鸿得知皇帝不高兴了，这可是惹不起的事情，与其到朝廷去作有口难辩的对质，还不如一跑了之。他便改名换姓，改姓"运期"，名"耀"，字"候光"，携妻逃亡到东方齐、鲁地区（今山东省一带）；不久觉得那里还是不安全，又向更远的吴地（今长江下游地区）逃亡。临行前他又作《适吴诗》一首，表达当时的心情。

《适吴诗》首先说自己要"逝旧邦兮遐征，将遥集兮东南"，离开中原地区，向东南吴地进发。而自己是"心惙怛兮伤悴，志菲菲兮升降"，非常伤心，激动而难过。他想向朝廷申诉，说出自己的真实心情，但他知道这样做没有意义，因为朝廷里谗人、佞人当道，那里是"竞举枉兮措直，咸先佞兮啴啴"，是非颠倒，没法说理。所以最好还是走掉拉倒，或许边远地区还比较尊重贤人，因为那边是古代贤士季札的故乡。他想起当年孔夫子为寻找机遇，也曾周游列国，所以自己也不妨"聊逍遥兮遨嬉，缵仲尼兮周流"。他一路看到春日欣欣向荣的景色，"惟季春兮华阜，麦含含兮方秀"，却反衬出自己内心的悲哀忧郁，"哀茂时兮逾迈，愍芳香兮日臭"，"悼吾心兮不获，长委结兮焉究！"他看不到解开心结的希望。无论他本性如何豁达开朗，在严重威胁之下，也未免心情压抑，诚难释怀。这两篇诗歌，记录了梁鸿如何给自己添下麻烦，他在避难中的心路历程，同时也给中国文学史留下了不灭的杰作。

四　举案齐眉

梁鸿隐姓埋名，一路上怀着复杂的心情，携妻渡过长江，到达了吴地。这里天高皇帝远，现实的危险减少了。他投奔到当地望族皋伯通家里，充任佣工，就寄居在主人家堂下廊屋中。梁鸿每天收工回到住处，妻子孟光便早早准备好食物，在陋室中迎接他上座，毕恭毕敬地伺候梁鸿用餐；她低头送上饭菜，托盘举得高高的，都不敢抬眼看一下丈夫，态度极为虔敬，这叫做"举案齐眉"。日子长了，主人也知道了这一对奇特夫妻，吃惊地说："这个佣人，居然能够让他妻子有如此表现，可见他不是平常之人了！"遂以宾客待之，安排他们在另一处房内安顿下来。梁鸿夫妇终于可以在陌生地方过上正常日子，直到多年之后。

梁鸿在吴地撰有一篇《思友诗》，所思之友是京兆人高恢。这高恢也是一位名士、高士，不过高恢服膺道家学说，对《老子》颇有研究，当时可称为专家。对于功名利禄之类，高恢也怀抱着鄙弃的态度，主张人生要旷达，"无为无不为"，他隐居在华阴山中，大概就在西岳华山一带，与梁鸿老家平陵很近，所以彼此熟识，堪称知己。梁鸿写道：

> 鸟嘤嘤兮友之期，念高子兮仆怀思，想念恢兮爰集兹。

第一句用的是《诗经》里的典故："伐木丁丁，鸟鸣嘤嘤。出自幽谷，迁于乔木。嘤其鸣矣，求其友声。"（《小雅·伐木》）鸟鸣嘤嘤，优美动听，而其意义，则在求其友声，互为共鸣。作为起兴，颇为优美成功。二句写"念高子"，"仆怀思"，好处在直接明快，缺点是直奔主题，不够含蓄。三句"想念恢兮"，也是直白得很，连高恢的姓名都写出来了；不过最后三字又回到首句的比兴上去，"爰集兹"写的是鸟儿，以鸟比人，寄托思念。

汉代诗人本来就稀少，众多的文士都以大量精力写作辞赋和文章，因为这些才是当时的主流文学体裁，如枚乘、司马相如、扬雄等，他们的文学名声很高，但诗歌方面并无很大成就，甚至干脆不写诗。这是时代风气使然，不能过分追究个人。在这样的背景下，梁鸿的诗歌虽然现存数量也不多，却显得个性突出，值得重视。此外，梁鸿早期还作有《高士颂》二十四篇，所赞颂对象有商山四皓等多名高士，以表示对前代高洁人物道德风采的衷心仰慕。然而原文多已散佚，难窥原貌了。只剩下一篇《安丘、严平颂》残句："无营无欲，澹尔渊清。"意思也是赞颂淡泊名利、清心寡欲。所颂人物，是安丘望之、严君平二位著名隐士。西晋皇甫谧《高士传序》中说到"梁鸿颂逸民"，即指此颂。

梁鸿卒于吴地，年寿不明，大概在章帝时，享年五十岁左右。其后事由皋伯通等人主张，将他安葬在要离墓旁。他们的理由是："要离烈士，而伯鸾清高，可令相近。"那要离是春秋时著名刺客，受吴王委派去刺杀庆忌。不过吴人虽然颇有称赞要离其人的，但自道义上看，这位刺客只是权势者的工具，刺杀庆忌一事，也毫无道德正义可言，将他说成"烈士"，有点儿牵强。与梁鸿并列，"可令相近"，更是不伦。这里显出皋伯通这些土豪们，虽然有义举表现，值得肯定；但他们对于梁鸿人格的理解，还是肤浅。不过后面一句"伯鸾清高"，应无任何问题。梁鸿安葬毕，妻孟光便满怀悲思，携儿子西归扶风平陵老家去了。

五　梁鸿德耀

综观梁鸿一生，首先他是一位人格正直的清高隐士，同时在文学上亦有贡献。梁鸿受到后世广泛敬仰，其事迹历代传诵不已，赞颂有加。首先，庾信有好几处文字写到梁鸿。唐代王勃在传世名篇《滕王阁序》中写道："嗟乎！时运不齐，命途多舛。冯唐易老，李广难封。屈贾谊于长沙，非无圣主；窜梁鸿于海曲，岂乏明时？

所赖君子安贫，达人知命。老当益壮，宁移白首之心；穷且益坚，不坠青云之志。"这最后四句，说出了"君子"的志尚和品格，而篇中梁鸿大名，赫然在列。初唐四杰中的杨炯、骆宾王也都有诗文写及梁鸿。大诗人李白也写下了"梁鸿德耀会稽日，宁知此中乐事多"（《和卢侍御通塘曲》）这样的句子。他在另一篇诗中说：

　　陶令辞彭泽，梁鸿入会稽。我寻《高士传》，君与古人齐。

（《口号赠阳征君》）

李白将梁鸿与陶渊明并列，作为自己的崇尚对象。李白在安史之乱后，投身永王李璘幕中，活动地域主要在江州、扬州一带长江中下游，所以他专门标举这两位先贤事迹，是有独到用意的，是在自我比拟。"君与古人齐"，他自己应该也在内。

　　看来梁鸿生前萧瑟，而身后"德耀"。他与孟光之间的"举案齐眉"故事，在中国社会流传最广，成为夫妇和谐、互敬互爱的历史性典范，家庭伦理之实践楷模。

与神合契的张衡

　　"雕龙"高手崔瑗在给张衡写的碑文中说："道德漫流，文章云浮。数术穷天地，制作侔造化。瑰辞丽说，奇技伟艺，磊落焕炳，与神合契。"——以如此华丽言辞热烈赞美自己的已故挚友，崔瑗写得是否有些过分了？我说这并不算过分，因为张衡其人确实"道德"与"文章"兼优，"数术"与"制作"齐飞，你只要了解一下他的基本事迹，就不得不相信他实在是位绝世的人才，这位大科学家兼大文学家真是"神"了！

一　道德漫流

　　崔瑗说张衡"道德漫流"，是赞美他高尚道德受到广泛传颂，人格魅力如洪水般所向披靡。张衡（78—139）字平子，南阳西鄂人，少年时代即聪慧异常，稍长赴洛阳游学，入太学学习，很快通晓五经、六艺。但张衡与众不同处在于他不以掌握那些儒学经典为满足，他的求知欲非常强，对于各种社会现象和自然界奥秘，都怀着巨大兴趣，深入思考钻研，遂通贯百家学问，尤其精思于天文、阴阳、历算等。他在这些方面的造诣，达到了很高的境界。

张衡致力于追求知识，对仕途则并不热衷。和帝永元中，他被举孝廉，连辟公府，皆不就；大将军邓骘奇其才，累召不应。安帝继位后，雅闻张衡学术名声，便派出公车特别征召，拜郎中，这才开始了他的做官经历。不久迁太史令，这职务与前世学者司马谈、司马迁父子相同。后来又调任侍中，成为皇帝的一名亲随官员。他曾上疏陈述政见，对当时社会弊端尤其是官场风气败坏问题作深刻剖析，他还力主应当废弃谶纬。安帝对他颇为信任，曾问他"天下所疾恶者"，当时宦官们就在左右，他们知道张衡的"所疾恶者"中有自己，所以紧张得一个个眼睛盯着他看，张衡见状，不便直言，暂且说些不相干的话。宦官们因此对他非常提防，并且不断在皇帝那里毁谤他。不久，他再转为太史令，虽说是官复原职，却是被排挤的结果。顺帝永和初，他将届耳顺之年了，出任河间相。当时河间王刘政骄奢淫逸，不遵典宪；当地又多豪右，横行不法，共为不轨。张衡下车伊始，调查清楚为奸作恶者姓名，接着雷厉风行，捉拿不法分子，严惩不贷，使得河间地方上下，清静肃然，受到民众称赞。视事三年后，上书乞骸骨；朝廷又征拜尚书，不久病故。

张衡参与实际政治事务的机会并不很多，只能说是小试了几下身手，但已经显示出他是一位正直且有魄力的能臣。他担任太史令的时间最长，主管皇朝历史的整理记载以及天文历法及禳灾等"阴阳"之事，这主要是个"学术官"。但他利用当时的官方意识形态"天人感应"观念，藉天灾以说人事，对现实社会问题经常发表针砭意见。如关于官员选举问题，吏治问题，边防问题，民生问题，甚至皇帝作风问题，皆有所说，且言论大胆，意见中肯，颇见锋芒，显示出具备政治责任心，非尸位素餐者流所能比拟。例如《上疏陈政事》一文，借说天灾而矛头直指那些受到皇帝宠信、擅权以谋私的"贵宠之臣"，是他们的不轨行为和腐败作风，使得"怨讟溢乎四海，神明降其祸辟"。这些"贵宠"指外戚，也包括宦官。张衡又曾揭露谶纬弄虚作假的众多事例，说"此皆欺世罔俗，以昧势位，情伪较然，莫之纠禁。且律历、卦候、九宫、风角，数有征效，世莫肯学，而竞称不占之书。譬犹画工，恶图犬马而好作鬼魅，诚以实事难形，而虚伪不穷也。宜收藏图谶，一禁绝之，则朱紫无所眩，典籍无瑕玷矣。"从东汉初以来，历代皇帝笃信谶纬，许多士人趋附权力，故而盛行不衰；也有一批诤臣如桓谭等，不顾个人安危冒死极谏，勇敢地斥其为虚妄，张衡是又一位坚持真理的斗士。

张衡政治道德高尚，志在国家，是非分明，洁身奉公，不谋私利。至于平日为人作风，他虽才高学深，却无自大骄矜之情，处世从容淡静。崔瑗所撰碑文中说他"体性温良，声气芬芳，仁爱笃密，与世无伤，可谓淑人君子也"。可知他是谦和有礼、很重情义的人物。当然张衡待人接物也有自己的原则，他不喜欢交接庸俗势利之徒，对丑恶势力如宦官集团，他更是耻于与之为伍，在河间相任上，受到他清理严惩的地方官员，有相当多是宦官亲属。正因此，他也受到宦官集团的忌恨、排斥。要之，在同时代士人眼中，他是一位公认的"淑人君子"，众望所归，"道德漫流"就是自然的结果。

二　文章云浮

　　崔瑗说张衡"文章云浮"，是说他的作品就如云彩一样众多美丽，广受景仰。张衡的知识面极广，哲学、文学、科学技术，无所不通，他的"文章"除了时政文章之外，还包括学术作品和文学作品。

　　张衡的学术文章不少，内容大体上可以分自然科学和人文社会科学两大类。前者如《历议》《浑仪》《灵宪》《灵应》《算罔论》等。其中《灵宪》一文是张衡宇宙观的集中表述，关于宇宙的起源、天地的形成、日月星辰和人类生灵的产生等自然现象，他都有所解释，是中国科技史上重要的学术文献。

　　张衡的文学性著作，则有辞赋、诗歌以及其他各体文章。两汉的主流文学体裁就是辞赋，张衡在这方面堪称一流大家，其作品有《思玄赋》《二京赋》《南都赋》《温泉赋》《羽猎赋》《髑髅赋》《七辩》等。

　　《思玄赋》主题是表述自我精神活动的，李善解释本篇写作背景说："顺、和二帝之时，国政稍微，专恣内竖，平子欲言政事，又为奄竖所谗蔽，意不得志。欲游六合之外，势既不能，义又不可，但思其玄远之道而赋之，以申其志耳。"（《文选》卷十五）在辞赋写作史上，它与班固《幽通赋》类似，属于"序志"之篇。赋中多用象征性手法，表现他对于人生的本质理解。其所谓"玄"，即老子所说的"玄之又玄，众妙之门"，张衡在思考"众妙之门"，即人生及宇宙之真谛。所以本篇表现出一种哲学气质。不过篇中同时也写了对于理想社会的期待和追求，对于社会黑暗邪恶势力的厌恶鄙视，流贯着现实的正义感。所以"思玄"之中不仅有"众妙之门"，也含有现实批判内容。在这一点上，《思玄赋》明显超越了班固的《幽通赋》。

张衡名声最大的作品是《二京赋》（即《东京赋》《西京赋》）。作品与班固《两都赋》类似，写长安、洛阳两京城，题材都属于"京殿苑猎"之类，萧统《文选》将它们列为全书开卷前二篇位置。但是二者作意却有巨大差异。班固意在颂扬刘秀建都洛阳的正确性，"盛称洛邑制度之美"；张衡写二京，则主要意图是反对"奢侈"、提倡"简约"，富于批判精神。在整体性质上，班赋在"润色鸿业"，张赋则主要"开言直谏"、"风谕""奢侈"，即由赞颂变为批判。此种变化，意义重大，代表辞赋写作风气之转向，辞赋性质功能亦由此实现根本转变。此外在语言运用方面，班、张亦有差别，明代王世贞说："孟坚《两都》，似不如张平子。平子虽有衍辞，而多佳境壮语。"（《弇州四部稿》卷一百四十五）下面引述一段《西京赋》的文字，以观其概：

> 有凭虚公子者，心侈体忕，雅好博古，学乎旧史氏，是以多识前代之载。言于安处先生曰：
>
> 夫人在阳时则舒，在阴时则惨，此牵乎天者也。处沃土则逸，处瘠土则劳，此系乎地者也。惨则鲜于欢，劳则褊于惠，

能违之者寡矣。小必有之，大亦宜然，故帝者因天地以致化，兆人承上教以成俗。化俗之本，有与推移。何以核诸？秦据雍而强，周即豫而弱，高祖都西而泰，光武处东而约。政之兴衰，恒由此作。先生独不见西京之事欤？请为吾子陈之。

无论张衡辞赋写得多么充实且有特色，若从文学史全局看，则我们应当更加看重他的诗歌。汉代文人诗歌不发达，创作上相对处于冷寂状态，而张衡却为这种文体的发展成熟，做出了特别的贡献。先说五言诗。我们说过班固的《咏史诗》是东汉五言诗早期的重要作品，而张衡的作品比班固又进一步，这就是他的《同声歌》：

邂逅承际会，得充君后房。情好新交接，恐栗若探汤。不才勉自竭，贱妾职所当。绸缪主中馈，奉礼助蒸尝。思为莞蒻席，在下蔽匡床。愿为罗衾帱，在上卫风霜。洒扫清枕席，鞮芬以狄香。重户结金扃，高下华灯光。衣解巾粉御，列图陈枕张。素女为我师，仪态盈万方。众夫所希见，天老教轩皇。乐莫斯夜乐，没齿焉可忘。

按照郭茂倩的说法，"有寓意而作者，张衡《同声歌》之类是也。"（《乐府诗集》卷八十三）所以本篇是写女子侍奉君子，以"喻臣子之事君也"。这应当是张衡在朝廷任侍中时所作。然而本篇的文学史意义则主要在于其五言形态的完备，用韵之和谐，以及传达情调之优美。篇中比兴迭见，文句平易，情意悠长，民歌风浓郁。钟嵘《诗品》，评班固《咏史诗》为"质木无文"，列入"下品"。刘勰《文心雕龙·明诗》谈论汉诗，无视班固，却不忘张衡，说"至于张衡……仙诗缓歌，雅有新声"，评价甚高；所谓"仙诗"，即指本篇。钟、刘二位评论家的黜陟褒贬，并非随意说出。

张衡更有七言诗，这就是《四愁诗》。这是四首写"愁"之诗：

> 我所思兮在太山，欲往从之梁父艰，侧身东望涕沾翰。
> 美人赠我金错刀，何以报之英琼瑶；路远莫致倚逍遥，何为
> 怀忧心烦劳。（之一，《文选》卷二十九《杂诗上》）

以下三首章法全同，分别是"我所思兮在桂林……""我所思兮在汉阳……"" 我所思兮在雁门……"，东南西北四个方位都写齐了，皆是"怀忧心烦伤""怀忧心烦纡""怀忧心烦惋"，无非是一个"忧"。而全篇意旨，诚如"序"所云，自有政治寄托，一是"思以道术相报，贻于时君"，二是"惧谗邪不得以通"，遂有此不尽之"忧怀"。本篇写法，一仍效法屈原，全篇比兴，使用"以美人为君子"等手法，寄寓自身愁思。本篇节奏明快，声调铿锵，气韵流畅，民歌气息也很浓郁。它援楚辞入诗，个性鲜明，风格独特，是东汉代表性七言诗。需要附带说及的是，张衡七言诗写得熟了，他在《思玄赋》末尾又来一首，这就是该赋的"系辞"：

天长地久岁不留，俟河之清只怀忧。愿得远度以自娱，上
下无常穷六区。超逾腾跃绝世俗，飘飘神举逞所欲。天不可
阶仙夫希，柏舟悄悄吝不飞。松乔高跱孰能离？结精远游使
心携。回志揭来从玄谋，获我所求夫何思！

　　此篇所咏主题是人生不永，为纾解"只怀忧"心情而志在"远
游"。远游起因还是痛感"世俗"社会河清无望，希望抒发胸中郁
积。作者明知"天不可阶仙夫希"，其头脑相当清醒，所以他不是
要求仙，只是通过"远游"作精神安慰而已。本篇体式更加完整，
它与《四愁诗》同为中国七言诗史上的重要作品。

　　张衡文章、辞赋、诗歌鼎立而三，并无偏废，业绩斐然。有汉
一代，张衡堪称全能型作者。他就如当时文坛上的祥"云"一般，
笼盖四野，无处不在。

三　数术穷天地，制作侔造化

　　崔瑗所说的"数术"，在古代泛指研究阴阳天地日月等现象
与人事关系的推演法则，它既包含数理逻辑等科学方法，也具有
浓厚的神秘色彩，内涵颇为复杂。不过在张衡这里，它主要属于前
者。张衡通过其"数术"，对宇宙生成、天体结构、日月运行、历法
推算等都有深入研究，具备广博高深的科学知识。

张衡的科学知识从何而来？来自他的求知精神。张衡在顺帝初复任太史令时所撰的《应间》中，回应"客"质问他为何不求升官不谋权位时说，自己是"不患位之不尊，而患德之不崇；不耻禄之不夥，而耻智之不博"。他强调自己对于"位之不尊""禄之不伙"，根本不在意；他所"患"所"耻"的，乃是"德之不崇""智之不博"。可知道德与知识，是张衡一贯的人生追求，亦是其生活重心。他在《应间》中还正面主张"性德体道，笃信安仁，约己博艺，无坚不钻"；前二句说道德修养，后二句言知识追求，此十六字，堪称张衡的人生宗旨。他是道德主义者，也是知识主义者。拥有了如此强烈的求知精神，张衡便成长为中国古代最伟大的科学家之一。

　　张衡取得的科学成就，主要在天文学、数学、历法学、地震学、地理学等领域。首先，他在观测并描述天体结构方面，取得了超越前人的成绩，他是汉代学术界以"浑天说"取代先秦以来"盖天说"的关键人物之一，而浑天说更加接近天体结构的实际状况，在当时世界上也是比较先进的宇宙模式。其中一些具体说法接近近代科学原理，显示出作为一名伟大科学家的严谨和预见眼光。如他说"未之或知者，宇宙之谓也。宇之表无极，宙之端无穷。天有两仪，以儛道中。其可睹，枢星是也，谓之北极；在南者不著，故圣人弗之名焉"（《灵宪》）。这种在天象观测的基础上做出的以无限性为特征的宇宙宏观模式描述，大体上不差。又如他说"八极之维，径二亿三万二千三百里；南北则短减千里，东西则广增千里"（同上）。这里说的虽然是天体之"极"，也与地球两极间（南北）距离小于赤道（东西）直径的实际状况相对应，这也是令人惊奇的。他又指出日月特性以及日月关系："夫日譬犹火，月譬犹水。火则外光，水则含景。故天日宣明于昼，纳明于夜，如有瑕，必露其匿。人君者，仰则焉。夫月，端其形而洁其质，向日禀光，月光生于日之所照，魄生于日之所蔽，当日则光盈，就日则光尽也。"（同上）月球本身并不发光，其光芒只是日光的反射而已；月亮的盈亏，只是日光照射变化的反映。他还指出，人们观测到的行星运动，其速度表现与地球距离存在一定的关联性。这些也都是正确的。在数学领域，张衡撰有《算罔论》，今已不存，东汉末蔡邕曾读过，说它是"盖网络天地而算之，因名焉"，可知是有关天文数学的系统性著作。这些学术成就体现出强大的哲理思维，也使得张衡在科学理性上凌驾于同时代众多文士之上。

张衡不仅科学知识高深，他的动手能力也很强。他主持观测并记录下来的星体达二千五百余座，其中包括恒星、行星。张衡还制作了许多科学仪器。他制造出了世界上第一架能比较准确地演示天象运转的"漏水转浑天仪"，第一架观测地震活动的"候风地动仪"，他还制造出了指南车、自动记里鼓车、能自动飞行的木制鸟仪器，等等。这些仪器都有特定功能，并达到了相当的精确度。例如那地动仪，制作巧妙，凡有地震，仪器上部相应方向的龙首就会吐出铜珠，入于下部的蟾蜍口中，以此报告震情及地震方位，相当灵验。当时人们无不惊叹，"精算妙技，震骇京师"（《后汉书》本传）。据载，有一次地动仪上朝西方向的龙首吐珠，显示有地震，然而洛阳人并无任何震感，有人就怀疑是地动仪出错了。不想过几天便有陇西地区使者来报朝廷，说那天当地确曾发生地震。那些怀疑者震惊之余，只好"皆服其妙"（同上）。要之，张衡在"数术"方面高深莫测，在"制作"方面也出神入化，崔瑗所说的"数术穷天地，制作侔造化"，真实地写出了他的能力，也反映了时人的感受。

为纪念张衡在将近两千年前做出的伟大贡献，20世纪50年代初，当时的世界和平组织曾确定张衡为"世界文化名人"之一；七十年代，世界天文组织将月球背面的一个环形山，命名为"张衡环形山"，又将太阳系中的1802号小行星命名为"张衡星"。张衡的科学贡献，已成为全人类认可的共同财富。近代文学家、历史学家郭沫若评论张衡说："如此全面发展之人物，在世界史中亦所罕见，万祀千龄，令人景仰。"

以上所说张衡的神妙事迹，千真万确，史籍所载，并无半点虚言。我这里还要附带说一件令人疑惑而百思不得其解之事，那就是张衡曾对挚友崔瑗说：

> 吾观《太玄》，方知子云妙极道数，乃与《五经》相拟，非徒传记之属，使人难论阴阳之事，汉家得天下二百岁之书也。复二百岁，殆将终乎？所以作者之数必显，一世常然之符也。汉四百岁，玄其兴矣！（《与崔瑗书》）

张衡在这里说他读扬雄《太玄经》后的感想。他认为这部论述"玄"（包含"道""德""阴阳数术"等意思）的著作非常杰出，"妙极道数"，不是一般著作，而与《五经》差不多。他接着说，这《太玄经》是汉朝建立二百年之后产生的著作（扬雄生当西汉末，上距刘邦建立汉皇朝正好二百年左右），历史再过二百年，就要结束了吗？作为一位数术专家，一定要说出一个时代最重要的东西。汉代四百年后，世道将要发生大变化。张衡说出这一段话，可真了不得！我们事后知道，刘汉皇朝包括西汉东汉，加起来正好是"四百岁"（概数）；可是张衡身在东汉中叶，他去世于顺帝永和四年（139），下距建安元年（196）曹操开始"挟天子以令诸侯"还有将近六十年，距建安二十五年（220）汉献帝正式"逊位"还有八十多年之遥呢，他怎能够预知身后多年发生的事呢？"复二百岁，殆将终乎"、"汉四百岁，玄其兴矣"，这是在预言汉朝四百年后，将要寿终正寝。难道他除了大科学家大文学家之外，还是一位神准的历史预言家？他这封给崔瑗的信是《后汉书·张衡传》里记载的，不存在后人假造伪托问题。三国时期陆绩就曾提到过它，唐代李贤在注《后汉书》这段文字时也说："自中兴至献帝，一百八十九年也"，意思也是肯定张衡的"汉四百岁"之说，与事后的历史实际相符。所以对于这件事，我可是无法作任何解释了，我只能说：张衡是凭着他的"数术"和预感说出"汉四百岁"这句话的；至于他为何说得那么准，大概是因为他"与神合契"了吧！

优秀的楚辞学者与平庸的楚辞作家王逸

文学研究与文学创作，是两种行当、两个天地。研究以知识理性为本谛，而创作以情感互动为内核。如不能理解它们的本质区别和路径、方法上的差异，便想在两方面都做出成绩，恐怕鱼与熊掌，难以兼得。但是古今不少学者或者作家，自我感觉良好，挟既有之功，入未知之域，越界跨境，欲逞其才，结果往往路径有误，或者方法不对，以失败告终。这里所说的王逸，就曾经吃过一堑……

一　《楚辞》传人，屈子知己

王逸字叔师，南郡宜城（今属湖北）人。他生活在汉代中后期，大概比马融小十多岁。汉安帝元初（114—120）中，被地方推荐入朝为校书郎。顺帝时任侍中，生平其他事迹则未详。

王逸著作颇多，最著名的就是今存《楚辞章句》了。《隋书·经籍志》"集"部《楚辞》下记载说："楚辞者，屈原之所作也。……然其气质高丽，雅致清远，后之文人，咸不能逮。始汉武帝命淮南王为之章句，且受诏，食时而奏之，其书今亡。后汉校书郎王逸，集屈原已下，迄于刘向，逸又自为一篇，并叙而注之，今行于世。"（《隋书·经籍志》）屈原等人的楚辞作品文本流传后世，王逸起了关键作用。后世各种楚辞注释和解说之书，都以王逸之本为据，所以这是源流之津逮，文章之枢要。《楚辞章句》包括了屈原等人的原著（"楚辞"）和王逸的注解（"章句"）两大部分。王逸所撰写的"章句"不仅有文字训释，且有篇章解读，结合原作者生活背景，分析作品的写作意图及风格特征，具有重要文献学及解释学地位。《楚辞章句》在楚辞学史上的地位，可以与《诗经》学史上"毛传""郑笺"相比拟。王逸对于楚辞的理解相当深入透彻，例如对于《离骚》这篇屈原最重要的作品，他解题说：

> 王乃疏屈原。屈原执履忠贞而被谗邪，忧心烦乱，不知所愬，乃作《离骚经》。离，别也。骚，愁也。经，径也。言己放逐离别，中心愁思，犹陈直径，以风谏君也。故上述唐、虞、三后之制，下序桀、纣、羿、浇之败，冀君觉悟，反于正道而还己也。

所概括屈原的写作立场及当时心态，基本正确。又说作品的风格特色是：

> 《离骚》之文，依《诗》取兴，引类譬喻，故善鸟香草，以配忠贞；恶禽臭物，以比谗佞；灵修美人，以媲于君；宓妃佚

女，以譬贤臣；虬龙鸾凤，以托君子；飘风云霓，以为小人。
其词温而雅，其义皎而朗。凡百君子，莫不慕其清高，嘉其文
采，哀其不遇，而愍其志焉。

分析屈原的艺术手段和艺术风格，着重指出"依《诗》取兴，引类譬
喻"的文体特色，甚中肯綮，故为后世诸多论者所宗法采纳。此外，
《楚辞章句》还对东汉以来的楚辞整理研究状况有所介绍，这一点
亦甚重要：

> 逮至刘向，典校经书，分为十六卷。孝章即位，深弘道
> 艺，而班固、贾逵复以所见改易前疑，各作《离骚经章句》。
> 其余十五卷，阙而不说。又以壮为状，义多乖异，事不要撮。
> 今臣复以所识所知，稽之旧章，合之经传，作十六卷章句。虽
> 未能究其微妙，然大指之趣，略可见矣。

指出在他之前，有刘向、班固、贾逵等三位，对楚辞做过整理解
释，在楚辞流传史上各有贡献。同时指出他们的见解存在不少欠
缺乖误之处，在"义"和"事"两方面都存在错谬。所以王逸认为
必须另起炉灶，发挥"所识所知"，以纠正乖谬，恢复原著真相，
显示"大指之趣"。王逸更特别指出班固观点之谬，他说：

> 今若屈原，膺忠贞之质，体清洁之性，直若砥矢，言若丹

青，进不隐其谋，退不顾其命，此诚绝世之行、俊彦之英也。而班固谓之"露才扬己"，"竞于群小之中，怨恨怀王，讥刺椒、兰，苟欲求进，强非其人，不见容纳，忿恚自沉"，是亏其高明，而损其清洁者也。昔伯夷、叔齐让国守志，不食周粟，遂饿而死，岂可复谓有求于世而恨怨哉？……而论者以为"露才扬己""怨刺其上""强非其人"，殆失厥中矣。

他高度评价屈原的"忠贞""清洁"，堪称"绝世之行、俊彦之英"，品格高洁。而班固竟指责其"露才扬己"，且"竞于群小之中"、"苟欲求进，强非其人"等，凡诸诋毁之语，诚然有诬前贤，而"殆失厥中"。王逸的辨别甚确，显示出东汉一代，在屈原楚辞问题上，论者颇有歧见，而王逸的见解高于班固、贾逵等人。王逸对屈原的总体评价，集中表现于《楚辞章句叙》末尾一节：

故智弥盛者其言博，才益多者其识远。屈原之词，诚博远矣。自孔丘终没以来，名儒博达之士著造词赋，莫不拟则其仪表，祖式其模范，取其要妙，窃其华藻，所谓金相玉质，百岁无匹，名垂罔极，永不刊灭者矣。

这里全面肯定屈原的"智"与"才"是孔子以来文士之"仪表""模范"，而"金相玉质"云云，更是一种至善至美的境界。

《楚辞章句》除对屈原《离骚》《九章》《九歌》《天问》《远

游》《卜居》等作品有所整理解说外，又收入宋玉《九辩》《招魂》，景差《大招》，贾谊《惜誓》，淮南小山《招隐士》，东方朔《七谏》，庄忌《哀时命》，王褒《九怀》，刘向《九叹》，共为楚辞十六篇，分别作出注解，这在古代编辑学上开"总集"体例之先河。王逸所撰各篇解题，对诸篇作意都有比较准确的诠释，如说东方朔《七谏》："《七谏》者，东方朔之所作也。谏者，正也，谓陈法度以谏正君也。古者，人臣三谏不从，退而待放。屈原与楚同姓，无相去之义，故加为《七谏》，殷勤之意，忠厚之节也。或曰：《七谏》者，法天子有争臣七人也。东方朔追悯屈原，故作此辞，以述其志，所以昭忠信、矫曲朝也。"所谓"昭忠信、矫曲朝"，说出了东方朔的独特处境和内心隐曲，这是相当确切的分析，理解上达到了一定深度。

总之，王逸非惟楚辞传人，亦为屈子知己。他是楚辞学史上最重要的人物。作为学者，王逸取得了巨大成功。

二 无病呻吟的《九思》

王逸本人"自为一篇"，盖即附骥于《楚辞章句》末之《九思》。此篇作意，王逸自云："《九思》者，王逸之所作也。……自屈原终没之后，忠臣介士，游览学者，读《离骚》《九章》之文，莫不怆然，心为悲感，高其节行，妙其丽雅。至刘向、王褒之徒，咸嘉其义，作赋骋辞，以赞其志。则皆列于谱录，世世相传。逸与屈原，同土共国；悼伤之情，与凡有异。窃慕向、褒之风，作颂一篇，号曰《九思》，以裨其辞。未有解说，故聊训谊焉。"可知本篇乃是沿袭刘向、王褒等人思路，仿《离骚》而作。原来自汉初以来，有贾谊、刘向、王褒等人，追慕屈原风致，模仿《离骚》文笔，写了一系列拟作，对屈原"追而愍之"（《楚辞章句》卷十五），遂形成一系列"仿《离骚》"作品，它们都被王逸收进《楚辞章句》中。而王逸又追随贾谊、王褒等人，撰写了《九思》，从而将自己排列在追思屈原的文学家队伍之末。王逸对屈原除了"高其节行，妙其丽雅"之外，又有"逸与屈原，同土共国"的渊源关联，道德赞美之外，又加乡土之情，故而《九思》之中抒发作者深厚情意，非徒作逞辞演练，其心志可感。《九思》包含九首作品：《逢尤》《怨上》《疾世》《悯上》《遭厄》《悼乱》《伤时》《哀岁》《守志》。它们全面描写屈原心理活动："悲兮愁，哀兮忧。天生我兮当暗时，被谗谮兮虚获尤。心烦愦兮意无聊，严载驾兮出戏游。周八极兮历九州，求轩辕兮索重华。世既卓兮远眇眇，握佩玖兮中路踤。羡皋繇兮建典谟，懿风后兮受瑞图。愍余命兮遭六极，委玉质兮于泥途。"等等，不一而足。应当说，王逸在编撰《楚辞章句》的同时，对自己的文学创作能力也颇具信心，才有《九思》之作，以与贾谊、刘向、王褒等著名文学家相抗衡。但读其文辞，则悼伤有余，而采润不足。而且其作品中文字，或取则屈原，或效法贾谊等前贤，看得出下了很大功夫，然而陈陈相因，似曾相识，缺乏新变，缺乏个性，却是致命弱点。所以后人评论说"辞意平缓，意不深切，如无病而呻吟者也"（纪昀等《四库全书总目提要·楚辞集注》），总体上未免平庸。要之，王逸在整理研究屈原方面，建树颇丰，勋绩千古；而在写作楚辞作品方面，则成就平平，与其志尚未能相副。做学问与创作，固然有一定内在关联，但毕竟是两个行当。杰出学者未必是优秀作家，历史上比比皆是，王逸在这里表现出的不平衡，一点也不奇怪。

王逸在《九思》写作上的失败，究其实并非他欠缺文学才能之故，原因只在"模仿"二字。原来屈原自沉之后，他的行迹及作品很快受到广大文士衷心崇敬，这是自然之理。崇敬之余，便有人不免撰写辞赋，予以凭吊，表示仰慕纪念，这同样可以理解，其出发点可嘉。然而问题是他们的作品，无不以模仿《离骚》等屈原原作为能事，遂循循相因，走入误区，写出一系列"无病呻吟"的模仿之作。王逸追随前贤，也写了《九思》，虽然精心结撰，对屈原表示"以赞其志"，而结果仅仅是给模仿系列数量上增添了一篇而已。《九思》的失败，在于作者未能把握好文学写作的本质要求，以模仿代替了创造。他未能充分理解文学创作的成功要点即贵在独创，犯下了写作路径的错误，不能不说是个教训，可叹！

三　《机妇赋》及其他

其实王逸并非完全没有文学创作才能，今存的《机妇赋》（一作《机赋》）就并不平庸，而且颇见精神。赋写女工织机之事，内容面向普通劳作妇女，取材可谓独到。赋中先言织布历史之源远流长，接写织机之制作、织机之结构，然后状织女之动作、神态，最后说到纺织之功效。其中描述织女动作、神态最为生动：

> 方圆绮错，极妙穷奇。虫禽品兽，物有其宜。兔耳跧伏，若安若危；猛犬相守，窜身匿蹄。高楼双峙，下临清池；游鱼衔饵，潋潝其陂。鹿卢并起，纤缴俱垂。宛若星图，屈伸推移。一往一来，匪劳匪疲。于是暮春代谢，朱明达时；蚕人告讫，舍罢献丝。或黄或白，蜜槐凝脂。纤纤静女，经之络之。尔乃窈窕淑媛，美色贞怡。解鸣佩，释罗衣，披华幕，登神机；乘轻杼，览床帷，动摇多容，俯仰生姿。（《艺文类聚》卷六十五）

品味此节文字，发想联翩，喻象多端；"兔""犬""鱼""鹿"等描写，形容织女们"一往一来，匪劳匪疲"，"经之络之""登神机""乘轻杼"等，写得跳跃飞动，真可谓"极妙穷奇"；而咏物之中，兼有抒情，显出美之劳作，及劳作之美，形似中有神似。本篇文章辞采，皆臻于一流。其后西晋杨泉亦有《织机赋》，其谋篇布局可以看出颇受王逸影响；但在具体描写方面，则未能驾而上之，反不如王逸本篇之放逸跌宕，多彩多姿。本篇可以证明，王逸并非文笔滞拙之人，《九思》之失败，是路径与方法之误所致。

据《后汉书·文苑传》载，王逸著有"赋、诔、书、论及杂文凡二十一篇。又作《汉诗》百二十三篇"。总之，王逸作品数量甚多，在当时的文士中相当突出。尤其作有百余篇"汉诗"，这数量超出今存所有汉代文士诗歌总和，令人惊异。然而此百余篇诗歌，竟湮没无闻，不见踪影，甚是可惜，令人浩叹。至于为何巨量作品竟全都遗失的原因，今天难以捉摸。或许汉时文坛本来不重视诗歌，尤其与辞赋相比，不成主流，所以被轻忽而终于不传了。或许是王逸的诗歌写作才能和技巧不佳，作品本身量大而质低，成就不高，以致被人们遗忘，亦未可知。否则有如此大量好诗在，汉代诗歌史必将为之重写，而王逸在文学创作领域里的成就，也将大为改观，很可能要给他戴上"汉代第一诗人"的桂冠！

附带说几句：王逸有子王延寿，文学创作上颇有出息，他的《灵光殿赋》称誉当时，名著赋史，成为辞赋写作的经典之一。刘勰将它列入汉代十大辞赋代表作品之末，萧统《文选》收入卷十一，列为"宫殿"类之首。北朝颜之推说："吾七岁时诵《灵光殿赋》，至于今日，十年一理，犹不遗忘。二十之外所诵经书，一月废置，便至荒无矣！"（《颜氏家训·勉学篇》）可知此赋在文士中印象之深、影响之大。同时文豪如蔡邕，本来也想写一篇赋，以描述灵光殿，但见到王延寿之作后，慑于其难于企及的高水准，便犹豫再三，终未敢动笔，以致历史上留下"蔡邕辍翰"的佳话。

"绝交"文豪朱穆

说起"绝交文学"，大家一定首先想起嵇康，他的《与山巨源绝交书》《与吕长悌绝交书》太有名了。不过这事的创始人和先行者却是东汉中后期的朱穆。这位人物自幼性格"专愚"，专心学问，谨守道德，不通"人情世故"。他在朝廷和地方任职，当过"侍御史""刺史""尚书"等高官，却不断与外戚、宦官、地方贪官污吏甚至皇帝发生摩擦纠纷。他坚守道德底线的最后一招，就是绝交！有意思的是，他还将绝交这件事哲理化、文学化了，所以不但写有《绝交书》，还有《绝交论》《绝交诗》等系列作品，好一位绝交文豪！

一　专愚与处公忧国

朱穆（100—163），南阳人，出身官宦之家。祖父朱晖，东汉明帝、章帝时人，官至尚书令，为人刚直威严，有盛名。一般官员见了他有些怕，但老百姓却对他心存感激，还编了民歌唱道："强直自遂，南阳朱季。吏畏其威，人怀其惠。"朱穆幼时就以"孝"著称，父母有病，他焦急万分，甚至不思饮食，待康复后才恢复如常，当时他才五岁。长大后，朱穆沉溺学问，发愤钻研，全身心投入，而对于日常生活琐事，完全不加关心。因此，他也经常有一些莫名其妙的表现，如有时大白天会丢失衣冠，再也找不到；或者好好地走路，忽然跌入道旁土坑内，等等。为此，父亲说他是"专愚"，前一个字是表扬，后一个字是批评。不过，正因为他自少"专愚"，又非常努力，所以他学明五经，是非分明，处事认真严肃，性格耿直刚强，不交非类，颇有乃祖遗风。二十岁时，朱穆在郡中任督邮。新太守上任，朱穆前往迎接，太守见朱穆年轻，就问："你年纪轻轻就当上了督邮，不容易啊。是因为家族有势力凭借，还是因为你自己有德行美名？"朱穆回答得很巧妙，也很坦率："郡里都将您看做是孔子一般的圣人，他们说要不是如颜回那样的人，就不配前来接您！"太守又问郡中风俗人物，朱穆一一作答。太守甚是赏识，最后感叹说："我哪里可以与孔子媲美，这位督邮倒是真的与颜回差不多！"果然朱穆后来又被地方举为"孝廉"。

顺帝末，江淮地区盗贼群起，州郡不能禁。大将军梁冀素闻朱穆之名，便召辟他为掾属，甚是亲任，让他参与兵事。顺帝死后，梁太后临朝，梁冀以帝舅身份执政，此时朱穆用阴阳家之术推演灾异，写成奏记文章，规劝梁冀，告诫他谦虚谨慎、小心行事。其中有"明年丁亥之岁，刑德合于乾位，《易经》龙战之会。其文曰：'龙战于野，其道穷也'"等言。不久果然发生严鲔谋立清河王刘蒜的事件，又有黄龙二见于沛国。梁冀以为"龙战"之说有应验，于是推举朱穆任侍御史。当时桓帝新立，梁冀骄暴不悛，朝野颇多怨恨；朱穆自度当过梁冀属吏，担心一旦事败招祸，便再次写奏记劝谏。但梁冀不听，纵放日滋，又与宦官相通，委派门下子弟宾客出任州郡要职，发展私人势力。朱穆又一次写奏记诤谏，梁冀看了，终不觉悟，而且有些烦了，回复朱穆说："你老是说我这不对那不好，难道我就一无是处吗？"朱穆无话可说了。

永兴元年（153），黄河泛滥，受灾民众数十万户，百姓饥馑，流亡道路。冀州盗贼尤多，朝廷以朱穆为冀州刺史。当时有三名宦官中常侍是冀州人，闻讯都来拜会朱穆，企图拉关系，朱穆却拒不相见。冀州所属不少县令、县长，平日作威作福，贪赃枉法，听说朱穆前来赴任，他们做贼心虚，自解印绶弃官而去者四十余人。朱穆到州，奏劾下属诸郡、县贪官污吏，至有畏罪自杀者。朱穆又采取严厉而强有力的措施，剿灭盗贼头目，地方治安大为改善。宦官赵忠丧父，归葬安平郡，多有违反规制的行为，僭为玙璠玉匣、偶人等。朱穆得知后，指示郡中查验，下面的官吏畏其严明，遂发墓剖棺，挖出尸体，收其家属。宦官们以此为把柄，向桓帝告状，攻击朱穆在地方上挖坟暴尸。桓帝大怒，罢朱穆官，又征诣廷尉，输作左校，罚做苦役。当时即有太学生刘陶等数千人，到皇宫外诣阙上书，为朱穆辩护，书中赞美朱穆"处公忧国，拜州之日，志清奸恶"，作风清正，一派公心；又说事件起因，责在宦官，"诚以常侍贵宠，父兄子弟布在州郡，竞为虎狼，噬食小人，故穆张理天网，补缀漏目，罗取残祸，以塞天意"。书中表示"天下有识，皆以穆同勤禹、稷而被共、鲧之戾"，为朱穆鸣冤。最后表示："臣愿黥首系趾，代穆校作。"要求替朱穆受罚做苦役。太学生们上奏文抗议，事态闹得很大，桓帝不得不诏赦朱穆，可知朱穆其人已为当时青年文士心目中的英雄。朱穆居家数年，在朝诸公多相推荐，于是又被征拜尚书。朱穆再次进入台阁，与宦官不得不朝夕共事，然而心中十分厌恶。遂又上疏言事，引述汉朝前典，论说朝廷官员置任应多选文士，力排宦官。但桓帝并不采纳，没有效果，朱穆自己反而招致宦官们更多诋毁中伤。不过朱穆的盛名并不稍减，反而更享人望，有人竟直接上书桓帝，强力推荐朱穆，主张委之重任，挽救时局，说："窃见故冀州刺史南阳朱穆，前乌桓校尉臣同郡李膺，皆履正清平，贞高绝俗。穆前在冀州，奉宪操平，摧破奸党，扫清万里。膺历典牧守，正身率下，及掌戎马，威扬朔北。斯实中兴之良佐，国家之柱臣也。宜还本朝，挟辅王室，上齐七燿，下镇万国。"（刘陶《上疏陈事》）。但是如此"中兴之良佐，国家之柱臣"，在当时的腐朽体制中绝不可能被重用，只能受到排斥打压。延熹六年（163），朱穆卒，时年六十四。朱穆禄仕数十年，为官清正廉洁，平日生活蔬食布衣，死后家无余财。公卿共表穆"立节忠清，虔恭机密，守死善道，宜蒙旌宠"。这里说的"立节忠清"，与"处公忧国"一起，构成了朱穆的人格内核。

二　清流先驱

朱穆本质上是一位传统儒者，传统到固执刻板的程度。"专愚"一语，是对他性格特征的恰当概括。然而"专愚"虽嫌愚拙刻板，却能坚持原则，谨守道义。而且无论场合，无视对象，亦不计利害，皆能做到正道而行，因此他根本上是一位正派文士。此种"专愚"作风，表现于政治上，即是主张一切为政措施必须符合道德正义、制度精神。朱穆自身为官能做到清正廉洁，为民除害，嫉恶如仇。对于官场其他人，亦严格要求，凡有损公为私、假公济私或不合规制现象者，能坚决反对，大胆指斥；朱穆对当时的宦官干政，因其不合圣王旧则，所以特别反感，曾多次向皇帝进谏，力主纠正。

所撰《上疏请罢省宦官》，就是这方面的代表作。他不顾东汉初期以来宦官长期受到皇帝宠幸的事实，建议顺帝改变政策，多用文士，罢黜宦官。疏文引述汉代旧典"故事"，指出那时"中常侍"这个位置上不完全用宦者；只是"建武以后，乃悉用宦者"。此不啻说东汉自刘秀开始，就在使用宦官问题上不合祖先规制。疏文接着指出，自安帝开始，出现宦官专权放恣事态，文章最后提出希望顺帝"可悉罢省，遵复往初，率由旧章，更选海内清淳之士，明达国体者，以补其处"。文中描述宦官专权的种种恶行及其后果谓：

> 自延平以来，浸益贵盛，假貂珰之饰，处常伯之任，天朝政事，一更其手，权倾海内，宠贵无极，子弟亲戚，并荷荣任，故放滥骄溢，莫能禁御。凶狡无行之徒，媚以求官，恃势怙宠之辈，渔食百姓，穷破天下，空竭小人。

这里表达了作者对宦官专权的深恶痛绝态度，也表现了他面对政治上是非的不妥协性格。

朱穆又有三篇致梁冀的"奏记"，可看出他试图通过外戚权臣梁冀力挽政治颓势的努力。文中不无对梁冀的期待，谓："今明将军地有申伯之尊，位为群公之首，一日行善，天下归仁，终朝为恶，四海倾覆。"此非面谀之辞，而是责之以重任。其用心在于陈说朝廷危机之严重，指明问题的核心乃是吏治腐败，横征暴敛，天灾人祸，民众困苦，百姓怨怒。其谓：

> 顷者，官人俱匮，加以水虫为害。京师诸官费用增多，诏书发调或至十倍。各言官无见财，皆当出民，搒掠割剥，强令充足。公赋既重，私敛又深。牧守长吏，多非德选，贪聚无厌，遇人如虏，或绝命于箠楚之下，或自贼于迫切之求。又掠夺百姓，皆托之尊府。遂令将军结怨天下，吏人酸毒，道路叹嗟。

文章态度率直，言辞犀利，指出当时"牧守长吏，多非德选"；而百姓所受的苦难，皆缘朝廷官府"掠夺百姓"所致。其明辨是非，毫不含糊；而清流文士的风格，亦有所体现。实际上，梁冀作为外戚权臣，朝廷首辅，对于当时的腐败朝政，当然应负重大责任。朱穆本文对梁冀虽稍留颜面，冀其改过，但也作了批评，所谓"托之尊府"云云，即是对梁冀提出警告；"掠夺百姓"之类，与"尊府"不无关系。朱穆政治上敢于触犯皇帝、谴责宦官、批评权臣梁冀，若无"专愚"的性格，难以有此等勇敢表现。

朱穆政治上激烈反对皇权腐败、宦官干政，在道德上强硬坚守传统的政治伦理和道德，坚持清流儒生立场。此种"专愚"性格，在当时士人中颇有所染，并非个别现象。东汉后期桓、灵时期，因不满宦官干政而与皇权离心离德者不少，他们同时也以道德清高为标榜，因此具有强大号召力，历史上称之为"清流儒生"或"清流文士"。清流的主要政治主张之一，即反对"阉竖弄权"。而"党锢之祸"，亦成因于阉竖专权。此祸一出，清流更加坚定，声誉益盛，成为中国历史上少见的士人独立群体。朱穆虽年岁稍长而无与党锢之事，但他的清流意识却早已形成，他是清流群体中的早期人物。

朱穆的道德至上性格十分突出。而在汉末清流人物中，多道德至上主义者，如陈蕃、郭泰、李膺等。"李元礼尝叹荀淑、钟皓曰：'荀君清识难尚，钟君至德可师。'"（《世说新语·德行》）所谓"清识""至德"，即识见与道德，识见之尚为"清"，道德之尚为"高"。"清高"二字，便成为清流人物的精神特征。朱穆虽生活时代稍早，卒于桓帝朝后期，年长于清流领袖窦武、陈蕃诸人，到"延熹元年，党事起"（《后汉书·贾彪传》）之际，他已经谢世，因此未被列入"党人"名单之内；但其思想及表现，实与"党人"本质上相通。而其绝交等行迹，实亦与"党人"等作风略同。以陈蕃、李膺为例，史载陈蕃少时，"刺史周景辟别驾从事，以谏争不合，投传而去。后公府辟举方正，皆不就。太尉李固表荐，征拜议郎，再迁为乐安太守。时李膺为青州刺史，名有威政，属城闻风，皆自引去，蕃独以清绩留。郡人周璆，高洁之士。前后郡守招命莫肯至，唯蕃能致焉"（《后汉书·陈蕃传》），所叙"谏争不合"等，与朱穆之事如出一辙。又如"管宁割席"之事，实际上也是绝交一桩："管宁、华歆共园中锄菜，见地有片金，管挥锄与瓦石不异，华捉而掷去之。又尝同席读书，有乘轩冕过门者，宁读如故，歆废书出看。宁割席分坐，曰：'子非吾友也。'"（《世说新语·德行》）两位朋友居然"割席分坐"了，岂非绝交？

朱穆清高的性格及作风，为后世士人所盛赞。汉魏之际、魏晋之际名士广受其沾溉。魏晋的名士风度，本质上与汉末清流作风相通，皆是代表士人与权力的不合作态度，是士人人格独立之表现，凸显出一个大写的"人"字。

三　《绝交论》《绝交书》《绝交诗》

朱穆作品，有论、策、奏、教、书、诗、记、嘲等。其中最引人注目的就是他写有三篇"绝交系列"作品：《绝交论》《绝交书》《绝交诗》。

作为清流先驱，朱穆是一位道德理想主义者。他撰有《绝交论》之文，表述其在人伦交友方面的主张。文章有矫正时弊的用意，故被范晔称为"矫时之作"（《后汉书》本传）。盖东汉中期以后，外戚宦官交替弄权，朝廷腐败，政治黑暗，危害社会，民不聊生，皇权急剧衰败为总体趋势。而士人群体以品德分野，亦有风气之不同。部分士子附庸权势，攀援贵门，比参结交，互为利用，斯文扫地，亦甚不堪。为破除此风，朱穆遂撰此绝交之论，以呈己志。论曰：

> 或曰："子绝存问，不见客，亦不答也，何故？"曰："古者，进退趋业，无私游之交，相见以公朝，享会以礼纪，否则朋徒受习而已。"曰："人将疾子，如何？"曰："宁受疾。"曰："受疾可乎？"曰："世之务交游也久矣，敦千乘不忌于君，犯礼以追之，背公以从之。其愈者，则孺子之爱也；其甚者，则求蔽过窃誉，以赡其私。事替义退，公轻私重，居劳于听也。或于道而求其私赡矣。是故遂往不反，而莫敢止焉。是川渎并决，而莫之敢塞；游猴蹂稼，而莫之禁也。《诗》云："威仪棣棣，不可算也。"后生将复何述？而吾不才，焉能规此？实悼无行，子道多阙，臣事多尤，思复白圭，重考古言，以补往过。时无孔堂，思兼则滞，匪有废也，则亦焉兴？是以敢受疾也，不亦可乎！

朱穆所要破除者，为"蔽过窃誉，以赡其私。事替义退，公轻私重"之交，是"私"交，而非"公"交。在当时朝廷官场普遍"犯礼""背公"、私相结交的风气下，朱穆以"礼""公"为出发点，标榜"威仪棣棣，不可筭也"，其主张独标一帜，与众不同，鲜明地表现出道德理想主义的色彩。

《绝交论》中阐述的原则，朱穆自己身体力行。他平日的人伦交接，就是"绝存问，不见客，亦不答"，且"宁受疾"。他在朝廷官场颇具威严，姿态凛然，绝少私交朋友，"公""私"分明。而一遇"求其私赡"之人，即义正辞严，予以拒绝，甚至公开绝交。今存《与刘伯宗绝交书》，即述其事。此是今存文学史上第一篇正式的"绝交书"。其文不长（文句可能有佚失），谨录如下：

> 昔我为丰令，足下不遭母忧乎？亲解缞绖，来入丰寺。及我为持书御史，足下亲来入台。足下今为二千石，我下为郎，乃反因计吏以谒相与。足下岂丞尉之徒，我岂足下部民，欲以此谒为荣宠乎？咄！刘伯宗于仁义道何其薄哉！（《后汉书·朱穆传》注引）

文章使用对比手法，说对方（刘伯宗）与"我"交往前后表现不一，可谓前恭后倨。前恭之由，是因当时刘地位在"我"之下；后倨之因，则是刘官位已比"我"高。如此以地位高低、官位大小而决定待人态度，是为势利作风，其人则是势利小人。势利小人，实不可交。朱穆遂作此书，与之断绝交往。本书义正辞严，态度强硬，丝毫不苟，亦是朱穆性格的真切表现。而文中全用口语，不见文言，且责问之句尤多，其末二句则语气词运用奇特，"咄"，诚所谓咄咄逼人，气势极盛，体现出一种道德正义的压倒性优势。本篇表现作者清高不苟合的性格，而文章全用口语之体，这在东汉后期骈偶文风盛行的背景下，亦作者独特性格的显示，行文上与内容相匹配，不循流俗，坚持自我风格。

朱穆同时又有《绝交诗》，亦针对刘伯宗而发：

> 北山有鸱，不洁其翼。飞不正向，寝不定息。饥则木揽，饱则泥伏。饕餮贪污，臭腐是食。填肠满嗉，嗜欲无极。长鸣呼凤，谓凤无德。凤之所趣，与子异域。永从此诀，各自努力！（《后汉书》本传注引）

诗以"鸱"与"凤"对比，前者恶俗，后者清高。"饕餮贪污，臭腐是食"等，极言"鸱"之丑恶；而"长鸣呼凤，谓凤无德"，则谓"鸱"有攻击中伤"凤"的行为，所以与之绝交。此颇寓现实意义，盖指刘伯宗等朝廷腐朽官员对朱穆有种种诬陷诽谤，所以必须与之划清界限，不留余地，"永从此诀"。

朱穆《绝交论》《绝交诗》《与刘伯宗绝交书》，在东汉文坛竖起一面"绝交"旗帜。它们一方面表现了朱穆个人的道德信仰和"专愚"强硬的性格，另一方面也体现了当时清流文士的清高不苟作风。就东汉后期清流儒生和文士群体而言，此三篇作品是他们人格独立的坚强声明，也是他们与腐败权力"绝交"的响亮宣言。

朱穆的三篇绝交系列作品，在文学史上也是独特卓绝之作。嵇康等人的绝交书影响虽大，但所沿袭的思路，所继承的写法，莫不来自朱穆。要之，在古代绝交文学领域，朱穆是引领风气、树立标杆、做出榜样者。中国文学史上第一位"绝交"文豪，非朱穆莫属！

马融：人如其文？人不如其文？

一代才士马融（79—166），诗赋音乐、经术文章，无所不精。青年时意气感奋，抗节权贵，以至仕途遇挫，曾被免官，且禁锢一时；后来却学得"精明"，表现乖巧，游刃官场，玩转人生，甚至攀附贵戚，陷害正直。马融毕生，是非善恶，人品文章，得失功过，谁予评说？历史自有公论！

一　前倨后恭的政治态度

东汉安帝永初二年（108），大将军邓骘听说有个扶风茂陵（今属陕西）人马融，是朝廷将作大匠马严之子，既是官宦出身，又相貌英俊，且才情纵横，学识广博，是位才子，便发出召命，请他来幕中任职。不想那马融颇有自尊心，并不买账，拒绝召命。这种表现，对于熟悉马融的人而言，并不意外，因为他自恃才高，致力于学问，对于功名利禄之类，早已视若浮云，那来自官府的辟召征聘之类，都被他嗤之以鼻，不知拒绝过多少次了。不过马融爽快干脆拒绝之后，又来了个转念一想。他想到这回的召命来头不轻。那邓骘是什么人？他是当今皇太后的兄长啊！新皇帝刘祜才十四岁，刚被扶立不到一年。太后邓氏临朝听政，太后兄大将军邓骘总揽一切。大权在握、志得意满的邓骘好意垂恩来征召自己，竟然不给他面子，后果会怎样？恐怕对今后自己的政治前程会有很大影响。他又想自己在家赋闲，年龄已经不小（当时已届三十）。人说"三十而立"，自己"立"在哪里啊？又孔子教导"学而优则仕"，自己有"学"而无"仕"，长此终老，也不是办法。想到这里，马融后悔起来，对自己说，古人早就讲了："左手据天下之图，右手刎其喉，愚夫不为。"人生一世，最可贵的不就是生命吗？现在我为了一时爽快，就意气用事，不计前程，做出对自己人生发展不利之事，岂不是个大傻瓜？也不符合提倡"养生"的老庄之道呀！于是他毅然改图，前往应聘。而邓骘也不与他计较，接纳他在府中先做个一般的"舍人"，不久转任校书郎中，让他到朝廷东观整理研究皇家图书去了。

马融被委任去整理图籍文书，专与书册文字打交道，时间稍长，颇感这种"文化工作"太过单调乏味，他要参与政治。当时邓氏外戚专权，炙手可热，便有一批世俗儒生，顺着邓太后、邓骘的心思，说"文德可兴，而武功宜废"，鼓吹不习狩猎典礼，忽略训练战陈之法，以致各地武备松弛，治安混乱，民心思散。马融对此很不赞成，元初二年（115），他写了一篇《广成颂》，先说了一番"盖安不忘危，治不忘乱，道在乎兹，斯固帝王之所以曜神武而折遐冲者也"等"颂"词，然后笔锋一转，说："方今大汉收功于道德之林，致获于仁义之渊，忽搜狩之礼，阙盘虞之佃。暗昧不睹日月之光，聋昏不闻雷霆之震，于今十二年，为日久矣。"这是批评朝廷不重视社会治安、不习武备的政策缺失。马融此"颂"，针对现实弊端，仗义执言，却触犯了邓太后。那邓太后曾经跟大才女班昭在宫内读书学习，阅读和理解能力相当强。她看了马融的文章后，认为这是在讽刺批评自己，心中恼火。不过她并不作何处分，只是让马融在东观继续校书。马融坐冷板凳总共长达十年，他感觉被"冷处理"了，很是郁闷，终于以侄儿去世为由，上书"自劾"，自动离职，这大约是元初后期的事。太后得知大怒，认为马融嫌官小待遇差，想去外地州郡找肥缺，就下诏"禁锢"，不许他担任任何官职。马融就此只能在地方上打打小差使，从安帝朝直到顺帝朝，十多年间没有进朝廷。

终于，朝廷里发生了巨大变故。首先是那位长期主政的邓太后在永宁二年（121）去世，安帝身边的亲信们乘机将邓骘兄弟打下去。但这一批宦官及权臣也都是贪婪成性者，他们为了私利，在安帝、顺帝时期，发动多次争夺和杀戮。朝廷混乱，腐败不堪，卖官鬻爵，贿赂公行。加上灾荒严重，百姓苦不堪言。民族矛盾也尖锐起来，鲜卑在代郡，羌族在陇西，不断滋事，整个国家暴露出末世衰败景象。此时统治者眼看局面危急，穷于应付，不得不采取笼络手段，争取士人阶层的支持。就在这种背景下，马融再次被召入朝，此时他已五十岁左右。

不过马融本人随着年岁增长，行为作风也有所改变。主要是他变得"老成"世故了，他行事不再冲动，也不再肆意发表顶撞权贵的言论。这是否可以算是"吃一堑，长一智"呢？那时安帝、顺帝始终重用外戚或宦官，换汤不换药，朝廷腐败也没有改变。马融被召入朝廷，先在"郎署"和"讲部"任吏员，再出任河间王"厩长史"。后来顺帝车驾东巡，朝廷大官随从如云。马融抓紧机会发挥才情，写了一篇《东巡颂》。这颂文与上一次《广成颂》可大不一样，他不敢再语含讽刺，只是热情赞颂皇帝出巡的神圣气势和豪华排场而已。这样的颂文，皇帝自然喜欢。他还写有一篇《梁大将军西第颂》，描述梁商、梁冀父子的府邸如何豪华壮丽，字里行间显出一种谀颂的态度来。这些举动，博得梁氏父子对他的照顾，提拔他任武都太守，后来又转任南郡太守，那已经是桓帝时期了。

　　同样面对外戚专权，马融前后的政治态度很不一样，可谓判若两人，也可以说是前倨后恭。这种前后态度上的变化，反映出马融人生观的变化：他在前期能够坚持道德正义，受到权豪的打击；后期有了改变，不再坚持道德良知，而是随波逐流，甚至还有趋炎附势的动作。如此改变之后，他如愿做上了前期想做而没有做成的"二千石"郡太守等高官。可是这里的"得"与"失"，应当怎样算呢？

二　参与惊天大案

　　马融后期曾经参与到一桩东汉惊天政治大案中，这也是他干的一件最为人所不齿的事。事情涉及到帝位继承问题，这在皇权时代，无疑是最重大的政治事件了。原来东汉中期以后，朝政腐败已经成为不可逆转的趋势，皇帝昏庸、太后及外戚专权、宦官作奸，又互相争权夺利，彼此杀伐，形成恶性循环，加上权贵们穷奢极欲，严重败坏了政治经济秩序和社会风气，造成普遍的社会道德大堕落、大滑坡。事态发展到顺帝末期，更加严重了。皇帝短命，为权力斗争火上加油。顺帝死于建康元年（144），享年三十岁，太子刘炳只有两岁，继位为"冲帝"，于是太后梁氏临朝，后兄大将军梁冀辅政。四个月后，不足三岁的冲帝病死，梁氏兄妹联手操控，让八岁的建平侯刘缵继位为"质帝"。不想这少年质帝，颇为聪明，对于梁冀的专权行为很快就有所不满。梁冀发觉这很危险，就亲自动手将他毒死在大殿中，可怜质帝只当了半年皇帝，就一命归西了。"频年之间，国祚三绝"，于是由谁继任"天子"的问题，一年内第三次摆到朝廷上来。当时大臣们对质帝暴死真相不甚清楚，但意识到问题的严重性，有几位大臣出来表态了，他们是太尉李固、司徒胡广、司空赵戒，这几位是朝廷里的"三公"。他们以李固为首，写信给梁冀，以"天心""众望"为由，提出应当由公卿大臣广泛商议，来决定这个国家的头等大事。他们的道理正当，梁冀无法拒绝。于是梁冀召集大臣们会商，而李固、胡广、赵戒还有大鸿胪杜乔，都提名清河王刘蒜，说他"明德著闻，又属最尊亲，宜立为嗣"。但是这并不符合梁冀的心意，他想立的是蠡吾侯刘志，因为刘志即将娶其妹为妻，如刘志得立，梁冀便是新皇帝的"大舅子"，地位自然更加牢固了。又有宦官中常侍曹腾（即曹操祖父)前来煽惑梁冀说:"您日理万机,门下宾客很多,免不了会有一些过失,那清河王刘蒜可是一位性格严明的人,他要当了皇帝,您恐怕不会有好下场!不如立刘志,您可以富贵万年!"一席话说到了梁冀心底里,他怀着私心,对大臣们声色俱厉,施加强大压力,要他们支持自己立刘志。许多大臣在高压下让步了,唯有李固立场坚定,不肯屈服。梁冀恼羞成怒,通过太后罢免李固的太尉官职,并且强行立刘志为帝,是为桓帝。梁冀实现了目的,但他余怒未消,继续打击李固,捏造罪名,说李固与一些地方官员串通,阴谋推翻桓帝,再立清河王刘蒜,以此将李固投入监狱。事实上李固为人清正,名望素著,不少官员包括门生等为之辩诬,梁太后知李固冤枉,所以下令赦免放出。李固出狱,引起洛阳城里轰动,民众夹道高呼"万岁"!这下更刺激了梁冀,把李固视为非拔除不可的眼中钉,不久便将他害死。

在这件大事中,马融所做的事情,就是为梁冀撰写诬蔑李固"造反"的"检举信",人称"飞章虚诬"。所谓"飞章",就是火速上报的奏章,"虚诬"就是无中生有的抹黑诬告。"飞章"中称:"太尉李固,因公假私,依正行邪,离间近戚,自隆支党。至于表举荐达,例皆门徒;及所辟召,靡非先旧。……臣闻台辅之位,实和阴阳,璇机不平,寇贼奸轨,则责在太尉。(李)固受任之后,东南跋扈,两州数郡,千里萧条,兆人伤损,大化陵迟,而诋疵先主,苟肆狂狷。存无廷争之忠,没有诽谤之说。"完全是颠倒黑白、捏造罪名。例如所谓"东南跋扈"事,是指扬州、徐州地界曾经盗贼横行，但究其实情，那是先有地方官员贪腐、横征暴敛造成官逼民反的后果；李固等则是在事后受命前往，迅速平定局势。他是功臣，而非罪魁。马融秉承梁冀意旨，昧心写出如此不堪的文章，不顾事实，不讲良心，陷害忠良，为虎作伥，可以说其道德已经严重堕落，早年的良知已经泯灭，势利二字在他心中占有支配地位，以致做出无良举动。为此，马融当时就受到正直文士的指责，梁冀的首席属吏大将军长史吴祐当面对马融说："李公之罪，成于卿手。李公即诛，卿何面目见天下之人乎？"（《后汉书·吴祐传》）在历史上更广受批评，北朝颜之推说："马季长佞媚获诮。"（《颜世家训·文章》）元代郝经说"李固之罪，成于马融之手，而汉遂衰"（《续后汉书》卷六十六）。一代才人，竟堕落至此，良堪叹息！古人常说"文人无行"（朱熹《楚辞集注·楚辞后语》卷三息夫躬《绝命词》解题），马融可算是其中之一吧。

不过外戚梁氏一向骄横跋扈，不那么容易伺候，马融尽管有"立功"表现，然而后来他一不小心，还是有所得罪。梁冀唆使官员检举马融在郡"贪浊"，不由分说便将他免官，而且要流徙朔方（在今山西北部、内蒙古中部一带）。马融赶紧认错，自我谴责一番，得到赦免，复拜议郎，再入东观著述。后来因年高体弱多病，回家疗养，享年八十八岁。

三　一代辞赋大家

有人说"人如其文"或者"文品即人品"，许多历史事实证明这说法有一定道理；也有人说"人不如其文"，或者"人品不等于文品"，也有许多历史事实证明确实如此。马融应当属于后者。不过无论他在人品上有何欠缺，他在文学上的造诣和成就是不能抹煞的。马融是一位重要的文学家，尤其是辞赋写作方面，在取材上能够别出心裁，有所拓展；写法上体现宏富才力，总体上独树一帜，在东汉中后期堪称大家。

马融今存作品以"赋""颂"为主，这里着重说他的赋。在辞赋史上，以音乐或乐器为题的作品，早已有之。如贾谊《簨赋》、王褒《洞箫赋》、傅毅《琴赋》等。马融也善于撰写此类作品，代表作为《长笛赋》，赋有序：

> 融既博览典雅，精核数术，又性好音律，鼓琴吹笛。而为督邮，无留事，独卧郿平阳邬中。有洛客舍逆旅，吹笛为《气出》《精列》相和。融去京师逾年，暂闻，甚悲而乐之。追慕王子渊、枚乘、刘伯康、傅武仲等箫、琴、笙颂，唯笛独无，故聊复备数，作《长笛赋》。

序中马融自述"性好音律"，固是实情，他是个音乐家。又说闻客吹笛，便"甚悲而乐之"，"悲"是心情与笛声共鸣，"乐之"则是喜好之意。当时基本的情感取向仍是"悲"。马融为何要"悲"？当与"融去京师逾年"相关。是他前期被逐出朝廷外放地方吏员，情绪低沉，心情不悦。听闻笛声，遂有"悲而乐之"的感受。"悲而乐之"，是一种情绪境界。"悲"与"乐"两种情绪表面看互相对立，距离甚远；然而二者亦可以统一起来，先悲后乐，悲中有乐，以悲为乐，至悲达到至乐。此亦符合美学原理：悲剧最能撼动人心。

《长笛赋》正文开始，先写野生之奇竹，再写伐竹制笛，接着写开始演奏，再接着写听乐应不忘礼制，然后说音乐内涵丰富，包括各种风格，受到各界欢迎，收到政教效果："上拟法于《韶箾》《南籥》，中取度于《白雪》《渌水》，下采制于《延露》《巴人》。是以尊卑都鄙，贤愚勇惧，鱼鳖禽兽，闻之者莫不张耳鹿骇。熊经鸟申，鸱视狼顾，拊噪踊跃，各得其齐。人盈所欲，皆反中和，以美风俗。"然后进一步说笛声之感动人物。赋又概括笛声之社会效果："是故可以通灵感物，写神喻意。致诚效志，率作兴事。"从感动人物，到沟通思想，交流感情，最后到振作精神，做好事业。赋写出了"长笛"制作、演奏的全过程，及其所取得的奇效。本篇写作充分发挥辞赋"铺张扬厉"的手段，围绕"长笛"及其作用效能，作出多层次多视角的描写，绘声绘色。其辞采之丰富，文字之弘丽，场景之变幻，意境之雅洁，皆颇突出。本篇被萧统收入《文选》卷十八"赋"门"音乐"类首篇，备受重视。

本赋另一值得注意的方面是，文体句式变化甚多。常用辞赋句式，本篇中都有展示；而稀见文句体式，也有所尝试。如：

> 屈平适乐国，介推还受禄；澹台载尸归，皋鱼节其哭。长
> 万辍逆谋，渠弥不复恶；蒯聩能退敌，不占成节鄂。王公保其
> 位，隐处安林薄；宦夫乐其业，士子世其宅。

此节文字，说笛声效能巨大，能够改变人物的性情和命运。更值得
注意的是，本节文字全用五言句，且协韵整齐，就像一篇五言诗。
马融在赋中夹写五言诗，当视为一种尝试。就五言诗角度说，本节
文字实为一首"咏史诗"，与班固五言《咏史诗》（见《父子、兄妹、
祖孙：班门群英》一篇）相比，内容似更充实，文字亦稍成熟。《长
笛赋》中以下一节文字，更显重要：

> 有庶士丘仲，言其所由出，而不知其弘妙。其辞曰："近世
> 双笛从羌起，羌人伐竹未及已；龙鸣水中不见己，截竹吹之声
> 相似。剡其上孔通洞之，裁以当籦便易持。易京君明识音律，
> 故本四孔加以一；君明所加孔后出，是谓商声五音毕。"

这是引用"庶士丘仲"之"辞"，"近世"以下共十句，自成一节。
此节写"双笛"之"所由出"，其重要性不在内容，在于体式。这十
句全作七言体，每句都用韵，前六句一韵，后四句又一韵，可以视
为一首七言诗。马融赋中出现七言诗，甚是奇妙。因东汉七言作品

虽有，但多见于民间创作，或谚语之类；文士七言诗尚不发达，作者甚少，作品亦稀见。此前唯有班固、张衡等尝试为之，马融此处引用丘仲之作，亦以"辞"名篇，未敢言"诗"。由于七言体在东汉文士作品中甚少，故而此篇在七言诗发展史上也具有重要性。马融在一篇赋体之中，安排一首五言诗、一首七言诗，其设计安排颇具匠心。他继张衡等人之后，继续采用"赋中有诗，以赋含诗"的创作方法，在赋与诗的结合渗透方面，做出了新的探索，并有所贡献。

马融毕生，人品文章，是非善恶，得失功过，谁予评说？历史自有公论！

潜夫王符

这位人物颇有些政治热情和才华，但却未尝任过一官半职，以布衣终老，所以他给自己取个雅号叫"潜夫"，意思是生活在社会底层的人（陶渊明一名"陶潜"，也有类似意思）。王符成为"潜夫"，有他个人身世和机遇方面的原因，更是他思想性格发展的必然结果。尽管没有涉足政坛，未能"立功"，但他潜心著述，写出一部《潜夫论》，做到了"立言"，由此实现了"不朽"大业，声誉很高。唐代韩愈写《后汉三贤赞》，三贤之中就有王符，可知其地位及影响。

一　潜夫生活

王符受自己出身的影响不小。王符字节信，安定郡临泾县人。少年好学有才气，尤其是养成尚信义、重节操的风格，与他的名字颇相符合。安定地处凉州西鄙，一般民众风俗很守旧，家族中的嫡、庶身份界限区分非常清楚，对于侧室所生的子女，则称"庶孽"，颇为歧视，几乎与奴婢略等。而王符不幸就是侧室所生，生母身份低贱，大概是买来的奴婢，所以他连自己的外祖家是谁都始终说不清楚。他尽管自小聪慧，才华出众，却处处受到乡里鄙薄轻贱，并且其庶出身份成为后来仕进的重大障碍，不但地方官长轻视贬损他，那些势利文士也耻与之为伍。东汉自中叶和帝、安帝之后，政治腐败，士风渐趋轻薄，文士流行"游宦"，就是到处找关系"跑官要官"。当权者更互相荐引，彼此交换利益。而王符偏偏性格正直耿介，道德意识和自尊心都很强，不肯卑躬屈膝腼颜事人，也缺乏钻营巴结各路官长的技巧。如此，自然无人肯提携识拔，所以他不得升进，难以进入主流社会，只能终老乡里了。

王符空有满腹经纶，却无处施展。他内心压抑愤懑，又坚持道德信念，不肯自甘堕落、与世沉浮，便隐居家中，以著书为务。这在古代奉"学而优则仕"为信条的文士传统中，实在是一种无奈的选择。缘此，王符的政治生涯竟然是一张白卷，既无任何政绩，亦无任何污点，毕生经历空前的简单。

王符也有自己的朋友，交情深浅不一，他们中有马融、窦章、张衡、崔瑗等。到底还是这几位科学家、文学家有眼光，识人才，愿意与他这个白丁交往，而不致被出身地位等偏见所蒙蔽。

王符以其清高作风，在当时部分士大夫中享有盛誉。有一件事可证。桓帝时有一位名将度辽将军皇甫规，曾在西北边地建有战功，后来因故解官归田，回到安定郡故里。正好有另一名同乡官员也回家省亲，那人曾通过钱财贿赂等手段，出任雁门太守。按照官场规矩，那人递上求见函，前来拜见皇甫规。皇甫规知道他的底细，躺在床上故意怠慢他，并且见面后劈头就问：你在雁门郡吃了大雁肉了吗? 那滋味美不美? 这话里有话, 是讽刺对方贿赂。
此时, 正巧家人禀报说"王符在门口", 皇甫规便赶忙从床上跳下来, 披着衣服拖着鞋, 出门相迎, 并且亲热地与王符手拉手, 一同进入厅堂, 欢谈无已。能被皇甫规待为上宾, 此事不容易。这件事传出去, 人们竟编成谚语说: "徒见二千石, 不如一缝掖。"意思是郡太守 (二千石) 受到的接待, 还不如一介布衣 (缝掖) 来得高。范晔在《后汉书》里记载了这件事, 还评论说这是"书生道义之为贵也", 王符身上有"道义", 所以备受尊重。王符生卒年不详, 大约生于安帝后期, 历经顺帝、桓帝朝, 卒于灵帝朝前期, 享年五十岁左右。

王符志尚远大, 但最后只能做个著作家, 他的主要作品就是《潜夫论》。书中包含三十余篇文章, 所写题材, 都是社会政治文化道德等"公共话题", 主旨在于批评讥刺当时的社会弊端, 同时揭橥他的正面道德观念和人生理想境界。如说政治的《本政》《边议》等篇, 说道德的《遏利》《论荣》等篇, 说文化的《赞学》《释难》等篇。王符家居陇西, 当地民族关系紧张, 朝廷或者横征暴敛, 或者以武力镇压, 但效果不佳, 矛盾反而更加尖锐, 《潜夫论》中对于边地政策也给予了许多关注, 发表了不少评论和建议。其中如《救边》《边议》《实边》等, 都是写这方面的内容。

《隋书·经籍志》著录"《潜夫论》十卷, 后汉处士王符撰"。称他为"处士", 也是说王符不曾当过官之意。

二　大人不华，君子务实

《潜夫论》是王符追求自身"不朽"的寄托，所以他谨记古代圣贤教训："夫生于当世，贵能成大功，太上有立德，其下有立言。"（《叙录》）他既然终身不仕，也就失去了"立功"的可能，只好在"立言"上做出成绩，所以本书无疑是王符思想的精心结撰和集中表述。总体看，儒家思想为《潜夫论》主干，书中充满"仁义""民本""农本"等说法，成为其许多论题的出发点和归结处。如"事君如天，视民如子"（《叙录》有关《忠贵篇》）、"民为国基，谷为民命"（《叙录》有关《爱日篇》）等都是民本思想与重农主张。"君忧臣劳，古今通义。上思致平，下宜竭惠"（《叙录》有关《述赦篇》）等等，强调君君臣臣，各司其职。又如"夫位以德兴，德贵忠立，社稷所赖，安危是系"（《叙录》有关《忠贵篇》），这些都是主张以道德为先的"德治""仁政"观念。但书中其他学派的思想也不少，诸如道家、阴阳家、农家甚至法家的一些说法，也可见。如"明王统治，莫大身化，道德为本，仁义为佐。思心顺政，责民务广，四海治焉，何有消长"（《叙录》有关《德化篇》），这里有浓厚的道家思想色彩。又如"五行八卦，阴阳所生，禀气薄厚，以著其形。天题厥象，人实奉成。弗修其行，福禄不臻"（《叙录》有关《相列篇》）等，这是阴阳家的说法。又如"先王御世，兼秉威德，赏有建侯，罚有刑渥。赏重禁严，臣乃敬职。将修太平，必循此法"（《叙录》有关《三式篇》），这是法家的主张，等等。总体看，王符的政治思想具有以儒术为主的杂家式取向。

撇开这些驳杂的学派思想成分不说，《潜夫论》中有一个立论的基点，那就是作者的"尚实"思想倾向。他在《务本篇》的"叙录"中说："大人不华，君子务实。"他在书中反复强调"求实""效实""核实""诚实""名实相副"等，同时批评"背实趋华"。他的基本思想就是"夫高论而相欺，不若忠论而诚实"（《实贡篇》）。王符的尚实思维，是他最可贵的品格。在政治领域里，他说："明于祸福之实者，不可以虚论惑也；察于治乱之情者，不可以华饰移也。是故不疑之事，圣人不谋；浮游之说，圣人不听。"（《边议篇》）在人才选举事务中，他说："选举实则忠贤进，选虚伪则邪党贡。"（《本政篇》）在文章写作领域，他认为也应当秉持诚实之旨："诗赋者，所以颂善丑之德，泄哀乐之情也，故温雅以广文，兴喻以尽意。今赋颂之徒，苟为饶辩屈蹇之辞，竞陈诬罔无然之事，以索见怪于世，愚夫戆士，从而奇之，此悖孩童之思，而长不诚之言者也。"（《务本篇》）当时社会严重腐败，诚信和务实精神普遍受到破坏，社会得了膏肓之疾、不治之症。王符提倡尚实精神，无疑是看准了要害，是针对社会弊病提出的疗救之方。

出于尚实精神，王符一方面不愿为博取统治者欢心而进"虚论"，说些"诬罔无然之事"；另一方面，他针对当时社会实际，广泛揭露生活中无处不在的各种弊端。可以说，《潜夫论》的内容特色，不在于作者提出了多少新的思想和主张，而在于他对"季

世""末世"或"衰国"的丑恶现象,作出了深入严厉的批判。如:

> 然衰国危君继踵不绝者,岂世无忠信正直之士哉?诚苦忠信正直之道不得行尔。(《实贡篇》)
>
> 季世之臣,不思顺天,而时主是谀,谓破敌者为忠,多杀者为贤。白起、蒙恬,秦以为功,天以为贼。息夫、董贤,主以为忠,天以为盗。(《忠贵篇》)
>
> 末世则不然,徒信贵人骄妒之议,独用苟媚蛊惑之言,行丰礼者蒙僭瞀,论德义者见尤恶,于是谀臣又从以诋訾之法,被以议上之刑,此贤士之始困也。夫诋訾之法者,伐贤之斧也,而骄妒者,噬贤之狗也。人君内秉伐贤之斧,权噬贤之狗,而外招贤,欲其至也,不亦悲乎!(《潜叹篇》)

这里指明当时呈现"衰国危君"的严重事态,已经到了"末世";而且其抨击矛头直指朝廷,包括"人君"与"谀臣",无所回避。可以说,《潜夫论》是东汉一朝最尖锐的社会思想批判著作之一。

三 中心时有感,援笔纪数文

《潜夫论》自身还具有较高的文学价值,对此可自三方面来认识。第一方面,王符将"崇本抑末"的尚实观念,移植到文化问题上来,他说:

今学问之士，好语虚无之事，争著雕丽之文，以求见异于世，品人鲜识，从而高之，此伤道德之实，而或矇夫之大者也。诗赋者，所以颂善丑之德，泄哀乐之情也，故温雅以广文，兴喻以尽意。今赋颂之徒，苟为饶辩屈塞之辞，竞陈诬罔无然之事，以索见怪于世，愚夫憃士，从而奇之，此悖孩童之思，而长不诚之言者也。（《务本篇》）

这里的批评矛头指向"好语虚无之事，争著雕丽之文"，以及"怪""奇"等文风，把它们与"道德之实"对立起来。同时，王符还主张应以"温雅""兴喻""实"来规范写作。王符对文章和文学提出尚实的要求，与东汉前期王充的主张颇为类似，有一定的积极意义。当然，王符这里的说法也存在漏洞。主要是他无视文学的固有特征，将文学与实学视为一体，限制束缚其想象力的发挥，走向了唯真实、唯道德创作论的误区。所以在文学理论问题上，王符虽然对他认为的一些不良文风作了尖锐批评，有合理之处；但他一概反对"虚无""雕丽"的主张，应当说也存在相当的欠缺。

《潜夫论》文学价值的第二层意义，在于其骈文写作方面取得了相当成就。王符本人所撰文章，精神上以尚实为主，写法上以说理为主，但伴随其慷慨的激情，往往也有出彩的文字。尤可注意者，其文字流利畅达，提升了读者的阅读兴味，篇中往往使用若干词句组合或修辞构成手段，以加强文章的色彩，增添其文字吸引力。为此，文章中一些段落，竟一反其本人的理论主张，呈现出"丽文"的特征。如下例：

> 语曰："人惟旧，器惟新。昆弟世疏，朋友世亲。"此交际之理，人之情也。今则不然，多思远而忘近，背故而向新；或历载而益疏，或中路而相捐，悟（按，当作"悟"，逆也）先圣之典戒，负久要之誓言。斯何故哉？退而省之，亦可知也。势有常趣，理有固然。富贵则人争附之，此势之常趣也；贫贱则人争去之，此理之固然也。夫与富贵交者，上有称举之用，下有货财之益。与贫贱交者，大有赈贷之费，小有假借之损。今使官人虽兼桀、跖之恶，苟结驷而过士，士犹以为荣而归焉，况其实有益者乎？使处子虽苞颜、闵之贤，苟被褐而造门，人犹以为辱而恐其复来，况其实有损者乎？（《交际篇》）

本节文字，自"语曰"以下，皆显示出严格整饬的修辞功夫。所有语句，几乎都是对偶格局，"昆弟世疏，朋友世亲"，"思远而忘近，背故而向新"，"或历载而益疏，或中路而相捐"，"悟先圣之典戒，负久要之誓言"等等，皆是。连过渡语如"势有常趣，理有固然"，亦作对偶格式。文字、音韵、意义上的对偶语句，使得文章句式整齐、规则，读音优美、浏亮，它调动并发挥了汉语的固有内在特点，增添了汉语文章的格式美。这就是所谓的"骈偶"文，或"骈体"文。骈文有助于古代汉语文章的阅读和记忆，拓展了文章的被接受渠道。汉代是骈文发展的关键时期，尤其是东汉，骈文在形式上有长足进步，发展到基本成熟的地步。骈文的各种对偶手段，都已经有所使用；而其效果也比较明显，不但广大作者习焉不辍，广大读者也能够接受和欣赏，在当时的文章书写领域，成为主流形态。王符本人亦以其《潜夫论》，成为东汉骈文写作史上标志性人物之一。与王充《论衡》基本上呈散体文相比，《潜夫论》文字更加骈偶化，更具形式美，因此更加文士化，更加文学化。

《潜夫论》文学价值的第三方面，在于它对文章与诗歌这两大不同文体的沟通、结合，做了有效的探索。请看下例：

三十六篇，以继前训，左丘明《五经》。先圣遗业，莫大教训。博学多识，疑则思问。智明所成，德义所建。夫子好学，诲人不倦。故叙《赞学》第一。

凡士之学，贵本贱末。大人不华，君子务实。礼虽媒绍，必载于贽。时俗趋末，惧毁行术。故叙《务本》第二。

人皆智德，苦为利昏。行污求荣，戴盆望天。为仁不富，为富不仁。将修德行，必慎其原。故叙《遏利》第三。

按以上所录，是《潜夫论》第三十六篇《叙录》开首以来的文字，内容为概述全书各篇写作意图及要点，可以看出作者在仿效《史记·太史公自序》的写法。然而他又有创新，那就是全以四言句式写成。当然，四言为句，并非等于四言诗。如此前

"颂""赞""碑""铭"等体，早有四言句式。但王符此文，写来既颇含"规戒"，贯彻尚实精神，更有若干语句虽未入于"华侈"，却颇有文采，如"行污求荣，戴盆望天""弗问志行，官爵是纪"等，譬喻生动，意象活泼，言语通俗，而是非剖然，谓之具有一定"诗意"，亦不为过。以下例文更值得注意：

> 夫生于当世，贵能成大功，太上有立德，其下有立言。阘茸而不才，先器能当官，未尝服斯役，无所效其勋。中心时有感，援笔纪数文，字以缀愚情，财令不忽忘。刍荛虽微陋，先圣亦咨询。

此是《叙录》开篇文字，为总结全书之关目。按照"叙"的体例，这本应是说理散文。但王符竟写成一节五言韵文，体式上更加奇特了。其用韵虽不十分严格，但基本呈现诗歌面貌，当无疑义。东汉士人以五言体韵文撰写实用文字，偶有先例。王符此文，盖亦其中之一而已。但东汉文人五言诗作品，总体数量较少，本篇虽不能作为成熟的作品看待，但从中可见五言诗影响扩展之轨迹。其文学史价值，比诸上述四言体式，弥足珍贵。本作品显示的信息是：王符尚未写出成熟的五言诗；但不可抹杀他在这方面有所尝试，有所进步，且取得了一定的经验和成绩。其中所云"中心时有感，援笔纪数文"二句，说出了文学写作的规律性见解，是警语，是精彩之笔。

唐代韩愈著有《后汉三贤赞》，"三贤"指王充、王符、仲长统。其中赞美王符说："王符节信，安定临泾。好学有志，为乡人所轻。愤世著论，潜夫是名。《述赦》之篇，以赦为贼。良民之甚，其旨甚明。皇甫度辽，闻至乃惊，衣不及带，屣履出迎。岂若雁门，问雁呼卿？不仕终家，吁嗟先生！"言其身世，述其行迹，表其名德，皆称切当。

文学伉俪秦嘉、徐淑

一对德才兼备的贤淑夫妻，本来深情恩爱，憧憬无限，却因命运坎坷，频遭不幸。情志虽曰坚贞，生活终难幸福。诗文相赠相慰，最后竟成永隔。钟嵘评论他们说："事既可伤，文亦凄怨。"

一　即将远别，秦嘉寄信给徐淑

要说起东汉文坛最伤心伤情的人和事，就是这一对贤伉俪了。男主人公秦嘉，字士会，桓帝时陇西郡（辖今甘肃东南部、青海东部一带，郡治在今临洮）人。秦嘉人品忠厚正直，并且学识渊博，在当地小有名气，任郡府小吏。他的妻子徐淑，更是一位难得的闺中才女，两人暇时诗文酬唱，生活情调高雅，虽然不算富贵，婚姻却堪称美满。不过天有不测风云，妻子徐淑首先遭遇不幸。她染疾卧床，需人照顾，而夫君每天须去府中应卯，不能两顾。无奈之下，她只得暂返娘家，归宁养病，夫妇暂时过着两地生活。秦嘉单身在郡供职，每天回家面对空房，心中孤寂难忍，便经常与爱妻书函往还，彼此思念，互诉衷肠。

数月之后，岁届年终，事端又起：按照汉代制度规定，每年末，地方郡国必须派员前往京城洛阳，向朝廷汇报政务，同时接受工作审计。此事正式名称叫做"上计"。这次陇西郡委派去"上计"的吏员中，就有秦嘉。公务紧急，很快就要出发，秦嘉赶紧雇车去接徐淑，以期面别。他写信一封，说明情况，希望妻子立即乘车返回陇西。这封信写得情切意真，非常感人：

> 不能养志，当给郡使。随俗顺时，僶勉当去。知尔所苦，尚未有瘳。想念惽惽，劳心无已。当涉远路，趋走飞尘。非志所慕，惨惨少乐。又计往还，将弥时节。念发同怨，意犹迟迟。欲暂相见，有所属托。今遣车往，想必有方。（《与妻书》）

前四句说：我的经济条件无法保证过那种清高的自由自在的生活，所以只好在郡府里当差接受驱使。我顺着世俗的方式和态度，一直勤勤恳恳地工作。接着说：我深知你身有病痛，尚未痊愈；为此我日夜思念，心情忧郁。我现在要出差远方，辛苦赶路；这实属无奈，不是我喜欢这样做。接着又说：我估算这一趟往返京城洛阳，历时将会相当长；心里与你一样很不是滋味，真希望晚一点再走。最后四句说：我很想与你见上一面，好说说心里话；现在雇车前去接你，想必你能够有办法前来。这封信都由四言句写成，文字很整饬，又音调铿锵，读起来朗朗上口，虽然不押韵，却很像是诗。普通家书，写成了一首诗，从中亦可见秦嘉的文学才华，不同凡响。

二　徐淑的回信与诗

妻子徐淑收到书信，心中十分矛盾。本来夫妇分居，不免忧伤焦虑，得知夫君又将远赴京城出差，当然亟欲前往陇西，面别送行；但病情缠人，无法登车动身。她无奈只得回复一信，解释自己的窘迫状况，说明难以前去会面，而痛苦忧伤的心情，唯有通过短短文字，来表述于万一。这封信也写得极为动情，写出作者矛盾的心态和委屈的衷情，显示出高超的文章写作技艺，很具感染力：

> 知屈圭璋，应奉藏使。策名王府，观国之光。虽失高素皓然之业，亦是仲尼执鞭之操也。自初承问，心愿东还。迫疾惟亟，抱叹而已。日月已尽，行有伴例。想严装已办，发迈在近。谁谓宋远？跂予望之。室迩人遐，我劳如何？深谷逶迤，而君是涉；高山岩岩，而君是越；斯亦难矣！长路悠悠，而君是践；冰霜惨烈，而君是履。身非形影，何得动而辄俱？体非比目，何得同而不离？于是诵萱草之喻，以消两家之思；割今者之恨，以待将来之欢。君适乐土，优游京邑。观王都之壮丽，察天下之珍妙，得无目玩意移，往而不能出耶？（《答书》）

徐淑此书首先说：夫君去担任如此重要的任务，您屈尊了。此行能够去京都，出入于王公府邸，参观国家伟大设施，这是一种荣幸。尽管这不属于清高朴素、养志守真的事情，也与孔子为寻求机会而周游列国的行为相接近。这些强调公务出差的正面意义的话，目的都是安慰秦嘉，让他不要因别离而太悲伤。接着就写自己的状况，说我收到你的来信后，内心实在很愿意去到你身边相聚，但迫于疾病，无法行动，只能长叹而已。现在日期将到了，你与你的伙伴们，大概行李都已准备妥帖，只待上路出发了吧。"谁谓宋远？跂予望之。"这是《诗经·卫风·河广》篇里的两句，意思是"谁说宋国很远呢？我跂起脚跟就能看到。"徐淑引用它，表示自己距离陇西并不遥远。下面接着写想象秦嘉走后留下一所空房，它虽然很近，但主人却远出了，叫我如何不想他？

下面写得就更加精彩了："深谷逶迤，而君是涉……"接连四个复式句，都是以"君"为主体，描述登高涉深，翻山越岭，冒着严寒，在那里辛苦赶路，排比而下，文气磅礴。再接下来"身非形影……"，是一组典型的四六文句，又以作者本人为主体，说自己恨不能就在夫君身边，同甘共苦，一起赶路。这些文字也很精致典雅，显示了作者的不凡笔力。其中所说的"萱草"，又称"忘忧草"，也是一个《诗经》中的典故，"诵萱草之喻"，是希望能够用来忘却忧愁。下面笔调一转，说夫君这次到达京城，那是进入了"乐土"，那里可是集天下壮丽和珍奇之大成的地方；您在那里优哉游哉，玩得高兴，眼睛得到极大享受，可不要心意也跟着变了，进去之后可别出不来啊！这最后两句话分量可不轻，"目玩意移""往而不能出"，这是在开玩笑调侃夫君？或者是一种对于夫君的警告？我相信这多半是开玩笑。凭着他们夫妇俩深厚牢固的感情，难道环境一变秦嘉就会变心？不至于；难道徐淑会那样小心眼？也不像。她从秦嘉的来函中已经充分体察到，秦嘉这次远出离别，既苦闷又着急，心理负担很重。在这种场合下，她只是偶作调侃，试图缓解一下气氛、活跃一下情绪而已。这是爱情的"花絮"，也是文学家的"伎俩"。

同时徐淑又有诗一首奉寄：

> 妾身兮不令，婴疾兮来归。沉滞兮家门，历时兮不差。旷废兮侍觐，情敬兮有违。君今兮奉命，远适兮京师。悠悠兮离别，无因兮叙怀。瞻望兮踊跃，伫立兮徘徊。思君兮感结，梦想兮容辉。君发兮引迈，去我兮日乖。恨无兮羽翼，高飞兮相追。长吟兮永叹，泪下兮沾衣。

前六句再次申述自己因长时间患病，寄住母家，既未能尽到伺候丈夫的责任，也没有谨守敬爱夫君的礼数，所以是"旷废兮侍觐，情敬兮有违"。这是自我批评。接着写秦嘉受命出差京师，即将远出，自己不能亲自送别，非常遗憾。以下写的全是自己的日夜思念、一片情深，由"瞻望"到"伫立"，由"思君"到"梦想"。"恨无羽翼""高飞相追"云云，这些描写，文句朴素，说不上新奇。虽无新奇语句，但情意真挚，发自心底。陆机说"诗缘情而绮靡"（《文赋》），徐淑这首看上去不怎么"绮靡"，但是不能否认它"缘情"的性质，以及能够撼动读者心灵的感染力。

从诗的形体上说，徐淑这首可以算是五言体。但每句中间都有"兮"字，除去这个语气词"兮"字，全篇都是四言句，所以它实际上是四言诗的一种变化，或者是四言诗向五言诗的过渡形态。这种体式，在汉代文士的诗歌中很少见，他们大部分写的是四言诗，也有少部分人作五言诗，徐淑在这里的表现，不妨说是这位女诗人的一种创造性尝试吧。

三　秦嘉的复信与三首诗

秦嘉没有接来徐淑，只是收到她的一封回函、一首诗。捧读之下，他怎能不为之感动？爱妻是如此忠贞，如此多才，而在病躯拖累之下，她又如此无奈，如此悲伤。行程紧张，面别已经没有希望，他只有再作书函，作为行前告辞。他收起万千思绪，竟一口气写下一封信和三首诗，再寄给徐淑。他的书信写的是：

> 车还空反，甚失所望。兼叙远别恨恨之情，顾有怅然。间得此镜，既明妍媸；及观文彩，世所希有，意甚爱之，故以相与。并宝钗一双，妙香四种，素琴一张，常所自弹也。明镜可以鉴形，宝钗可以耀首，芳香可以馥身，素琴可以娱耳。（《重报妻书》）

秦嘉一开始就说到"车还空反",我们完全能够理解他的"甚失所望"的心情。但他读了妻子来函来诗之后,得知她的病情、她的无奈以及"恨恨之情",他已经不能责备妻子一个字了,唯有自己心中一片怅然。他所要做的,就是再次向爱妻表达自己的深切关怀和无限爱心。他向她赠送四种信物:明镜、宝钗、妙香、素琴。通过这些赠物,表达自己的情意:所谓"既明妍嫿""世所希有""意甚爱之"云云,既是形容赠物的上乘品质,更是借物传达对爱妻的衷心赞美。最后四句"明镜可以鉴形"等,再一次表现了作者撰写骈文的高超手段。

秦嘉的三首诗是:

> 人生譬朝露,居世多屯蹇。忧艰常早至,欢会常苦晚。念当奉时役,去尔日遥远。遣车迎子还,空往复空返。省书情凄怆,临食不能饭。独坐空房中,谁与相劝勉?长夜不能眠,伏枕独展转。忧来如循环,匪席不可卷。

> 皇灵无私亲,为善荷天禄。伤我与尔身,少小罹茕独。既得结大义,欢乐苦不足。念当远离别,思念叙款曲。河广无舟梁,道近隔丘陆。临路怀惆怅,中驾正踯躅。浮云起高山,悲风激深谷。良马不回鞍,轻车不转毂。针药可屡进,愁思难为数。贞士笃终始,恩义不可属。

> 肃肃仆夫征,锵锵扬和铃。清晨当引迈,束带待鸡鸣。顾

看空室中，仿佛想姿形。一别怀万恨，起坐为不宁。何用叙我心？遗思致款诚。宝钗可耀首，明镜可鉴形，芳香去垢秽，素琴有清声。诗人感木瓜，乃欲答瑶琼。愧彼赠我厚，惭此往物轻。虽知未足报，贵用叙我情。

第一首诗开头就感叹人生短促，而又忧多欢少。随即说我将远出，与你更加遥远，虽然派车去接你，却"空往复空返"。无可奈何的情状下，自己情绪悲观消沉，"独坐空房中"，以致"长夜不能眠"。

第二首回顾夫妻的往日经历，"伤我与尔身，少小罹茕独"二句，语焉不详，但可以得知二人似乎从小就家中丧失父母，都有不幸的童年。婚后又因疾病等原因，欢乐短暂，苦难一直伴随着他们的生活。以下八句反复抒写隔离之悲，渲染相思之苦。最后六句则进一步写出了作者的深意："良马不回鞍，轻车不转毂"，这是寓意自己的忠诚爱情和坚贞品德不会改变。因为徐淑来函中透露出了对于丈夫的某种"担忧"，所以他感到有必要在这里自明己志。"针药可屡进，愁思难为数"，这两句意思是劝说妻子在"愁思"的同时，也不要放弃治疗疾病。"贞士笃终始，恩义不可属"二句，则是再次向妻子"表忠心"，我哪里会一进京城，就"目玩意移""往而不出"呢？我是堂堂"贞士"，始终不渝，请放心！

第三首看文字，应当是写于出发之际了。他清晨起床，听见车夫已在套车，伴随着马鸣铃声。他回望居室里空空如也，仿佛中似乎看到她的姿势和身形。"一别怀万恨",就是此时他的心情了。接着与他的书函配合,向爱妻解释他的赠物用意。"宝钗可耀首"云云,与书函中用字相近,只是五言与六言的区别,意思略同。其重心则在说"愧彼赠我厚,惭此往物轻。虽知未足报,贵用叙我情"。与妻子"赠我"的情意相比,这些"往物"很轻,它们只是用来表示我的忠诚的情意。

这三首作品在体式上完整、规范,比徐淑的那一首更加成熟,抒情功能也发挥得颇为出色,是正格的五言诗。东汉一代,五言诗渐次受到文士们的重视,作品逐渐增多,逐渐发达成熟,至汉末就涌现了被赞为"一字千金"的《古诗十九首》等五言诗的极品佳作。秦嘉的这三首写于《古诗》之前,在当时具有相当的代表性。

四 收到礼物后,徐淑再致秦嘉

徐淑收到秦嘉来函及三首诗,还有随送的四件珍贵礼物。她对于夫君的"贞士"品格坚信无疑,而感动之余,不禁颇生歉疚。自己一时随意下笔,在前信中写下"目玩意移"之类文字,引得夫君误会,以为自己有所疑忌,竟复函申明誓志一番。这显得自己心胸未免有点儿不够宽广,对于夫君的信任也不够坚定。于是明知夫君已经登车上路,也要致书再表心意,一补前愆:

既惠音令，兼赐诸物。厚意殷勤，出于非望。镜有文彩之丽，钗有殊异之观。芳香既珍，素琴益好。惠异物于鄙陋，割所珍以相赐。非丰恩之厚，孰肯若斯！览镜执钗，情意仿佛；操琴咏诗，思心成结。敕以芳香馥身，喻以明镜鉴形，此言过矣，未获我心也。昔诗人有飞蓬之感，班婕妤有谁荣之叹。素琴之作，当须君归。明镜之鉴，当待君还。未奉光仪，则宝钗不列也。未待帐幄，则芳香不发也。（《又报嘉书》）

书中说收到赠物四种，对它们一一表示欣赏珍爱；又说夫君赐予这些"异物"，"非丰恩之厚，孰肯若斯！"是给予自己的丰厚恩典，十分感激。不过徐淑一方面要向夫君致意，另一方面又要展示一下她的深情和才气。于是接着写道：秦嘉来信说这些赠物可以用来"耀首""鉴形"云云，"此言过矣，未获我心也"，她不完全同意。她进一步表态说：这些礼物，我会暂存不用；何时使用呢？我要等到夫君归来相聚之时，才会用它们装点打扮自己。这是她对于礼物之用，作重新诠解，显示独到之思。徐淑在这里的表示，另辟了境界，比秦嘉前信中的说法，含义更转深沉。同时，这也是她对夫君心灵的一种抚慰：我在老家专心等待着您回归相聚的那一天！

五　一别成永诀

至于秦嘉何时收到徐淑的这最后一封书信，应当是他到达洛阳之后了吧。

总之，在秦嘉即将"上计"的短短几天内，他们夫妇书诗往复共四次，其中秦嘉书二篇诗三首，徐淑书二篇诗一首。无论书或诗，抒述分离想念，充满悲情哀思。而无论文章诗歌，皆文采斐然，文学成就突出。南北朝梁代钟嵘编撰《诗品》一书，全面清理历代五言诗的发展过程，品评诸多优秀的诗歌作者，书中就列"汉上计吏秦嘉诗、嘉妻徐淑诗"于卷二之首，谓：

> 夫妻事既可伤，文亦凄怨。二汉为五言者，不过数家，而妇人居二。徐淑叙别之作，亚于《团扇》矣。

钟嵘所说的"事既可伤，文亦凄怨"，说得很准确。不过"事既可伤"一点，至此尚未说完，秦嘉徐淑悲剧的最严重情节还在此后。那秦嘉赴京"上计"，事毕之后竟被留下，任用为黄门郎。这是朝廷的低级官员，一般由年轻士人充当，地位俸禄不高，但可以经常参与朝廷活动，接近皇帝大臣，有擢拔升官的机会；但秦嘉因此不能及时返家探视，夫妻竟不能团聚。更不幸的是，秦嘉不久亦得病而亡，夫妻一时分别，乃成永诀，一场人间大悲剧，发生在两位文学伉俪身上。可悲可伤，莫甚于兹！

据刘义庆《幽明录》（《太平御览》卷四百《人事部·凶梦》）记载：徐淑养病在母家，某日午眠，忽然惊醒，泪流满面。大嫂问她何事？她说刚见到秦嘉入梦来，自述往津乡亭，得病身亡，有一同伴守护，另有一人前来报丧，还说"日中即至"。家人半信半疑，忽然报丧人到，与梦中秦嘉所说的一样，徐淑悲痛欲绝。《幽明录》是小说，托梦之事未必可靠，但写出了夫妻恩爱、心心相印的真情实感，千古以下，令人叹息！

钟嵘说秦嘉徐淑"文亦凄怨"，已如上文分析。钟嵘又说两汉四百年间五言诗作者很少，"而妇人居二"，这是指班婕妤和徐淑。班婕妤为西汉成帝时人，有《怨诗》等传世名篇，钟嵘《诗品》卷上赞班婕妤诗说："其源出于李陵。《团扇》（《怨诗》中有"裁为合欢扇，团团似明月"等句）短章，辞旨清捷，怨深文绮，得匹妇之致。"徐淑对这位文坛女性前辈很熟悉，上举《又报嘉书》中写"班婕妤有谁荣之叹"，便是明证；而钟嵘"徐淑叙别之作，亚于《团扇》"之说，更是肯定了她们二人的文学成就可以比肩。从钟嵘的评论中我们似乎还可以看出另外一点：钟嵘虽然以秦、徐夫妇的名义合为一则，加以标举；但在具体评语上，则专说徐淑，并无一言赞及秦嘉。这是否可以理解为，他实际上更加重视徐淑，认为她的文学成就在夫君之上呢？

风病文士郦炎

汉初有位"狂生"郦食其，曾为汉王刘邦出谋划策，最后竟惨被齐王田广下油锅"烹"食。四百年后，郦家又出了一位郦炎，他一样"狂"，也一样有才气，但他不趋炎附势，而以清高自负。最后因"风病"发作，吓死妻子，被下狱治罪而亡，结局也够惨的。但一篇《大道诗》，使他名耀文学史册。

一 关于"风病"

郦炎（150—177）字文胜，范阳人（在今河北涿县境内），是汉初著名儒生郦食其的后代。郦食其在楚汉战争中曾是刘邦内宾客，为之出谋划策。他最后为刘邦去说服齐王田广背楚附汉，立下大功；但不久齐王反悔，竟将他"烹"了，死得好惨。郦炎生性聪明，有文才，懂音律，能言善辩，一般人多佩服他头脑清晰，事理分明。灵帝时，州郡数次有辟命颁下，要招他进入官场做事，他却一一拒绝，心地高傲，志气不凡。就其基本性格作风看，郦炎固然是继承了郦家"狂生"的传统，但也是当时汉末清流名士的一般表现。当时党人中多有这种清高人物，笑傲王侯，相袭成风。他们不屑与外戚、太监等腐败官僚集团同流合污，所以内心充满批判精神和对抗情绪。

郦炎尽管对外也够"狂"，在家却是个孝子。他因为母亲病故，哀伤过度，竟得了"风病"。古代所谓"风病"，其症状和发生原因是"风之为病，有瘙痒者，有瘾疹者，有疼痛者，有疮伤者，有聋瞽者，有历节者，有颠厥者，有狂妄者，千状万化，莫不由五脏而生矣。"（明·朱橚《普济方》卷八十七）症状"千状万化"，而其中包括了"有狂妄者"，这是精神病的一类了。可知"风病"一旦发作，不但身体痛苦，而且会心思错乱，精神上出现问题。那时他妻子十月怀胎正要生孩子，遇上郦炎"风病"发作，有种种吓人的举动，小孩没生好，妻子竟被惊吓而死。妻家父兄义愤填膺，不肯罢休，告到官府。县官本来对郦炎看法不佳，听说他有如此恶行，岂能放过？立即将他抓捕到官，投入大狱。郦炎平日能言善辩，此时精神恍惚，连话都说不清楚，难以为自己辩护。灵帝熹平六年（177）死于狱中，时年二十八岁，可谓英年早逝。

当时有著名文士尚书卢植，亲自为他写了诔文，称赞他的气格和文采。那诔文今存不完，仅得数句，它们是："自龀未成童，著书十余箱，文体思奥，烂有文章，箴缕百家。"（《北堂书钞》卷九十九）所谓"龀未成童"，也就是少年时期，竟"著书十余箱"，这简直是天才少年了。而"文体思奥"，是说他文章体现出深奥的思想，这是肯定他作品有独到思想。"烂有文章"，是说文章作品有文采，很漂亮，这是从文学性方面肯定其成绩。"箴缕百家"，是说他的作品中蕴含着丰富的知识，能够看出诸子百家的脉络，这是从知识性方面肯定他的成就。总之，卢植对郦炎的评价很高。

郦炎多才而罹"风病"，病体导致家庭破坏，竟至生命不永，此是人生悲剧。他惊死产妇等行为，自然属于丧心病狂的举动，但毕竟不是故意而为，是一种病态发作，不能归咎到他的为人无良或道德品质恶劣。尽管郦炎年命短暂，但从根本上看，他是位特立独行的汉末正直文士，与当时不少清流儒生的表现相近似，这一点十分明显。

二 《大道诗》

郦炎虽然患有"风病"，然而所撰《大道诗》二首，为正常思维结果，而且写得很有水准，为汉代诗歌发展做出了重要贡献：

> 大道夷且长，窘路狭且促。修翼无卑栖，远趾不步局。舒吾陵霄羽，奋此千里足。超迈绝尘驱，倏忽谁能逐。贤愚岂常类，禀性在清浊。富贵有人籍，贫贱无天录。通塞苟由己，志士不相卜。陈平敖里社，韩信钓河曲。终居天下宰，食此万钟禄。德音流千载，功名重山岳。
>
> 灵芝生河洲，动摇因洪波。兰荣一何晚，严霜瘁其柯。哀哉二芳草，不植太山阿。文质道所贵，遭时用有嘉。绛灌临衡

宰，谓谊崇浮华。贤才抑不用，远投荆南沙。抱玉乘龙骥，不逢

乐与和。安得孔仲尼，为世陈四科！

诗歌的主旨就是说士人怀才不遇，而所陈述的重心，唯在抨击社会不公，展示志士胸怀。上一首重点在于说"贤愚"不分，"通塞"莫名，"大道"虽平坦，而"窘路"迫促，对于"志士"而言，只能感叹命运偃蹇而已。所谓"大道"，指人生道路，甚至是社会发展的总方向。《老子》有句云："大道甚夷，而民好径。"正是郦炎诗句的出处。王弼解释说："言大道荡然正平，而民犹尚舍之而不由，好从邪径，况复施为以塞大道之中乎？故曰：'大道甚夷，而民好径。'"（《道德经》第五十三章）老子所说的"民"，指那些热衷功利、鼠目寸光的普通人，他们喜欢抄近道，走小路，亦即"径"，大道不走却走小径，那实际上也就是郦炎所说的"窘路狭且促"。两条道路摆在面前，究竟走哪条道？以"志士"自居的郦炎，当然态度鲜明地选择前者。

他在诗中接着说："修翼无卑栖，远趾不步局。"意思是，我有长长的翅膀，当然不能栖宿在矮树丛中；我有能走远路的双脚，当然不能在狭小的地方转圈。"舒吾陵霄羽，奋此千里足"，我要充分发挥强大的飞翔能力和远走本领，"超迈绝尘驱，倏忽谁能逐"。远走高飞，谁也赶不上我！郦炎这里表现出强大的自信心，他的胸怀气概，真是超尘绝俗！"贤愚"四句，说的是人有贤愚区分，禀性气质也有清浊不同；富贵之人，可以被人为地写在历史书

上；而贫贱之人，则不可能被老天爷关注到。这些说的都是人的运气不一样。所以接着就写"通塞苟由己，志士不相卜"，如果命运好坏由本人决定，那么志士们就不必再去碰运气了。下面举了陈平和韩信的例子，他们开始时都不发达，沉沦下层社会，但是一旦发迹，便"终居天下宰，食此万钟禄"，并且"德音流千载，功名重山岳"，成为成功人物。

下一首先举灵芝、兰花"二芳草"为例，说它们生非其地，或者生非其时，受到摧残。说明尽管"文质道所贵"，文质彬彬，从原则上说是最为珍贵、最为美好的，但是关键还在于要有被重用的时机，这就叫作"遭时用有嘉"。诗篇接着又以贾谊为例，说明"贤才"处处受到压抑排斥，史上习见为常。当初贾谊受到身居丞相、将军高位的周勃、灌婴等人排斥，说他是少年"浮华"，于是贤才贾谊在朝廷不得重用，只好远出去当"长沙王傅"，这就犹如怀抱着宝玉，乘坐着龙骥之马，却没能遇到卞和及伯乐这样的识货专家，只能被埋没人间了。最后又怀念孔子，说孔子能以"四科"即德行、政事、言语、文学为准则，录取人才，那有多美好！但这都是遥远的美好情景，现实中并不存在！

怀才不遇，对于古代文士而言，是普遍感受，可谓"永恒主题"。两汉而来，贾谊、董仲舒、司马迁、扬雄等，皆有"士不遇"之叹，所以本诗的主题袭用前贤诗赋的意蕴，结合本人的生活遭际，再现了文士内心的强烈不平和深沉苦痛。本诗以五言体写出，在诗歌体式上也具有重要意义。以郦炎本篇而论，与百年前班固《咏史》相比，无论情绪之激忿，辞采之修饰，都显示出长足的进步，可不再蒙受"质木无文"的讥嘲。比如它的句式构成就很整饬，对偶句较多，如前一首"大道夷且长，窘路狭且促"等句，大部分都是对偶句。当然，这些对偶主要是文字、词义上的对偶，还不包括音韵。不过音韵的对偶应当是南朝时期的事了，我们不能要求郦炎做到这一点。但在东汉末，即使是这样的对偶，也是极为鲜见的，例如与同时期产生的《古诗十九首》比较，《大道诗》的对偶就更多一些，须知《古诗十九首》是被誉为"一字千金"的诗歌作品。这表明郦炎在诗歌的艺术造诣上，当时确实居于较领先的水平，所以郦炎及其《大道诗》在诗歌史上是有贡献的，具有重要地位。

　　总之，本篇诗歌，个性突出，情绪激烈，而且文字不乏采润，钟嵘《诗品》法眼入选，列为东汉文士五言诗代表之一，其评论虽然只有两句，说："文胜托咏灵芝，怀寄不浅。"（《诗品》卷下）但肯定其"托咏"有"怀寄"且"不浅"，已经是不错的评语了。

画像东阁的高彪

青年高彪虚心拜师马融，却不获接见，稽留门外；他毅然留字作别，长驱而不顾，使得马融羞愧不已。高彪后来在朝廷以学识广受尊敬，甚至连皇帝都投以"异之"的目光，亲自提议将他的画像高挂在洛阳东观之上，这是何等的荣誉！可惜他侠骨义风，满腹经纶，却年命不永。至于文学业绩，虽少却精，诗歌文章，皆臻于一流，可谓不虚此短短一生！

一　求师被拒，扬长而去

前篇说及东汉中后期大儒马融，早岁仕途曲折，毁誉皆有，晚年则凭藉学识，总揽声誉，广收门徒，四方慕名来投的青年学子数以千百计，包括郑玄等人，皆是马门高足。其时有一位青年，远道而来洛阳，到朝廷所设的太学里访学。他得知马融大名，就来到马府求教，但马融却借口身体不适，迟迟不予接见。年轻人被阻挡于门外，等候良久不能进去。他不甘心吃闭门羹，遂写下书信一封，上署自己的姓名——高彪。他把书信扔在门口，便扬长而去。书信被传入内室，马融展读之下，竟坐不住了。那信中写道：

> 承服风问，从来有年，故不待介者而谒大君子之门，冀
> 一见龙光，以叙腹心之愿。不图遭疾，幽闭莫启。昔周公旦父
> 文兄武，九命作伯，以尹华夏，犹挥沐吐餐，垂接白屋，故周
> 道以隆，天下归德。公今养痾傲士，故其宜也。(《后汉书·高
> 彪传》)

这意思是说，我慕名向您请教学问，已经差不多有一年了。今天我
没有通过中间人，而是直接来到大学者您的门前，希望能够亲自拜
谒您本人，接受您的教诲，并向您倾诉心中愿望。不想遇到您贵体
生病，大门关得紧紧的，再也不肯开启。我想到从前周公，他父亲
是周文王，兄长是周武王，他多次受到王命，要他辅佐霸业，管理
全国。周公身负如此大任，尚且"一饭三吐哺""一沐三握发"，为
的是虚心接待来访的各地贤士，所以周代国势兴隆，天下人物都甘
心归顺。您今天因病休养高堂，倨傲无礼地对待寒士，您这样做，
诚然是很合适啊！

　　这末后几句话，以周公当年肩负国家重任而能礼贤下士的谦
逊表现，与今日马融的小有成就便狂妄自大摆足架子作对比，讽
刺尖利，入木三分。马融看了，羞愧莫当，浑身难受。赶紧开门出
来，亲自追赶高彪，想把他叫回来。但是高彪却义无反顾，愤然而
去！明末清初著名学者顾炎武曾评论此事说："《颜氏家训》：'昔

者周公一沐三握发，一饭三吐哺，以接白屋之士。一日所见七十余人。门不停宾，古所贵也……'观夫后汉赵壹之于皇甫规，高彪之于马融，一谒不面，终身不见。为士大夫者可不戒哉！"（《日知录》卷十三）顾炎武认为要"戒"的"士大夫"，就是像皇甫规、马融这样已经有了相当地位和身份的人，告诫他们应该在待人接物上多加小心，不要自以为高贵，对待宾客不能轻忽怠慢。

二 画像东阁

这位高彪字义方，吴郡无锡（今属江苏）人。家本贫寒，但才情出众。他不善言谈，内秀外拙。后来回到本地，郡里举他为孝廉。赴朝廷测试经学，结果荣获第一名，朝廷授他郎中职位，进入东观校书。这职务虽然不高，亦无实权，但对于文士而言，能够在皇家东观校书，与前辈贾逵、班固、傅毅等人经历相仿，已经荣幸之至！高彪在东观努力校书之外，又数次奏上赋、颂等文章，他的作品从内容到文字，个性十足，与众不同。更加可贵的是，他的文章不是徒具文采，而是都有一定的针对性，因事而发，都寓含讽谏用意。这与他的"义方"之字的含义，正相切合。他是仗义执言，言必有方。灵帝看了他的文章，也很感惊异，非常重视。后来高彪调任外黄县令，灵帝叫同僚们送行，在洛阳上东门设下了送别宴。灵帝还下诏为高彪画像，挂在东观高阁上，用以表彰，同时劝勉其他学者。这是一种很高规格的礼遇。当时那位马融虽然年事已高，应该尚健在，看到这种自己还没有得到过的皇家礼遇，回想当初架子摆得比皇帝还足的事，更应该感到羞愧吧？高彪到外黄任职，在县颇有德政，又曾上书推荐本县人申屠蟠等，得到朝廷肯定。不久，高彪病卒于官。范晔《后汉书》将他写进《文苑传》中，可见他在当时享有很高的声望，作风独特而品德高尚。《隋书·经籍志》注说："梁有外黄令《高彪集》二卷，录一卷。"《旧唐书·经籍志下》还著录有"《高彪集》二卷"（《新唐书·艺文志》同）。关于高彪的生卒年，《后汉书》本传未予写明。然而后世曾发现他的石碑，清代吴玉搢《别雅》说："高彪碑为学者宗。"可证它的存在。而据宋代娄机《汉隶字源·考碑》说，那碑文有"外黄令高彪碑，中平二年立"等字样，据此可知，高彪的卒年应该是东汉灵帝中平二年（185）。这时距离汉末大战乱的爆发（在灵帝中平六年死后不久），也只有四年时间了，无怪乎他在作品中要说"文武将坠"这样的泄气话了，因为汉代盛世早已结束，当时已经到了真正的"末世"。

高彪存世作品不多，而颇有精粹之作。上面所述的《复刺遗马融书》，即为其一。此外又有《督军御史箴饯赠第五永》一文，当时亦有名：

> 文武将坠，乃俾俊臣。整我皇纲，董此不虔。古之君子，
> 即戎忘身。明其果毅，尚其桓桓。吕尚七十，气冠三军。诗人
> 作歌，如鹰如鹯。天有太一，五将三门；地有九变，丘陵山川；

人有计策，六奇五间：总兹三事，谋则咨询。无曰己能，务在求
贤，淮阴之勇，广野是尊。周公大圣，石碏（què）纯臣，以威
克爱，以义灭亲。勿谓时险，不正其身。勿谓无人，莫识己真。
忘富遗贵，福禄乃存。枉道依合，复无所观。先公高节，越可
永遵。佩藏斯戒，以厉终身。（《后汉书·高彪传》）

本篇的写作背景，是当时朝廷以第五永为"督军御史"，去监督镇
守幽州（今河北北部）。出发之际，百官大会，设宴祖饯于洛阳长
乐观。朝中名士，包括议郎蔡邕等人，都参与其事，并赋诗送行。
高彪则独标新奇，不作诗，而是写了一篇"箴"。传统意义上的箴，
是一种劝诫、告诫的文体，是针对客观存在的问题和不足，从正
面提醒警告，或者提出一些解决的建议。刘勰曾论述道："箴者，
所以攻疾防患，喻针石也。"（《文心雕龙·铭箴》）又说："夫箴，诵
于官，铭，题于器，名目虽异而警戒实同。"指出它的重心在于提出
"警戒"，就是要"攻疾防患"，犹如"针石"给人治病一样。在那
个饯别大官赴任的场合，别人都在说客套话，唱赞美诗，他却写了
"警戒"文字。可以想见，第五永这位春风得意的大员，当时的感
受肯定不舒服，这文章实在有些煞风景。好在蔡邕等看了他的箴
文，当场称赞它写得美，认为它好到不能再好的程度。

　　我们看这篇送别文章，确实写得很严肃正经，并且切实得要，
并无虚言浮语、官场套话；不但有内涵，还颇为淳厚。文章前半
是总结历史经验，说的是古代的"俊臣"，有"君子"作风，他们在

"文武将坠"的严峻形势下，为了"皇纲"的完整，能够做到"即戎忘身"，参加军旅战斗，表现出献身精神。"明其果毅"是说表现出勇敢杀敌的行为。《尚书·泰誓下》："尔众士其尚迪果毅，以登乃辟。"孔氏传："迪，进也；杀敌为果，致果为毅。""尚其桓桓"是说作风威武。《诗经·鲁颂·泮水》"桓桓于征"，毛传："桓桓，威武貌。"文章又举周代开国元勋吕尚（即姜太公）为例，说他七十岁高龄了，还能够统领军队作战，勇冠三军。他的英勇行为受到《诗经》作者的赞美，说他像雄鹰，像猎隼。文章写这些话，是为了摆出正面的榜样，要第五永向古代圣贤学习，去勇敢战斗，为国献身。文章后半则转换主题，由激励对方英勇献身，说到"求贤"等问题。文章以教训的语气说："无曰己能，务在求贤。"再能干的人也不要太自信，不要以为自己无所不能，而是应当广泛征求贤才，同心同德，为国效力。接着又说应当"以威克爱，以义灭亲"，做事公道，不徇私舞弊；又提出"勿谓时险，不正其身。勿谓无人，莫识己真"，意思是要严格要求自己，做一个正派的人。这些话，属于真正的"箴言"，要对方注意自己的言行和作风。最后，文章说的"忘富遗贵，福禄乃存。枉道依合，复无所观"等语，意思是说：应当忘掉"富贵"二字，才能够真正做到有福有禄；如果不能正确按照道义去处理事情，为了苟合于某些人而放弃道义，那叫做"枉道依合"，那样做就"复无所观"，没有什么正面成绩可言了。"先公高节，越可永遵"，是说您父祖辈多是节操很高的人物，应当遵奉他们的传统。最后两句"佩藏斯戒，以厉终身"，说您得记着我这些告诫的话，终身勉励自己。这些文字，不卑不亢，告诫有理有力，它们不是给对方歌功颂德，而诚如刘勰所说的如"针石"一般，在给对方"攻疾防患"。这种"警戒"，读者体会到的是一股浩然正气。但在当时的文士中，针对第五永这样高贵的人物，又在那种送别场合，能够写出这样的文章，确实很稀见，也很难。无怪乎蔡邕等人做出了"莫尚"的崇高评价。刘勰又曾说"箴"这种文体写法上的特色是"义典则弘，文约为美"。本篇文章基本做到了文义典雅，文辞简约，基本接近上古典诰之体，所以它可以说是"弘"而"美"。不过，也正因为"义典""文约"，所以它的文学色彩终嫌淡而不浓。而且其四言句式，也一定程度上限制了在文学性方面的发挥。

三 《清诫》及其他

说到文学性，我们还是再来看高彪的另一篇作品《清诫》。它的文学意味明显超越上一篇：

> 天长而地久，人生则不然。又不养以福，保全其寿年。饮酒病我性，思虑害我神。美色伐我命，利欲乱我真。神明无聊赖，愁毒于众烦。中年弃我逝，忽若风过山。形气各分离，一往不复还。上士愍其痛，抗志凌云烟。涤荡弃秽累，飘邈任自然。退修清以净，存吾玄中玄。澄心剪思虑，泰清不受尘。恍

惚中有物，希微无形端。智虑赫赫尽，谷神绵绵存。（《艺文类聚》卷二十三《人部七·鉴诫》）

按：本篇实际上也是一篇"诫"文，性质与上举《箴》很接近。不同之处在于，"诫"并非正式的文章体式，而仅仅是一种文章的功能。刘勰分别论述各式文体甚详，而无"诫"这一类。他只是说："太甲既立，伊尹书诫；思庸归亳，又作书以赞，文翰献替，事斯见矣。"（《文心雕龙·章表》）所谓"书诫"，按照周振甫先生《文心雕龙注释》的解释，只是"伊尹（作书）告诫"的意思。当然，本篇是作者用来自诫的，所以文中多写"我"如何如何。本篇所自诫的义旨，大多出于《老子》，如"天长而地久，人生则不然"二句，意思实际上与《老子》所说的"天地尚不能久，而况于人乎"是一致的。"饮酒病我性，思虑害我神。美色伐我命，利欲乱我真"等，意思也是与《老子》"五色令人目盲，五音令人耳聋，五味令人口爽，驰骋畋猎令人心发狂"的大意接近。"涤荡弃秽累，飘邈任自然"，"恍惚中有物，希微无形端"，"智虑赫赫尽，谷神绵绵存"等，基本思想都出自《老子》《庄子》，"清净""自然"，类似的语辞在老庄那里不少，也是道家思想的基本出发点。本篇名曰"清诫"，表明作者思想上完全接受了道家的主张，对于现实则采取批判的态度。

自文学视角而言，本篇最值得重视的，是它的体式全用五言句，句式、用韵都符合五言诗规制。起句"天长而地久，人生则不然"，与产生于同时期的《古诗十九首》中的起句"生年不满百，长怀千岁忧"相类似；篇中也使用了比兴手法，如"中年弃我逝，忽若风过山"。不过仅此一处，为数偏少。总体上看，本篇与东汉后期兴盛起来的五言诗体式略同，手法接近，显示出作者对五言诗写作具有相当的技能。所以我们不妨说，本篇作者高彪，实际上也是汉末五言诗写作潮流中的作者之一。本篇虽然名为"诫"，实为一首五言诗，作者是诗人、文学家。

如果我们把汉末文士所撰写的五言体诗歌集合起来，那么就有蔡邕《翠鸟诗》、赵壹《秦客诗》《鲁生歌》、郦炎《大道诗》，以及高彪《清诫》等。这样看，汉末五言诗的数量，明显超越东汉前期或中期，已形成一定的写作气象。而这几位作者生活的时代略同，已经构成五言诗作者群体。由此我们可以对文学史上的一个重要现象作出解释，那就是无主名五言诗集《古诗十九首》在汉末的产生，不是偶然的。既然同时期有好几位五言诗作者，那"十九首"的出现，就是水到渠成之事。至于《古诗十九首》的作者为谁的问题，其实由此也不妨作一点推测：《古诗》产生于汉末，一般论者皆已认可；只不过缘于史料缺失，其作者难以澄清坐实而已。而以上所说已经证实的蔡、赵、郦、高等汉末五言诗写作群体之存在，实际上也提供了一种客观可能性：即《古诗》可能为此四人中某人，或某几人所撰写。无论其为某人或某几人所作，都是不足怪的事。当然这是题外话了。

堪比游、夏的延笃

少年求学时被大学者比作游、夏，步入仕途后受民众赞为"二君"之一，更往后竟被打成"党人"而被罢退：延笃这样的人物，头顶三座桂冠，千载难得。说到底，贯穿他一生的是坚持清正的人格和不迷失自我。诚如他自己所说："上交不谄，下交不黩。""慎勿迷其本、弃其生也。"

一　从京兆尹到"党人"

延笃（？—167年）字叔坚，南阳犨（chōu）人。小时候在名师唐溪典指教下学习《左传》，开始时他连纸张都没有，老师就给了一些用过的废纸，让他练习抄字用。延笃觉得废纸不能用来抄写经文，就要求借《左传》原书看，看了半个来月，他的盘缠用完了，粮食吃完了，就向老师告辞要回家去。老师问他：你不是要学《左传》吗？怎么又要回去了？他回答说："我已经学得差不多了，可以回去了。"老师不信，考考他，竟发现他真的能将《左传》背诵下来。唐溪典大吃一惊，对这个学生深为赞赏。感叹说：你这个学生，即使是从前孔子门下那个能够"闻一知二"的端木赐（子贡），也无法跟你比。如果孔老夫子今天健在的话，那你就可以名列在他七十大弟子当中，与子游、子夏那些最优秀的学生争个先后了。那唐溪典是东汉后期的大学问家，他把延笃比作游、夏，实在是很高的赞语。接着，延笃又投到马融门下，那时马融已经年老，但延笃仍在那里学了许多知识，学问更加博通，文章也写得漂亮，在太学中崭露头角，名闻京师洛阳。经人荐举，汉桓帝征召他任博士，接着拜为议郎，与朱穆、边韶等学者一起在东观整理文献，撰写著作。再过几年，又升为侍中。当时朝政腐败，社会多事，桓帝依靠宦官集团施政，不但不能解决问题，反而造成更多的矛盾。桓帝数次私下里以政治事务垂问延笃，他都以婉转的言辞、秘密的方式作答。他的回答，大多依照古代经典的精神，针对现实问题而加以发挥，说得有理有据，又很稳当，别人也很难挑出他的毛病、抓住他的把柄。接着他升任左冯翊，这是长安以东地区的行政长官，地位相当于郡太守。不久又调任京兆尹，这是长安城周围地区的行政长官，也相当于郡太守，但更加重要。他在任期间，施政以宽仁为主，体察民众疾苦，采取一些缓和政策，尤其对贫民多加安抚；擢用吏员，也多任用老成长者，不用那些轻佻激进的人。因此，社会管治平稳，颇收民望，郡中安定，三辅地区（包括京兆、左冯翊、右扶风）民众都很钦服赞赏他，同僚们也感到他很实在，很能干。在他之前担任京兆尹的陈留人边凤，也留下好名声，所以郡里百姓流传两句话："前有赵、张三王，后有边、延二君。"前一句说的是赵广汉、张敞，以及王尊、王章、王骏，这些都是西汉以来担任京兆尹的著名官员；后一句说的就是最近的两位优秀京兆尹边凤、延笃。老百姓以此来称赞这些好官员。

延熹九年（166），东汉历史上的重大事件"党锢"之祸发生了。在宦官的构陷怂恿下，桓帝将一大批正直官员及文士儒生，打成"党人"，严厉镇压。到灵帝时期，对党人的镇压持续进行，并且更加害了一批正直人士。这件大案子，严重影响了政局的稳定，大批正直士人对朝廷离心离德，东汉皇朝开始走向没落。直到中平元年（184），黄巾军起，席卷山东，朝廷生怕党人投向黄巾军，联合起来对抗朝廷，才慌忙撤销对党人的镇压，即"大赦党人"，希望他们转而支持朝廷。在前后总共二十多年中，被打成党人的有许多官员，包括陈蕃、李膺等公卿高官，一大批天下英俊，正直人士。他们被杀害百余人，受到罢斥禁锢的有六七百人，受到连累的人更多。而这位一向持重的延笃，也不由自主地卷了进去。他因久被专权的宦官所忌恨，所以也被当做党人撤职查办了。他被斥免官职，罢归乡里禁锢，不久就在永康元年（167）病卒于家，没有见到朝廷的大赦令下达，遗恨终身。乡里百姓知道延笃品格正直高尚，得罪了昏君奸臣，便在当地屈原庙的墙上，图画其形象，以示赞颂，并且与古代圣贤屈原相媲美。

延笃的著作，主要有对儒学经传的论述和解说，对前代学者的说法有所分析，并且颇多反驳纠正。他的著作和某些见解，被后儒服虔等人认为有不少可取之论。延笃著有诗、论、铭、书、应讯、表、教、令等多篇。《后汉书·文苑传》有传，可见他在一代文学方面有较高地位。

二　既富义理又富采润的《与李文德书》

延笃的作品，今存无多，所撰诗赋，多所散佚，唯有文章若干得睹。其《与李文德书》一篇，最引人瞩目。李文德为延笃好友，当时在京师洛阳曾对公卿高官们说："延叔坚有王佐之才，奈何屈千里之足乎？"说延笃屈才了，希望他们向朝廷荐引，回到东观去工作。大概当时延笃因故被疏斥，离开了东观。延笃听说了此事，便致书李文德，意图加以阻止，表达他不想做官的念头。这篇书函里写道：

> 夫道之将废，所谓命也。流闻乃欲相为求还东观，来命虽笃，所未敢当。吾尝昧爽栉梳，坐于客堂。朝则诵羲、文之《易》，虞、夏之《书》，历公旦之典礼，览仲尼之《春秋》。夕则消摇内阶，咏《诗》南轩。百家众氏，投间而作。洋洋乎其盈耳也，焕烂兮其溢目也，纷纷欣欣兮其独乐也。当此之时，不知天之为盖，地之为舆；不知世之有人，己之有躯也。虽渐离击筑，傍若无人；高凤读书，不知暴雨；方之于吾，未足况也。且吾自束修己来，为人臣不陷于不忠，为人子不陷于不孝，上交不谄，下交不黩，从此而殁，下见先君远祖，可无惭赧。如此而不以善止者，恐如教羿射者也。慎勿迷其本、弃其生也。

本篇作为书翰，其精彩秀出者有三：一为大义凛然，正气磅礴。作者并非隐士者流，绝无故作清高之想；然而眼见刘汉皇朝腐朽衰败，气数将尽，心知"道之将废"，故拒绝引荐，再登朝廷，回归东观。延笃对于功名利禄的蔑视，成就了其崇高志气；同时写出在家闲居，心情平和，精神舒畅，自我修养，"欣欣""独乐"，何其快哉！二为文气流贯，简明通达。文章措辞出语，理直气壮，故而不须过多雕饰，信笔写出，自然流贯。全篇读来，首尾相通，一气呵成。文中亦见骈偶文句，如"渐离击筑，傍若无人；高凤读书，不知暴雨"等，但运用自如，毫无滞碍；且节奏鲜明，铿锵悦耳。三为巧用典故，雅俗共赏。篇中使用典故不少，但作者能化去生涩，存其深意，增文添采。如"朝则诵羲、文之《易》"等数句，实出班固《东都赋》；班固赋中写道："今论者但知诵虞夏之《书》，咏殷周之《诗》，讲羲文之《易》，论孔氏之《春秋》也。"对照看，延笃是巧妙化用了班固的赋意。又"不知天之为盖，地之为舆"句，出于宋玉《大言赋》。宋玉赋中有句道："方地为舆，员天为盖。"而"傍若无人""教羿射"等句，亦有所本，所依据的是《史记》中的描写。《后汉书·延笃传》注引《史记》曰："荆轲至燕，日与屠狗及高渐离击筑，荆轲和而歌于市中，相乐，已而相泣，傍若无人。"至于"教羿射"事，亦见于《史记》，而借鉴化用自如，略无痕迹。故而本篇文字，平易中寓典雅，典雅中有畅达。特别是作为一篇说理文章，抒情性很强，很难得。如描述自己读书之乐，忘乎所以的情状："洋洋乎其盈耳也，涣烂兮其溢目也，纷纷欣欣兮其独乐也。"这些强烈的感叹语句，感染力非常强。

要之，本篇在东汉文章中既寓义理，又富采润，情绪饱满，颇为出众。当然，这篇书函写出的是作者的一片内在文化气质，一种重视道义的精神，一片视名利权位为累赘的胸襟。延笃不是隐士，此后他还是在仕途中流连过，任过"左冯翊""京兆尹"等，做出过成绩。所以本篇中主旨并非拒绝仕途经济，而是要表达他内在清正高洁的精神。而文章确实很好地做到了这一点，而他本人也做到了"慎勿迷其本、弃其生也"。

延笃其人，为官清正，深孚众望；后来以党锢被禁，贵有骨鲠；作为党人，其文亦造诣甚高，此点颇为难得。当时党人与文士固然声气相通，然而党人领袖如陈蕃、李膺等，虽风骨突出，气节卓著，但却文章未显，没有留下多少著作。唯延笃其人，文章彪炳如斯，所以他在东汉后期文坛洵为翘楚。范晔编撰《后汉书》，将延笃列入《文苑传》，不是没有道理的。

刺世疾邪的赵壹

这位人物做事特立独行，言论惊世骇俗。他富有才情，文笔超群，写出来的作品或抗论当世，或指斥腐朽，总之以"刺世疾邪"为宗旨。这样的出格人物，惹得乡里视之为"异类"，为此他迭遇风险，饱经沧桑，毕生只做过小小郡吏。这就是赵壹。他的人生道路虽然艰难，文学成就却很突出。他的独立人格和清高作风，无愧为汉末清流之一员，魏晋名士之先导。

一　长揖三公

赵壹字元叔，自青少年时代起，就桀骜不驯，与众不同。轰动一时的事件发生在光和元年（178），当时他大约二十岁，正当"及冠"年龄，被汉阳郡（今甘肃天水一带）以"计吏"身份推荐到京城洛阳接受考核，那主持考核的是"三公"之一的司徒袁逢，全国各地同时选送来的人才有数百名，都在司徒府庭中伏地而拜，不敢仰视。唯有一人直挺挺站在后面，只是拱手作揖而已。袁逢端坐在高堂之上，放眼看去，只见黑压压人群向自己跪拜，得意之余，却瞥见有一人站着不拜，颇为不悦。他手下人见状，便下去叱责，问那人是谁，面对朝廷三公高官，竟敢如此无礼？那人就是赵壹，他不卑不亢地回答说："以前郦食其面见汉高祖（刘邦），也不过作揖而已；您现在如此责怪我，合适吗？"那袁逢虽高官厚禄，却也是讲究纲常礼法的人，听他说得有理有据，便赶紧下来，拉他手请到堂上同坐，并且询问关于西部地区形势等等问题。赵壹气清神定，一一作答，袁逢听了大喜，向在座的同僚们介绍说："此人是汉阳赵元叔，朝廷大臣没人能够超过他，我今天请各位认识认识他。"如此厚待，出乎在场众人意外，大家无不惊奇，又十分艳羡。赵壹不仅才学超群，而且身高九尺，体貌魁梧，须眉堂堂，京城士大夫们，一时都以结识赵壹为荣。"长揖三公"事件，使赵壹出足风头。事后州郡官府相继向他发出辟召，公府也曾十次发出召命，命运似乎对他颇为眷顾，前程一片光明。不过赵壹可不是唯利是图的势利小人，对于官场诱惑，他视若敝屣，竟一一谢绝了。他以如此异于常规的表现，诠释着自己的特立独行。

赵壹为何不愿出仕？这与他对时局的认识直接有关。他生当东汉皇朝后期的桓帝、灵帝时期，那时的政治已经十分腐败，皇帝昏庸，沉湎于眼前的声色犬马享乐，政治上不思振兴，又心胸偏狭，不能任贤授能，只相信身边近侍——外戚和宦官。朝政遂被这两大利益集团所垄断，而他们都是无甚德才又专横暴戾之辈，为了私利又彼此激烈争夺，互相杀戮；朝廷一批有良知的正直官员则被排斥，遭遇"党锢"之祸，受到残酷打击，甚至被杀害。赵壹洞彻时局的黑暗腐朽，所以他内心对于仕途功名，抱一种冷淡态度。

赵壹不愿博取功名，也与他头脑中的名士意识直接相关。所谓名士意识，也就是士人的道德自我完善追求，凌驾于功名富贵的欲望之上；为了道德完善，可以放弃功名地位。怀着这种意识，士人精神上可以少受羁绊，表现为对富贵的蔑视，对权力的超脱，甚至笑傲王侯，由此实现人格上的相对独立。赵壹能够以布衣之身而长揖三公，正是他名士意识和独立人格的一次集中表露。

赵壹因为这种名士意识和鄙薄功名的表现，自己也付出了不小代价。他在士流中名誉颇高，但在家乡地方上却处境不佳。原因在于他为人一贯恃才倨傲、棱角分明，此种性格作风，极易得罪人。地方乡党势豪，对他视若异类，他还曾被陷害治罪，几乎丧命，幸有知交友人救援，方才得免。他一生大部分时间只是蛰居在家，生活窘迫。他偶尔也充任小吏，但时间不长。当初在洛阳时，袁逢曾经请相面先生给他算命，结论是赵壹"仕不过郡吏"，不幸被言中！他最后终老家中，生平结局与上一篇写的"潜夫王符"有些类似，都以"不遇"告终。不过王符的不遇，主要是受到社会歧视排斥的结果；而赵壹的不遇，则主要是他向黑暗社会主动进攻的结果。颜之推曾批评"赵元叔抗竦过度"（《颜氏家训·文章篇》），说他与社会对抗得太厉害了，则未免以中庸之道取人。"抗节王侯"为东汉名士节操的骨鲠表现，赵壹仅其中一人而已，颜氏"过度"之论的说法本身倒是有些"过度"了。

二　高可敷玩坟典,下则抗论当世

赵壹文采富赡, 所以他恃才倨傲的生活态度, 也表现在他的文章里。《后汉书》本传载他撰赋、颂、箴、诔、书、论及杂文十六篇。今存他的文章虽不很多, 但思想深邃鲜明, 颇能体现名士风致; 而辞采丰富, 选用典故, 表现出作者的深厚学识和文学修养。如《谢友人恩书》, 撰于他在乡里得罪几死、幸蒙友人相救之后。书中写自己获得对方救助, 表示致谢, 然后说:

> 昔原大夫赎桑下绝气, 传称其仁; 秦越人还虢太子结脉, 世著其神。设曩之二人不遭仁遇神, 则结绝之气竭矣。然而糒脯出乎车辀, 针石运乎手爪。今所赖者, 非直车辀之糒脯、手爪之针石也。乃收之于斗极, 还之于司命, 使干皮复含血, 枯骨复被肉, 允所谓遭仁遇神, 真所宜传而著之。

所说"原大夫""秦越人"等, 都是古代仗义救人的典故, 文章又用"遭仁遇神"等言辞来表达感激心情, 体现了知恩必报的正直品德。而文章组织密致, 字句对偶精当, 显示出高妙的文学手段。无论内涵及手段, 本篇都体现出作者的名士性格和高雅风致, 读来提振人心。

又如《报皇甫规书》, 同样寓含名士仰慕清高、不苟交往的精神："君学成师范，缙绅归慕，仰高希骥，历年滋多。旋辕兼道，渴于言侍，沐浴晨兴，昧旦守门，实望仁兄，昭其悬迟。以贵下贱，握发垂接。"这是说对方人格高尚，堪为人师，自己充满敬仰之情，很希望得到接见等等。这些不是赵壹在客套逢迎，而是他披肝沥胆、真实心意的表达。因为那皇甫规也不是等闲之辈，他是关西人，身为高官，与外戚宦官等作风腐败迥然不同，他为政干练，用兵有方，功绩卓著，造福关西一方。更重要的是，皇甫规也曾上疏，大胆批评朝政黑暗、危害百姓，矛头直指皇帝本人，说"（顺帝）后遭奸伪，威分近习，畜货聚马，戏谑是闻；又因缘嬖倖，受赂卖爵，轻使宾客，交错其间。天下扰扰，从乱如归。故每有征战，鲜不挫伤，官民并竭，上下穷虚"（《后汉书·皇甫规传》）。皇甫规更提出"君""人"关系是"舟""水"的关系，说："夫君者舟也，人者水也。群臣乘舟者也，将军兄弟操楫者也。若能平志毕力，以度元元，所谓福也。如其怠弛，将沦波涛。可不慎乎！"（同上）这是唐代魏徵名言"水能载舟，亦能覆舟"的出处。这些言行都使得赵壹对皇甫规心仪良久，于是向对方推心置腹，说出如上话语。

此外，赵壹有《非草书》一文，内容不涉于时政人情，唯论法书。文章论述草书之体起源及形成过程，完全摒弃儒者"天象所垂""河洛所吐""圣人所造"等说法，指出草书一体的产生直接原因在秦末"官书烦冗，战攻并作，军书交驰，羽檄分飞，故为隶草，趣急速耳"。其基本功能为"示简易之旨，非圣人之业也"，这观点很切实，拨开传统迷雾，直探事物本谛。文章批评"今之学草书者"，"不思其简易之旨"，"皆废仓颉、史籀，竞以杜、崔为楷"，而结果是"草本易而速，今反以难而迟，失指多矣"。不过，文章认为研究草书这样的问题，价值很小，"余惧其背经而趋俗，此非所以弘道兴世也"。不能不说他的看法也存在一定偏颇。总体上说，赵壹的文章以独到的思维方式，配合着他独特的人格作风，令人刮目相看。诚如他在《报皇甫规书》中说的，他是"高可敷玩坟典"，"下则抗论当世"，一方面尊奉"坟典"立场，一方面坚持批判的现实态度，由此他的名士意识高扬，成为汉末名士群体中的一位斗士。

三　赵壹的诗赋写作

赵壹的文学业绩主要表现于诗赋领域。今存赋三篇。《穷鸟赋》实为《谢友人恩书》之"系辞"，赋写：

> 有一穷鸟，戢翼原野。毕网加上，机阱在下，前见苍隼，后见驱者，缴弹张右，羿子彀左，飞丸激矢，交集于我。思飞不得，欲鸣不可，举头畏触，摇足恐堕。内独怖急，乍冰乍火。幸赖大贤，我矜我怜，昔济我南，今振我西。鸟也虽顽，犹识密恩，内以书心，外用告天。天乎祚贤，归贤永年。且公且侯，子子孙孙。

作者以鸟拟人，写其无端受到迫害，陷入"飞丸激矢，交集于我"的境地，及"内独怖急"的心情；同时感谢"大贤"救助，"内以书心，外用告天"。本篇内容颇含幽默趣味，是所谓"俳赋"之类。又其文字简洁，寓意明快，较诸冗长体物大赋，往往更见情趣。

《刺世疾邪赋》亦撰写于赵壹得罪获救之后，以此发泄胸中怨愤。赋中有作者对历史的看法：

> 伊五帝之不同礼，三王亦又不同乐。数极自然变化，非是故相反驳。德政不能救世溷乱，赏罚岂足惩时清浊？春秋时祸败之始，战国愈复增其荼毒。秦、汉无以相逾越，乃更加其怨酷。宁计生民之命，唯利己而自足。

"德政""赏罚"皆无助于社会健全，儒家、法家同在被否定之列。上古不计，自春秋以来，社会每况愈下，"祸败""荼毒"，尤其是秦汉时期，"更加其怨酷"。作者的批判矛头直接对准现实社会，持深恶痛绝全面否定态度，其恨大仇深，一至于斯！而对于社会被荼毒的原因，则认为统治者不关心百姓死活，"唯利己而自足"，一语道破历代腐朽统治者本质所在——唯利是图。

赋又接写当下社会种种丑恶现象：

> 于兹迄今，情伪万方。佞谄日炽，刚克消亡。舐痔结驷，正色徒行。妪媮名势，抚拍豪强。偃蹇反俗，立致咎殃。捷慑

逐物，日富月昌。浑然同惑，孰温孰凉。邪夫显进，直士幽藏。原斯瘼之攸兴，寔执政之匪贤。女谒掩其视听兮，近习秉其威权。所好则钻皮出其毛羽，所恶则洗垢求其瘢痕。虽欲竭诚而尽忠，路绝崄而靡缘。九重既不可启，又群吠之狺狺。安危亡于旦夕，肆嗜欲于目前。

世态堕落，"情伪万方"，什么都是假的。是非泯灭，邪正不分，风气败坏，道德沦丧。"佞谄""舐痔"者发达，"刚克""正色"者穷困。而造成此种丑恶世态的根源，则在于"寔执政之匪贤"，恶人当权。具体而言，是外戚（"女谒"）、宦官（"近习"）专政弄权。赋中还直指最高统治者、深居九重的皇帝。皇帝高高在上，而身边又有"群吠"之恶犬。于是作者认为，社会已病入膏肓，皇朝已走到末路，即将"危亡"！赵壹不仅有社会批判的勇气，更具备历史眼光。赋中揭示的种种乱象，符合汉末桓、灵时期的实际状况；而且刘汉皇朝其时确已面临"危亡"。光和之后，不过十年，便大厦倾倒，分崩离析。这是一篇深刻的历史预言。赋中大量运用对偶语句，正反对比，邪正分明。"所好则钻皮出其毛羽，所恶则洗垢求其瘢痕"等等，设喻贴切生动，阅读效果强烈而显著。

赵壹另有《迅风赋》，是体制短小的咏物之作。赋意只在写"迅风"之状，寄寓"无所不入""无所不充""不可得""不可留"的自由奔放精神境界，为汉末清流士人的理想人格写照。

赵壹诗歌，今存二篇：《秦客诗》《鲁生歌》。二篇实际上都是

《刺世疾邪赋》篇末的"系辞"：

> 河清不可俟，人命不可延。顺风激靡草，富贵者称贤。
> 文籍虽满腹，不如一囊钱。伊优北堂上，抗脏倚门边。(《秦
> 客诗》)

> 势家多所宜，咳唾自成珠。被褐怀金玉，兰蕙化为刍。贤
> 者虽独悟，所困在群愚。且各守尔分，勿复空驰驱。哀哉复哀
> 哉，此是命矣夫！(《鲁生歌》)

所谓"秦客""鲁生"，都是虚拟人物，西秦东鲁，取代表之意。二
篇诗义，都是延续《刺世疾邪赋》思路，作进一步的感慨咏叹。值
得注意的是，诗中作者自称"贤者"，说"贤者虽独悟，所困在群
愚"，希望"群愚"之人"勿复空驰驱"，即不再奔走官场，为利所
驱。末句"此是命矣夫"，感叹时运不济，遭逢末世，贤者不得尽
其才，亦无可奈何，说出了历史的沧桑之感。

四　清流本质

在与黑暗朝政对抗中，东汉后期由一批正直官员和儒生文士
形成了清流集团，其头面人物有陈蕃、李膺等。他们抨击黑暗政
治、宦官专政，曾触怒皇帝，蒙受"党锢之祸"，横遭人身迫害。然
而他们不易其志，坚持独立人格，在中国历史上书写了光彩的一

页。赵壹虽然不在其位，没有卷入"党锢之祸"，但本质上是汉末清流儒生中一人，其恃才傲物的行为及"刺世疾邪"的言论，都是清流作风的表现。赵壹可能卒于灵帝末或献帝初，生活年代与孔融、祢衡、仲长统等相近，将届汉魏之交，实际上是汉末清流与魏晋名士之间的过渡人物之一，他的思想已经染有相当于老庄的道家色彩，上举《迅风赋》之"无所不入""莫见其始"等，即含老子思想。故而魏晋名士在思想行为方面，与之颇有相似之处。如魏末阮籍、嵇康，身处类似混乱之黑暗社会中，仍高自标持，倜傥不群，颇受赵壹人格作风的影响。他们的诗文也有"刺世疾邪"之概，风气相近。阮籍《咏怀诗》中有"被褐怀珠玉"句，就直接取自赵壹之诗，只差一个字。所以赵壹也可以说是魏晋名士的先驱。钟嵘《诗品》将赵壹与班固、郦炎等同列，说："元叔散愤'兰蕙'，指斥'囊钱'，苦言切句，良亦勤矣。斯人也而有斯困，悲夫！""兰蕙""囊钱"都是赵壹诗歌中的语词，所谓"苦言切句"，是说诗句写出了作者的苦涩处境，而所作的批评又能够切中时弊。应当说明的是，赵壹诗歌与《古诗十九首》产生时间略同，比较之下，其慷慨激烈超过《古诗》；而《古诗》写得比较含蓄蕴藉，赵壹诗则有些直露，不合钟嵘的取舍标准，所以在《诗品》中被置于"下品"之列了。

旷世逸才蔡邕

　　张衡之外，东汉要再找出一位学问技艺全能型人才，就数蔡邕了。他对于天文、数术、音乐、诗歌、文章等，都有精深造诣，当时就有很高的名声。蔡邕本欲一展身手，报效国家，曾经先后两次进入朝廷。然而先遇灵帝昏庸，宦官放恣，他被流放朔方，又窜身江海十多年；后逢董卓擅权，最终惨死在乱局中。蔡邕身后，故事多多，又是蔡文姬，又是《琵琶记》，真真假假，热闹非凡……南宋陆游有诗感慨说："死后是非谁管得？满村听说蔡中郎。"——今天我也来冒昧"说"他一通。

　　蔡邕（132—192）字伯喈，陈留圉（今属河南省）人。少年时即表现出温良恭俭、动静以礼、闲居玩古、不交当世的品格。与叔父、从弟同居，三世不分财产，乡里都赞美他的孝义人格、高尚道德。蔡邕师从著名学者、太傅胡广，那胡广学通五经，古今术艺皆能，又号称章奏"天下第一"。蔡邕天赋聪慧，在文章、数术、天文方面，都学得精湛，尤其妙善音律。桓帝时，中常侍徐璜、左悺等"五侯"擅恣，听说蔡邕精于弹奏古琴，技艺高超，就以皇帝名义下令陈留太守监押蔡邕到洛阳。蔡邕不得已被迫前行，走到偃师，快到洛阳了，他内心实在不愿意给宦官充当取乐工具，终于"称疾"而归。灵帝建宁三年（170），辟司徒桥玄府，出补河平长，召拜郎中，校书东观，迁议郎。蔡邕进入朝廷做的第一件大事，就是与堂溪典、杨赐、马日磾等人一起校定六经文字。蔡邕亲自书写，使工人镌刻成石碑，立于太学门外。这是当时的文化盛事，乘车前来观看及摹写者，每日千余辆，填街塞巷。蔡邕在朝，对于时政也敢于发表意见，他在给灵帝的奏章中，颇有指斥宦官、亟宜罢黜等言论。中常侍们偷看到奏章，对他大为忿恨，遂使人造谣诬陷。灵帝昏庸，听信宦官，无端将蔡邕及其族叔蔡质下狱，与家属一起流放朔方。宦官阳球还暗中派刺客前往追杀，幸亏刺客知道隐情，良心发现，没有下手。这是光和元年（178）的事。翌年大赦，蔡邕回到本郡。他知道朝中宦官们不会放过他，所以亡命江海，远走东吴。太山郡羊氏与他是世亲关系，那里也成为他的落脚点之一。

蔡邕流亡了十二年，到中平六年（189）灵帝死，情况才有所改变。西凉军阀董卓乘乱带兵入朝，专断朝政，他听闻蔡邕大名，便发出召辟，但蔡邕还是"称疾"不就。董卓大怒，下令州郡将蔡邕押解来，蔡邕不得已只好到署，担任"司空祭酒"。不想那董卓粗鲁武夫，竟也知道敬重学人，对蔡邕颇为亲待，三日之间，蔡邕跳跃式升官，任尚书、侍中等。初平元年（190），他拜左中郎将（"蔡中郎"之称由此得来），随从献帝迁都长安，封高阳乡侯。不过董卓刚愎自用，对蔡邕的竭诚建议，很少采纳。蔡邕失望，又感时局混乱，想逃离关中而不得机会。初平三年（192）四月，董卓被诛，蔡邕在主谋者司徒王允处坐，言语之际，他不免为之叹息。王允勃然变脸，斥责道："董卓，国之大贼，几倾汉室。君为王臣，所宜同忿，而怀其私遇，以忘大节！今天诛有罪，而反相伤痛，岂不共为逆哉？"将他当作董卓同党收付廷尉。蔡邕谢罪，表示情愿受到"黥首刖足"之类严惩，只要让他完成汉史的续写工作。不少士大夫也出面救护，太尉马日磾得知此事，急驰往王允处，说："伯喈旷世逸才，多识汉事，当续成后史，为一代大典。且忠孝素著，而所坐无名，诛之无乃失人望乎？"（《后汉书·蔡邕传》）王允不听，说："昔武帝不杀司马迁，使作谤书，流于后世。方今国祚中衰，神器不固，不可令佞臣执笔，在幼主左右，既无益圣德，复使吾党蒙其讪议。"（同上）可叹一代天才，被众人期待的第二位"司马迁"，竟死于狱中，时年六十一岁。

一　才锋所断，莫高蔡邕

在文学领域，凡诗歌、辞赋、各体文章，蔡邕几乎无所不能，且成就巨大。他的文章，主要有章、表、奏、议等朝政文字，碑诔及其他杂文等。蔡邕的章表奏议作品今存不少，有《上封事陈政要七事》《对诏问灾异八事》《对特诏问》等。其中系统评议时事、表述正面政见的，以《上封事陈政要七事》最有代表性。该文撰于灵帝熹平六年（177）七月，当时洛阳周边频有雷霆疾风发生，摧屋拔木，又有地震、冰雹、蝗虫等灾害。灵帝见有"天谴"，就沿袭传统，制书引咎，诏群臣各陈时政弊病。蔡邕遂上此"封事"，说七大问题。文章力陈天人关系，说灾异的发生，是上天"不悦"的表示，而上天不悦的原因，则在天子不能"四时至敬"。天灾的发生，原因竟全在皇帝身上。在皇权体制下，君为臣纲。在君臣绝对关系中，臣下不具有平等话语权。蔡邕在此以"天"的名义，来制约"天子"。这是蔡邕使用的一种话语策略。

《对特诏问》写于光和元年（178）。本篇的撰写起因，亦出灾异。当时"妖异"数见，人相惊扰，其年七月，灵帝诏杨赐、马日磾、蔡邕等同入崇德殿，问消除灾异的办法。随后又特下诏，专门问蔡邕，表示灾异降临，皇帝"载怀恐惧"，要求"经学深奥"的蔡邕出出主意。由此蔡邕的话语权也就更大，他的"对问"文章的态度更强硬，内容也更尖锐。文章代表上天，发出严厉警告："臣伏思诸异，皆亡国之怪也。"直言"亡国"问题，可见蔡邕无所顾忌。文章还进一步指陈具体政治人事，指名道姓地说朝廷一些要员或"奸邪""所进"，或"有名贪浊"，或"并叨时幸，荣富优足"，认为他们是"小人在位"，应当"引身避贤"。此等言论，充满批判精神。

在碑诔文章写作领域，蔡邕与他的老师胡广一样，是当时公认的一流高手。今存所撰相关作品，包括残文竟有近百篇之多。其中最负盛名的，即《郭泰碑》。此篇为萧统《文选》所收（《文选》题作《郭有道碑文》），古来传诵。郭泰字林宗，家世贫贱，而博通坟籍，李膺等士林领袖，莫不与之交友，而万千学子，亦以郭泰为师表。司徒黄琼等曾举为"有道"，故或称"郭有道"。本篇碑文，述其为人：

夫其器量弘深，姿度广大，浩浩焉，汪汪焉，奥乎不可测
已。若乃砥节厉行，直道正辞，贞固足以干事，隐括足以矫时。
遂考览六经，采综图纬，周流华夏，随集帝学，收文武之将
坠，拯微言之未绝。

碑文强调郭泰作风，一为器量弘深，二为直道正辞。前者为胸怀
修养，后者是德行言语。此固传统美德，亦当时清流所崇。蔡邕与
碑主生前彼此仰慕，了解殊深。先时有人劝说郭泰仕进，而泰答以
"吾夜观乾象，昼察人事，天之所废，不可支也"（《后汉书·郭太
传》，范晔避父讳，改"泰"为"太"）。可知他对于汉末大势，看法悲
观之极，与蔡邕"亡国"之论如出一辙，可谓人同此心。蔡邕写定
本文之后，对挚友卢植说："吾为碑铭多矣，皆有惭德，唯郭有道
无愧色耳。"（《后汉书·郭太传》）

　　然而蔡邕不须"惭德"者，非止郭泰一篇，所撰《范丹碑》，亦
无愧为一篇优秀文章。范丹亦一名士，据谢承《后汉书》载："范丹
字史云，陈留人。所居卑陋，有时绝粮。闾里歌之曰：'甑中生尘范
史云。'"范丹曾罹党锢之祸，被禁锢一时。而蔡邕在碑文中具述
范丹高洁事迹，在官时"通清夷之路，塞邪枉之门"等，写出其刚
直性格，凛然正气。蔡邕尚有《处士圈典碑》。圈典是当时又一处
士，他在临终时说："知我者其蔡邕。"所以有此碑文。这事表明蔡
邕当日文名极高，而蔡邕与圈典生前颇相知相赏，故此碑为二人知

交之结晶，同时亦体现了蔡邕可贵的平民意识。蔡邕还撰有《朱穆坟前方石碑》《汝南周勰碑》《太尉杨赐碑》等，纪念其人言行，赞颂其正面品格，颇含人生或社会意义。不可否认，蔡邕亦有若干应酬或奉命之作，属人情请托，如所撰多篇"太傅""太尉""司空"之碑，其中多数属应酬之作，文中颇有浮词泛语，空洞夸饰，虚与委蛇。这些可只能算糟粕了。

总体而言，蔡邕的碑诔文章，东汉一代，无与争先。刘勰赞美说："自后汉以来，碑碣云起，才锋所断，莫高蔡邕。观杨赐之碑，骨鲠训典；陈（球）、郭（泰）二文，词无择言。周乎众碑，莫非清允。其叙事也该而要，其缀采也雅而泽；清词转而不穷，巧义出而卓立，察其为才，自然而至。"（《文心雕龙·诔碑》）

二　东汉赋、诗写作的集大成者

在汉末文坛上，蔡邕亦称诗赋大家。其赋今存十余篇，《述行赋》为代表作。本篇写作背景，即是上文所述蔡邕被征赴洛演奏，至偃师称病而归事。所以基调以悲愤为主，写出当时被迫无奈的心情。赋中披露了他对于京城现实状况的看法：

　　命仆夫其就驾兮，吾将往乎京邑。皇家赫而天居兮，万方徂而星集。贵宠扇以弥炽兮，金守利而不戢。前车覆而未远兮，后乘驱而竞入。穷变巧于台榭兮，民露处而寝湿。消嘉谷于禽兽兮,下糠粃而无粒。弘宽裕于便辟兮,纠忠谏其侵急。

怀伊吕而黜逐兮,道无因而获入。

此节文字,说朝廷官僚人皆逐利而不思收敛,而宠幸贵臣则互相勾结,为所欲为。朝中奸佞得志,忠贞受难。又写权臣生活穷奢极欲,而下层百姓则"露处而寝湿",食不果腹,生活无着。如此"京邑",如此朝廷,黑暗腐败,乌烟瘴气,令正直人士沮丧。本篇颇有社会批判内涵,它在赋史上的重要意义,主要在于完成了东汉中叶以来辞赋(尤其是"大赋")写作的基本立场的转换,由"润色鸿业"的颂圣立场,转为"则善戒恶"的批判性立场。此转换由张衡开始,而由蔡邕完成。

蔡邕辞赋中尚有另一类作品,传达私人体验,抒述个性情绪。如《协和婚赋》,自内容看,本篇写的是新婚欢乐,而并非"香草美人""以夫妇譬君臣"的传统写法,在辞赋领域别开风致:

其在近也,若神龙采鳞翼将举;其既远也,若披云缘汉见织女。立若碧山亭亭竖,动若翡翠奋其羽。众色燎照,视之无主;面若明月,辉似朝日。色若莲葩,肌如凝蜜。

从多个侧面描摹女子的美丽形态和丰富表情,颇为出色。它上承宋玉《高唐》《神女》诸赋,中继傅毅《舞赋》等作,下开曹植《洛神》等篇,形成传统,蔡邕所起的作用不小。

蔡邕的诗歌作品,今存仅有七首,包括楚歌体一首,四言体三首,五言体二首,六言体一首,然而这已经是汉代后期文士中诗作最多的了。同时也表明蔡邕是诗歌能手,各体无所不能。其中五言诗最值得重视。如《翠鸟诗》:

> 庭陬有若榴,绿叶含丹荣。翠鸟时来集,振翼修形容。回顾生碧色,动摇扬缥青。幸脱虞人机,得亲君子庭。驯心托君素,雌雄保百龄。(《蔡中郎集·外集》)

这是完整的五言体,咏"翠鸟"得脱危险,托身于君子。这应当是诗人流亡期间所撰,以赠友好。本诗构篇简洁,词意明了,既有描绘,又重在抒发,而"翠鸟"之喻,亦形容姣好,富于美感。要之,本诗形态独立完整,比兴手段运用纯熟,艺术表现水准较高,超出此前诸多文士如班固、张衡、秦嘉、徐淑等作品,而较同时的赵壹《鲁生歌》《秦客歌》也稍优。与同时期的《古诗》比较,则可与之颉颃,难分高下。由于本篇作者及写作时代明确,故而更加有代表性,足以称之为东汉五言诗发展史上最后的精品之一。

东汉文坛凤重文章、辞赋,蔡邕对诗歌的重视和身体力行,实际上改变了两汉文坛四百年间辞赋独大的传统,为诗歌在不久之后建安时期的复兴,开启了路径。由此可以认为,蔡邕是东汉末诗坛上的一员大将,也是建安诗歌高潮的先驱。

三　文章学理论的奠基者

　　蔡邕的文章学理论，集中于《独断》一书。这书名当是"独自判断"的意思，含有个人见解、创见之意。《独断》内容庞杂，其中有关于文章写作及运用问题的系统论述，而论述重点对象就是朝廷日常实用政治性公文即朝政文章。

　　这里包含两大部分：皇帝文章及臣下文章。皇帝文章主要有"诏令"之类，臣下文章主要有"章表"之类。关于皇帝文章，蔡邕写道：

> 汉天子正号曰"皇帝"，自称曰"朕"。臣民称之曰"陛下"，其言曰"制、诏"，史官记事曰"上"，车马、衣服、器械、百物曰"乘舆"，所在曰"行在所"，所居曰"禁中"，后曰"省中"，印曰"玺"，所至曰"幸"，所进曰"御"，其命令，一曰"策书"，二曰"制书"，三曰"诏书"，四曰"戒书"。

　　蔡邕从最高统治者的称谓论起，他首先说的是"皇帝""朕"等等一系列名称，通过名称的确定，使皇帝与所有臣民划出一条不可逾越的鸿沟，以此建立专属于皇帝个人的话语系统。在此专属话语系统中，他又提出皇帝的"命令"又可区分为四种文体，即"策""制""诏""戒"等四"书"。它们被确立为皇帝文书的标准体式。

关于臣下文章,蔡邕亦有所论,其谓:

> 凡群臣上书于天子者有四名:一曰"章",二曰"奏",三曰"表",四曰"驳议"。

与皇帝相比较,臣下并无任何专属称谓,只有所任官职而已。但臣下"上书"的文章体式,仍然需要认定名称,即是上述"四名"。蔡邕还进一步对皇帝、臣下的各种体式作出规制性说明,以确定其写作规范格式,亦即建立"制式"。

对于各种朝政文章的写法,《独断》中尚有更具体的界定,如说:

> 汉承秦法,群臣上书皆言"昧死言"。王莽盗位,慕古法,去"昧死",曰"稽首"。光武因而不改,朝臣曰"稽首顿首",非朝臣曰"稽首再拜"。公卿、侍中、尚书,衣帛而朝,曰"朝臣";诸营校尉、将、大夫以下,亦为朝臣。

蔡邕《独断》中的相关论述,意图在建立朝政文章的写作规范,以成为君臣共同认可和遵循的写作格式,使之形成一定的制式。自秦始皇建立皇权体制以后,中央集权制度正式运行,此后君臣之间产生大量朝廷政治文书,并迅速成为当时文章写作的主流形态。然而，它实际上是文坛上的新现象、新事物，除李斯曾作为草创者有若干论述外，两汉时期从理论上对之作归纳总结者，鲜见其人。《独断》一书是今存系统论述朝政文章的滥觞，它在东汉末的出现，是秦汉以来朝政制式文章四百年写作实践的必然反映，同时也是蔡邕个人对文章学理论的重大贡献。《独断》将中国古代文章学推上一个新的高度，是蔡邕在文章诗赋创作之外，对文学事业所做出的又一重大贡献。而写作与理论两方面的成就，也使蔡邕本人登上一座"全方位式"文学巅峰。

蔡邕曾为朝堂大员、台阁重臣，亦尝远窜北地，亡命吴越，最终意外陨丧。一生颠沛流离，大起大落，颇具戏剧性。为此，其事迹为后人乐道，长久流传。然而时代悠远，口耳相传，不免失真，遂有陆游"斜阳古柳赵家庄，负鼓盲翁正作场。死后是非谁管得？满村听说蔡中郎"（《小舟游近村三首》）之感叹。而高明《琵琶记》竟沿袭民间传说，将蔡邕（伯喈）写成寡廉鲜耻的负心汉，以作节妇赵五娘的陪衬，实在是对历史人物有些不恭。蔡邕的女儿蔡琰（文姬）在汉末战乱中历尽磨难，被掳掠入南匈奴中，幸亏蔡邕老友曹操以重金将她赎回，成为史上一段佳话。而才女蔡文姬归汉后写出了千古绝唱《悲愤诗》，或许略可抚慰悲情满怀的蔡邕的在天之灵吧。

应劭：从官员到文士的华丽转身

有人向往政治家，有人想当学问家，能否遂愿，因人而异。命运眷顾，鱼与熊掌，二者得兼；运气稍差，左支右绌，难能取一。还有人一时仕途通泰，志得意满；忽然遭遇打击，一蹶不振；但却通过巧妙转身，入学海弄潮，终成正果。下面这位就是一例。

一 泰山太守的成功与纠结

汉灵帝中平三年（186），应劭出任泰山太守，当时他不到三十岁，已经做到二千石，也属高官了，故颇为得意。

应劭能够青年得志，当然与他拥有政治资本有关。他出生士族家庭，父亲应奉，桓帝时为朝廷要员，任司隶校尉等。应劭本人自幼聪慧，致力学业，博览多闻。他早就立下志尚，准备大干一番事业，在政治上有所作为，将来也好青史留名。应当看到，应劭本人也确实具备相当的政治才干。他在任励精图治，整顿吏治，严厉打击地方恶势力，几年下来，泰山郡被他治理得民生安定，井井有条。

不过应劭时运不济，遭逢末世。当时灵帝昏庸，宦官专权，朝廷政治腐败，官员贪赃枉法，又加上西北边地的民族矛盾不时爆发，社会混乱不堪。应劭在地方上做出的一点政绩，对于全国的大局而言，基本上没有多少意义。当时朝廷中也有一批清正官员如太傅陈蕃、司隶校尉李膺等，想挽救时局。他们指陈时弊，抨击宦官专政，提出革新主张，但得罪了宦官，触怒了灵帝，被打成党人。他们中有数百人被削职禁锢，有人甚至惨遭杀害。底层百姓承受着无休止的严酷掠夺，又加上天灾人祸，民不聊生，河北山东各地的农民头裹黄巾，群起造反，反抗官府。不到几个月，就席卷大片地区。当时只有少数郡县情势稍为稳定，泰山郡便是其中之一。初平二年（191），黄巾军攻打到泰山郡来。他们人数众多，达三十万，声势浩大，地方乡绅非常恐惧。应劭作为当地长官，并不慌张，而是组织武装，沉着应对，坚壁清野，与黄巾军对抗。那农民军毕竟缺乏军事训练，也谈不上严密的组织，只是"乌合之众"，所以实际战斗力不强。几个回合打下来，黄巾军缺粮，不能持久，遂败退而去。应劭保持了一方平安，已属不易。

与此同时，朝廷里又发生了大变故。灵帝于中平六年（189）死后，外戚何进与宦官争权，互相杀伐，朝廷大乱，而西凉军阀董卓乘乱带兵入洛阳。他依仗武力，独揽朝政，为所欲为。董卓专政遭到关东各地方实力派官员和豪强势力的反对，他们推举"四世三公"出身的袁绍为首，联合起来兵临洛阳，声势浩大。董卓见状，便裹挟着年幼的汉献帝和朝廷大员，由洛阳迁都到长安。关西地区是董卓固有的势力盘踞地，关东豪强们一时竟奈何他不得。在这一场全国性实力大较量中，应劭并未主动参与进去，没有充当要角，他只是确保地方安宁，坚守本郡。尽管如此，却是树欲静而风不止，应劭还是被卷入一场事故纠纷之中。这场大乱局派生出来的小纠结，虽然只能算是"节外生枝"，但对于应劭来说，却影响了他整个后半生。

这是一场应劭与曹操之间的纠结。应劭惹上了一位惹不起的人物，可以想见其后果的严重性。

事情的原委是：汉末大乱之初，曹操的父亲、前太尉曹嵩曾带着家眷逃出洛阳，到徐州琅邪郡避乱。董卓之乱起，曹操作为兖州刺史加入反董阵营，率兵前往洛阳前线。曹操为家属安全起见，打算把曹嵩接到自己的根据地兖州东郡来。泰山郡归兖州管辖，距离琅邪较近，只有二百多里路程，所以曹操就把护送父亲的重任交给了应劭。这是兴平元年（194）的事。应劭接办了这件事，结果却出了大纰漏！他未能把曹嵩安全送抵兖州，而且曹嵩全家半路上被人杀害了。曹操得知后大怒，这是料想中的事。至于应劭，他如何面对后果？无疑是一大难题。

曹嵩之死发生在战乱大背景中，其真实情形颇为扑朔迷离，光是史书对此事的记载就有三种不同的说法，好像是发生在一千八百年前的"罗生门"。第一种说法是："嵩在泰山华县。太祖令泰山太守应劭送家诣兖州，劭兵未至，陶谦密遣数千骑掩捕。嵩家以为劭迎，不设备。谦兵至，杀太祖弟德于门中。嵩惧，穿后垣，先出其妾，妾肥，不时得出；嵩逃于厕，与妾俱被害，阖门皆死。劭惧，弃官赴袁绍。后太祖定冀州，劭时已死。"（《三国志·魏书·武帝纪》裴注引郭颁《世语》）第二种说法是："太祖迎嵩，辎重百余两。陶谦遣都尉张闿将骑二百卫送，闿于泰山华、费间杀嵩，取财物，因奔淮南。太祖归咎于陶谦，故伐之。"（《三国志·魏书·武帝纪》裴注引韦曜《吴书》）第三种说法是："兴平元年，前太尉曹嵩及子德从琅邪入太山，劭遣兵迎之，未到，而徐州牧陶谦素怨嵩子操数击之，乃使轻骑追嵩、德，并杀之于郡界。劭畏操诛，弃郡奔冀州牧袁绍。"（范晔《后汉书·应劭传》）三种说法哪一种是真的？曹嵩究竟是怎么死的？我们千年之下很难解开这个谜团了。不过无论哪一种说法，应劭都不是曹嵩死亡的直接加害者，他的责任充其量是"劭兵未至"，没有及时赶到，起到保护作用。而这里也还可能存在一些其他原因，如应劭兵未到并非他故意延误，而是曹嵩在无人保护下提前从琅邪出发了；或者袭击者在应劭兵到之前提前下手了，等等。

　　无论怎么说，反正曹嵩被杀了。而曹操其人众所周知是"治世之能臣，乱世之奸雄"，杀父之仇，他必定要报的。曹操的报复对象首先指向徐州牧陶谦。按照史书上的三种记载，陶谦与曹嵩之死都存在着直接或间接的关系，陈寿就直接写道："（曹嵩）为陶谦所害。"（《三国志·魏书·武帝纪》）所以曹操后来大举兴兵讨伐徐州，陶谦也没有什么可说的，只能兵戎相见。至于曹操对应劭是何态度，史籍中没有任何直接记载，只能推测了。应当说，曹操对应劭本来是颇为信任的，否则不会将护送父亲和胞弟的重任委托给他；不过按照曹操的性格，他是个忌刻之人，至少不是个仁厚长者，所以此事发生后，他很可能会对应劭产生怀疑和忌恨。恩怨的转换是必然的。应劭对曹操颇为了解，知道从此再也不能与他共事了，真要发生争斗，自己也不是曹操的对手。他内心忧虑恐惧，只有弃官逃离一法。往哪个方向逃呢？想来想去，天下之大，唯有冀州袁绍处。

那袁绍曾是关东各路人物反对董卓联盟的公推首领，初平、兴平至建安初，他通过兼并战争，击败公孙瓒等劲敌，占领着冀、青、幽、并四州之地，黄河以北广大地区，几乎都是他的势力范围。当时全国只有十三州部，可知他实力强大无比。曹操虽然咄咄逼人，但当时实力有限，不敢公然与袁绍对抗。尽管曹操后来抓住机会，将流寓中的汉献帝控制在手，推行"挟天子以令诸侯"的策略，在政治上占得主动，但无论实力或声望，都明显不如袁绍。所以曹操起初自任大将军，当袁绍表示"不悦"时，曹操就赶紧把"大将军"的位号让与袁绍，自己改任"司空"。应劭弃官后，从泰山郡前往冀州首府邺城，受到袁绍的欢迎。从此，应劭不再有自己的地盘和权势，只能寄人篱下，唯袁绍马首是瞻。好在他早就享有文名，袁绍也是个自命风雅的人，所以对他颇为优待尊重，还给了他一个"大将军军师校尉"的头衔。应劭在邺城安身将近十年，再未离开过。从泰山太守到袁绍幕僚，这是应劭的人生角色大转折。就应劭本人心愿而言，他这一转身是被迫无奈之举；但正是这一转身，却客观上有助于一位优秀学者和文士的成长。所以，从学术和文学立场来看，应劭的转身颇为华丽。

二　文士生涯与《风俗通义》

应劭对于自己身份的转变，开始时还不甚适应。有一例足以表明他的心态：当时正好有儒学权威郑玄也避乱来到邺城，袁绍为之大会群臣，表示欢迎。应劭当众站出来自我介绍说："故太山太守应中（仲）远，北面称弟子何如？"不想郑玄笑笑回答说："仲尼之门考以四科，回、赐之徒不称官阀。"讽刺他在那里炫耀官衔，弄得应劭"有惭色"（《后汉书·郑玄传》），下不来台。建安元年（196），献帝带领朝廷官员脱离西凉军阀的控制，东来定都于许昌。大乱之后，许都也就是一座荒城，基本的物质条件一概阙如。朝廷百废待兴，此时应劭也似乎燃起了入朝为官的念头，所以对朝政建设尤其是在礼仪制度整顿方面，提出了许多建议，而不少建议都得到朝廷的采用。应劭此后还不断对朝廷制度等发表意见，写有各种内容的"驳议"三十篇。但是应劭也就是停留在提建议的层面上，他很难下前往许都的决心，因为一个事实明摆着：许都是在曹操控制的范围内，朝廷虽然对他充满吸引力，但现实的危险却更加真切，不能不慎重。所以他终于认清形势，摆正位置，甘心做起他的学问来，这在乱局中也不是件容易的事。他曾下很大功夫，对汉朝将近四百年来的律令作了全面整理，编写成《汉仪》《汉官礼仪故事》等，他还有《状人纪》《中汉辑序》《建武以来灾异》《汉官解诂》《汉书集解音义》《建武律令故事》《应劭律略论》等著作，成为东汉一代的多产文士。

应劭最为后世称道、影响最大的著作，无疑是《风俗通义》。应劭撰写这部书的主要用意，在于"辩物类名号，释时俗嫌疑"（《后汉书》本传）。可知本书考订古今社会知识，澄清事物真相，是一部以知识性为精神内核的著作。全书据载原有一百三十六篇，篇幅浩繁，今存十卷。关于它的写作意图，应劭本人说：

> 诸子百家之言，纷然殽乱，莫知所从。汉兴，儒者竞复，比谊会意，为之章句。家有五六，皆析文便辞，弥以驰远。缀文之士，杂袭龙鳞，训注说难，转相陵高，积如丘山，可谓繁富者矣。而至于俗间行语，众所共传，积非习贯，莫能原察。今王室大坏，九州幅裂，乱靡有定，生民无几。私惧后进，益以迷昧，聊以不才，举尔所知，方以类聚。凡三十一卷，谓之《风俗通义》，言通于流俗之过谬，而事该之于义理也。
>
> （《风俗通义序》）

可知其考订的对象，包括诸子百家言，以及"俗间行语"，亦即社会上流传之各种文献知识以及传说故事之类。作者认为，这些文献的和口传的知识，在"众所共传"的过程中，存在不少"过谬"之处，故而需要加以"原察""纠谬"，使之得"通"，以达到"事该之于义理"的目的。这与范晔所作的概括，大体意思是一致的。应劭又说，这是一项艰难的工作，为说明其难度，作者讲述了一则故事，甚为有趣：

> 昔客为齐王画者，王问："画孰最难？孰最易？"曰："犬马最难，鬼魅最易。犬马旦暮在人之前，不类不可，类之故难；鬼魅无形，无形者不见，不见故易。"今俗语虽云浮浅，然贤愚所共咨论，有似犬马，其为难矣！（《风俗通义序》）

这则说画狗难画鬼易的故事，古今流传甚广，可以视之为寓言。《风俗通义》中所论的"俗语"，内容广泛，自今存十卷之目观，则有"皇霸""正失""愆礼""过誉""十反""声音""穷通""祀典""怪神""山泽"等，可谓社会制度、文化风俗、各种知识无所不包，亦颇驳杂。其中文字虽多知识性"纠谬"，而文学意味较浓厚者，亦复不少。

例如书中《正失》第二中就有不少生动有趣的故事，兹举二例，如"乐正后夔一足"条：

> 俗说：夔一足而用精专，故能调畅于音乐。谨按：《吕氏春秋》鲁哀公问于孔子："乐正夔一足，信乎？"孔子曰："昔者，舜以夔为乐正，始治六律，和均五声，以通八风，而天下服。重黎又荐能为音者，舜曰：'夫乐，天地之精，得失之节，故唯圣人为能和乐之本。夔能和之，以平天下，若夔者，一而足矣。"

故曰"夔一足",非一足行。

再如"丁氏家穿井得一人"条：

> 俗说：丁氏家穿井,得一人于井中也。谨按：《吕氏春秋》
> "宋丁氏无井,常一人溉汲于外。及自穿井,喜而告人：'吾穿
> 井得一人。'传之,闻于宋君,公问其故,对曰：'得一人之使,
> 非得一人于井中也。'"

这是两则故事在"俗说"传闻过程中不断发生变异,结果与原本面
貌迥异,导致误解之事。前则"夔一足",本义是说上古有名臣夔,
此人很优秀能干,这样的人物只须有一位便已经足够了；但在传闻
中却变成夔此人只有一只脚,是"一足动物"。这是由对"一足"二
字误读引出的误解。后一则故事本义说丁家打井之后,不必再用
一人专门远出取水,节省了一个劳动力,等于是增加了一个人。但在
传闻中变成了丁家打井时从井中挖出一个人来。应劭在此给予了
"纠谬",恢复本义,以正视听。这两则"俗说"故事本身颇离奇有
趣,也发人深思：这里有语言使用和理解的准确性问题,也有民间
口传故事不断变异的固有特性问题。应劭以此提醒人们对于"俗
说"中的离奇故事,不能盲目轻信,应当冷静对待,体现了他拥有
强大的知识理性。应劭是汉代知识主义潮流的中坚人物之一。

书中又有若干"俗说",本不合于正统"义理",但自

故事本身观之，则表现出另一种道理，"俗说"自有俗理。如
"宋均令虎渡江"条：

> 九江多虎，百姓苦之。前将募民捕取，武吏以除赋课，
> 郡境界皆设陷阱。后太守宋均到，乃移记属县曰："夫虎豹在
> 山，鼋鼍在渊，物性之所托，故江淮之间有猛兽，犹江北之有
> 鸡豚。今数为民害者，咎在贪残居职使然，而反逐捕，非政之
> 本也。坏槛阱，勿复课录，退贪残，进忠良。"后虎悉东渡江，
> 不为民害。（《正失》第二）

《风俗通义》举此事例，本欲针对它作一番"纠谬"，使之
"该之于义理"。但此则故事本身突出写了"害民者""咎在贪残
居职"者即官员，已经自成一体。而本篇故事的主题，已非人能否
施令于猛虎，而在于"苛政猛于虎"，猛虎只是一种象征物而已。
故事自身已经不存在什么"过谬"，而且已含有明确的"义理"，所
述即是官民关系，比人虎关系更加深刻。而文章本身则寓有想象
成分，与一般说理叙事文章不同，而入于文学范畴。要之，本篇故
事无论内容或文章，皆具备自足性，可作独立篇章视之。应劭于文
后所作的"纠谬"，反成为赘文。

此外，"怪神"一卷中，亦有善叙事的文章。观其目即知大概
内容，有"世间多有亡人魄持其家语声气，所说良是"、"世间亡
者，多有见神，语言饮食，其家信以为是，益用悲伤"、"世间多有

狗作变怪，扑杀之，以血涂门户然众得咎殃"、"世间多有精物妖怪百端"、"世间多有伐木血出以为怪者"、"世间多有蛇作怪者"、"世间人家多有见赤白光为变怪者"，等等。如：

> 世间多有见怪惊怖以自伤者。谨按：《管子》书："齐公出于泽，见衣紫衣，大如毂，长如辕，拱手而立。还归，寝疾，数月不出。有皇士者，见公语，惊曰：'物恶能伤公！公自伤也。此所谓泽神委蛇者也，唯霸主乃得见之。'于是桓公欣然笑，不终日而病愈。"予之祖父郴，为汲令，以夏至日诣见主簿杜宣，赐酒。时北壁上有悬赤弩，照于杯，形如蛇。宣畏恶之，然不敢不饮，其日，便得胸腹痛切，妨损饮食，大用羸露。攻治万端，不为愈。后郴因事过至宣家，窥视，问其变故，云："畏此蛇，蛇入腹中。"郴还听事，思惟良久，顾见悬弩，必是也。则使门下史将铃下侍，徐扶辇载宣，于故处设酒，杯中故复有蛇。因谓宣："此壁上弩影耳，非有他怪。"宣遂解，甚夷怿，由是瘳平。官至尚书，历四郡，有威名焉。（《怪神》第九）

此节文字写二事，前引《管子》，后述家祖，皆言"见怪自伤"事例。后事所说，即所谓"杯弓蛇影"故事也。又有"鲍君神"：

> 谨按：汝南鲷阳有于田得麔者。其主未往取也，商车十余

乘，经泽中行，望见此鳖着绳，因持去。念其不事，持一鲍鱼置其处。有顷，其主往，不见所得鳖，反见鲍君。泽中非人道路，怪其如是，大以为神。转相告语，治病求福，多有效验。因为起祀舍，众巫数十，帷帐钟鼓，方数百里皆来祷祀，号"鲍君神"。其后数年，鲍鱼主来历祠下，寻问其故，曰："此我鱼也，当有何神？"上堂取之，遂从此坏。传曰："物之所聚斯有神。"言人共奖成之耳。

本篇说的所谓的神灵以及神能"治病求福"等，皆"人共奖成之"。应劭所作的"纠谬"颇为有力，无神论思想十分明确，而故事本身亦甚生动有趣。

《风俗通义》中这些记述文字，后世论者颇为赞赏，如纪昀等谓："其书因事立论，文辞清辨，可资博洽。大致如王充《论衡》，而叙述简明，则胜充书之冗漫。"（《四库全书总目提要·子部·杂家类·风俗通义》）从演绎的故事方面看，本书中某些篇章在人物设置、情节结构、叙述方式等要素方面，与魏晋小说基本无异。最可注意的就是作品中所具备的趣味性，在汉代文学中极为少见。西汉东方朔的文章，表现出滑稽诙谐，但当时被认为不雅驯。汉代多数文士受儒学礼乐文化的熏陶，行文讲求循规蹈矩，所撰诗赋文章虽有内涵，而生活情趣鲜受重视。《风俗通义》中若干篇章，或叙人事（如上引"丁家穿井得一人""蹩一足"），或说神怪（如上引"见怪自伤""鲍君神"），悉皆趣味盎然，具有一定戏剧性，颇有后世小说和小品文章的风貌，给汉末文坛注入了新风气。总之，《风俗通义》一书在体现作者知识主义立场的同时，具有相当的文学性。其中不少作品文辞清辨，叙事生动，且富于情趣，具有早期小说的风貌。

应劭在汉末文坛的地位，可与蔡邕比肩，唯诗赋稍不如之。然其所长，亦独树高标。后世有人将他誉为"东京第一著作手"（清·姚之骃《后汉书补逸》卷二十），可见他的文士生涯成绩斐然，远胜于他前期的官员。他当初由官员向文士学者的转身，历史应当予以认可！

儒学大师郑玄

汉代儒学头绪纷繁，欲理还乱。郑玄生活在东汉末，所以他是汉代儒学最后一位学者；郑玄几乎通晓全部六经，所以他又是最为广博的一位全能学者；郑玄能够取长补短，融合势不两立的今文学与古文学，所以又是一位最有代表性的学者。郑玄被称为"儒学大师"，毫无愧色。郑玄的文章也颇为出众，看他对儿子的亲切告诫，便知"儒学大师"并非冬烘先生，原来还是一位称职的父亲、文章高手。

一 德行不亏缺，变故自难常

郑玄（127—200）字康成，北海高密（今属山东）人。少年入太学，师从学者第五元先，学习通晓《京氏易》《公羊春秋》《三统历》《九章算术》等，又师从东郡张恭祖，受教《周官》《礼记》《左氏春秋》《韩诗》《古文尚书》。又西入函谷关到长安，师事当时最有名气的学者马融。后来学成告辞归家，马融对其他学生喟然而叹道："郑生今去，吾道东矣！"认为他把自己的学问都带走了，可见马融对郑玄的重视程度。经过十多年辛苦游学，郑玄学习了今文、古文之学，例如上举《公羊春秋》就是典型的今文学，而《左氏春秋》则是典型的古文学。这样他就融合了今古文之学，取长补短，成为汉代儒学的集大成者，一代大儒。郑玄回到乡里，家中贫穷，就跑到邻县东莱，在那边租田耕种，同时有不少学生追随他，有数百人到上千人之多。桓帝时党事起，郑玄亦被禁锢，时在延熹九年（166）。灵帝时，迫于黄巾军迅速壮大，朝廷妄图挽回颓势，便大赦党人。随后朝廷数次征召郑玄，皆不应。黄巾军势如燎原，席卷山东、河北一带，官府乡绅望风而逃，社会大乱。郑玄在乱局中镇定自若，杜门不出，续修经学。黄巾军至其家门，见郑玄皆下拜表敬，相约不入其县境。可见郑玄清正高尚的形象，当时在民众中享有殊望。董卓乱起，军阀混战，地方不保，盗贼猖獗，郑玄遂往冀州邺城依袁绍。袁、曹官渡之战时，郑玄病故，享年七十四岁。

关于郑玄之死，曹操有诗写道："德行不亏缺，变故自难常。郑康成行酒，伏地气绝。"（《三国志·袁绍传》注引《英雄记》所载《董卓歌》）曹操在诗中一方面表彰郑玄德行完善无缺，另一方面又说即使像他这样的人，也不免会遭遇突然"变故"。按照曹操的说法，似乎郑玄是在宴会行酒场合忽然倒地，抢救不及而终。关于郑玄临终的其他记载阙如，曹操之诗是唯一的记述文字，应该比较可靠。《三国志》裴松之注引此段文字之后说："如此之文，则玄无病而卒。余书不见，故载录之。"裴松之所谓的"无病而卒"，以现代医学判断，这是不能成立的说法。我们可以大致推测，他可能是当场过度兴奋，心脑血管系统疾病突发，导致死亡。曹操的几句诗，也可以理解为对郑玄毕生行迹的总结：他作为清贫文士，坚持学术事业，毕生不涉官场，确实"德行不亏缺"；但是他身处战乱社会，终身颠沛流离，变故诚然不少，可谓"变故自难常"。

二 《诗经》学大师

郑玄以毕生精力，投入经学的整理和研究。他的著作主要是诸经的笺注一类，有《周易》《尚书》《毛诗》《仪礼》《礼记》《论语》《孝经》《尚书大传》《中候》《乾象历》等注，又著《天文七政论》《鲁礼禘祫义》《六艺论》《毛诗谱》《驳许慎五经异义》《答临孝存周礼难》等文章，总共百余万言。在当时条件下，这著述的数量惊人。又，他的门生们记录下了郑玄解答经学问题，仿照《论语》格式编写了《郑志》八篇。

从他的著作名称看，即可知道他对于五经几乎全都精通，这里有《易》《诗》《书》《礼》等，至于《春秋》，《后汉书》本传中明确记载，他早年师事第五元先，所学的就有《公羊春秋》；《乐》无经文，所以实际上他就是"六经"皆通。郑玄所撰的经学著作，内容广泛，文字浩繁，这里限于篇幅，也碍于性质，不可能全面介绍，只能对与文学有密切关联的《诗经》部分，略作陈述。

郑玄的《毛诗笺》，为《诗经》研究史上最重要的著作之一。郑玄曾自谓："注诗宗毛为主，毛义若隐略，则更表明；如有不同，即下己意，使可识别。"（《六艺论》，《毛诗正义》引）可知郑玄在《诗经》问题上，是基本持古文学派立场的。"郑笺"对于"诗毛氏传"而言，主要是做"表明"、补充工作。尽管如此，郑玄却兼通今文、古文两大派，他的知识结构更优，视阈更开阔，且家派局限较小，故而郑笺对毛传亦有纠正，"下己意"；这些"己意"，有不少是属于今文学的意见，所以郑玄的《毛诗笺》不完全是"毛传"的发挥者和解释者，它具有独立的学术价值，意义重大。例如：

《小雅·十月之交》《雨无正》《小旻》《小宛》等，毛传皆不言其主旨，而郑笺皆谓"刺幽王"之诗，这是他所作的补正。

《大雅·韩奕》诗序曰："《韩奕》，尹吉甫美宣王也。能锡命诸侯。"毛传无文。郑笺则说："梁山于韩国之山最高大，为国之镇，所望祀焉，故美大其貌奕奕然，谓之韩奕也。梁山，今左冯翊夏阳西北。韩，姬姓之国也，后为晋所灭，故大夫韩氏以为邑名焉。幽王九年，王室始骚，郑桓公问于史伯曰：'周衰，其孰兴乎？'对曰：'武实昭文之功，文之祚尽，武其嗣乎？武王之子，应韩，不在，其晋乎？'"郑笺在此填补了毛传的空白，有解题之功。

《王风·君子阳阳》，清代王夫之指出："'右招我由房'，毛传曰：'由，用也。国君有房中之乐。'郑笺则云：'欲使我从之于房中，俱在乐官也。'则以房为室名，训'由'为'往'，叛毛说矣。"（《诗经稗疏》卷一）传、笺所说不同，而以笺为是。这是郑玄对毛传所作的纠正。

以上所举之例，有关于《诗经》作品的篇义说明，有关于它们的文字诠解，都表明郑笺不完全同于"毛传"。所以"郑笺"一出，对于整个《诗经》学来说，首先是一种进步。其次，由于"郑笺"基本站在古文学派立场上，同时吸收了今文学派的某些优点，所以今、古文《诗经》学实际上得以融合。第三，在两大学派中，由于"郑笺"之面世，古文学派声势大振，由原先的劣势变为优势。"郑笺"对于今文学系统的说法，多数舍弃不用，所以"郑笺"一出，今文学派受到的打击较大。故而在魏晋之后，今文学竟逐渐在《诗经》学的视野中边缘化，甚至被废弃了。唐代陆德明说："郑玄作《毛诗笺》，申明毛义，难三家，于是三家遂废矣。"（《经典释文》卷一）

郑玄作"笺"以释毛诗正文、补正毛传外，又撰写了《诗谱》，以系统解明"诗三百"之性质及产生的历史时代背景。郑玄自述《诗谱》之目的，他欲以此说明："以为勤民恤功，昭事上帝，则受颂声，弘福如彼；若违而弗用，则被劫杀，大祸如此。吉凶之所由，忧娱之萌渐，昭昭在斯，足作后王之鉴。"他认为，《诗谱》所起的作用，应当是"欲知源流清浊之所处，则循其上下而省之；欲知风化芳臭气泽之所及，则旁行而观之。此《诗》之大纲也，举一纲而万目张，解一卷而众篇明"。

《诗谱》对《诗经》之十五《国风》、大小《雅》、三《颂》，分别作历史及文化之解释，说明该部分诗歌性格特色之成因。其说一方面以说天命所归、王道教化为出发点，另一方面征引历史，以达致"极贤圣之情，著天道之助，如此而已矣"。应当肯定，《诗谱》对于

理解《诗经》的性质及作品的产生背景,有一定的辅助作用。如说:

> 文、武之德,光熙前绪,以集大命于厥身,遂为天下父母,使民有政有居。其时《诗》,《风》有《周南》《召南》,《雅》有《鹿鸣》《文王》之属。及成王、周公致太平,制礼作乐,而有《颂》声兴焉,盛之至也。本之繇此,《风》《雅》而来,故皆录之,谓之《诗》之正经。后王稍更陵迟,懿王始受谮,亨齐哀公。夷身失礼之后,邶不尊贤。自是而下,厉也幽也,政教尤衰,周室大坏,《十月之交》《民劳》《板》《荡》勃尔俱作,众国纷然,刺怨相寻。五霸之末,上无天子,下无方伯,善者谁赏,恶者谁罚,纪纲绝矣。故孔子录懿王、夷王时诗,讫于陈灵公淫乱之事,谓之变风变雅。

这里将《诗三百》昌盛的背景,分前后两大部分说,前部分为西周文、武、成王时期,周公制礼作乐,遂有《风》之《周南》《召南》、《雅》之《鹿鸣》《文王》等,以及《颂》,郑玄将它们称为"正经"。后部分在懿王之后,幽、厉而下,"政教尤衰","刺怨相寻",遂有"小雅"之《十月之交》《民劳》,"大雅"之《板》《荡》等篇,还有"国风"中涉及陈灵公淫乱事等作品,此之谓"变风""变雅"。前者功能是"颂声兴",后者功能是"赏善""罚恶"。郑玄的基本思路无疑沿袭汉代儒学传统,将前代典籍都纳入神圣化系统中,从而行使其张扬天命及敷衍政教的职能,提供"后王之鉴"。为此，《诗谱》受到历代统治者的重视，被视为《诗经》学之纲领性文献。不过，过分神圣化、政教化无疑会损害典籍的历史真实性，《诗谱》的阐述系统，显然与《诗三百》的实际产生状况存在很大距离，所谓"正经"与"变风""变雅"的分野，也显得十分勉强，随意性很大，不合相关作品的实际，其说在不少场合都显得虚妄不实，缺乏说服力。因此，《诗谱》基本为近代说《诗经》者所舍弃。

总体来说，郑玄在《诗经》的研究领域贡献大于过失，其地位十分重要。

三　颇见个性与人格的《戒子益恩书》

郑玄作为汉末最重要的经学家，也是中国经学史上的顶级大师，被称为"纯儒"。相比之下，他在文学上只能说是小有成就。所撰文章，比较突出的有晚年所作的《戒子益恩书》。郑玄曾经卧病不起，自以为快要结束人生，就写了这篇"戒子书"给儿子郑益恩。书中首先自述出身经历说：

　　吾家旧贫，不为父母群弟所容，去厮役之吏，游学周、秦之都，往来幽、并、兖、豫之域，获觐乎在位通人，处逸大儒，得意者咸从捧手，有所受焉。遂博稽六艺，粗览传记，时睹秘书纬术之奥。年过四十，乃归供养，假田播殖，以娱朝夕。遇阉尹擅势，坐党禁锢，十有四年，而蒙赦令，举贤良方正有道，辟大将军三司府。公车再召，比牒并名，早为宰相。惟彼数公，懿德大雅，克堪王臣，故宜式序。吾自忖度，无任于此，但念述先圣之元意，思整百家之不齐，亦庶几以竭吾才，故闻命罔从。而黄巾为害，萍浮南北，复归邦乡。入此岁来，已七十矣。

说他自己毕生求学，专心致志，从周秦之都洛阳、长安，直到传统文化发达地区兖、豫一带，追随请教那些著名专家、学界泰斗。自己不慕虚荣，不羡宰相，安贫乐道，蔑弃功利，数十年如一日，终于学成。从四十岁起，他才回到家乡，供养孝敬父母，安心做学问，自得其乐。虽然迭遭颠簸，特别是遭遇宦官势力打击陷害，竟被打成"党人"，禁锢了十四年，但他坚持己志，不向恶势力低头，终于得到赦令，恢复自由之身。从此又是被举"贤良方正有道"，又是被召大将军和三公之府，似乎官运已到。但是自己对此一概不感兴趣，心中只挂念六艺经典，故而竭尽全力，专事学术。毕生不想做官，才有广博精深的学问！光阴荏苒，而今不觉已年届七十。书中接着告诫其子，强调"君子之道"，在于"有德"，而"显誉成于僚友，德行立于己志"。以下便是嘱以后事家务，并以勤俭为勉：

吾虽无绂冕之绪，颇有让爵之高。自乐以论赞之功，庶不遗后人之羞。末所愤愤者，徒以亡亲坟垄未成，所好群书率皆腐散，不得于礼堂写定，传与其人。日西方暮，其可图乎！
家今差多于昔，勤力务时，无恤饥寒。菲饮食，薄衣服，节夫
二者，尚令吾寡恨。若忽忘不识，亦已焉哉！（《后汉书·郑
玄传》）

这里又对儿子说：我没有做官的经历，只有谦让爵位的清高。我
颇为欣赏自己在研究学问方面做出的业绩，这方面我有把握不会
让后代感到羞耻。我现在心中的遗憾，主要是已故父母的坟墓尚
未营造完好；另外我的许多书，都要散落腐朽了，不能够在漂亮的
"礼堂"里抄写定稿，将它们传授给合适的人。我的生命日薄西
山了，这些事还能够做好吗？家中（经济）境况，现在比过去好一
些了，你只要勤奋做事，就用不着担心饥寒问题。我家一向饮食简
单，衣服也不讲究，这两件事有节制，使我没有遗憾。你如果不愿
记住我这些教导，那就随你便吧！

郑玄著作虽多，而率以说经典为能，个人性情，鲜有显露。本
篇文章，写出了作者正直清高的品格，学者的特点显露无遗，很有
个人特色。而文章说本人毕生行事，亦甚坦率：一曰专意于学问，
"以竭吾才"；二曰淡泊仕宦功名，不慕荣贵，以清高自任；三曰
甘贫乐道，自足自乐。此文为老病时所撰，对象为亲子，文中陈说
自己行事，同时亦以戒子。所说皆出肺腑，在严肃教导儿子的同
时，还充满着作为父亲的期待和亲切爱护。字里行间，多流露家庭
眷顾，严肃态度和唠家常的平和语气结合在一起，颇令人感动。一

代大儒，望子心切，又爱子情深，固不失人之本性。郑玄的人格和性格，在此小文中得以印证，此是本篇的基本文学价值。

硕儒荀爽

东汉一代，除了班氏、崔氏之外，文学世家其实尚有，这荀家也足以列名其中。战国时期的荀子（荀况）就是他家的先祖；至东汉，荀氏家族大盛，名流辈出。顺帝时荀淑就是一位，其子荀爽，青出于蓝，当世有盛名，学问博通，号称"硕儒"。而文章雄奇，不恋权位，尤其是敢于指责皇帝，胆识不凡，一时"无双"！

一　荀氏八龙，慈明无双

东汉顺帝时，杜乔某日见了一名十二岁少年，只交谈了一会儿，便大加称赞说："可为人师！"把少年人说成"人师"，这简直难以置信：要么这杜乔故意奉承，要么这孩子真是天才少年。可杜乔是什么人？他是当时最高级别的朝廷大官——三公之一的太尉，阅历丰富，见识广博，不是轻易肯说人好话的。看来结论只能是后者了，即这位少年人真是才华横溢，令人心悦诚服了。

这少年就是荀爽。荀爽（129—190）字慈明，一名谞，颍川（在今河南许昌境）人，名儒荀淑之子。荀爽聪慧明敏，在家庭严格的教育和风气影响下，继承家统，全副精力，一心求学。十二岁时，已经把许多古典，包括《春秋》《论语》等，背得烂熟，而且理解透彻。平时生活中则绝不旁骛，朋友应酬、亲戚庆吊绝少参与，连州郡官府征召、辟命等，也不予应承。他这种性格作风，本地人士都知道了，于是流传出一则赞语说："荀氏八龙，慈明无双。"原来那荀淑有子八人，人称"八龙"；而八兄弟中最突出的，就是这荀爽——荀爽字"慈明"。

　　桓帝延熹元年（158），荀爽三十岁了，他首次应征赴朝廷，拜郎中，参与对策。什么是"对策"？刘勰说："对策者，应诏而陈政也。"（《文心雕龙·议对》）这是回应皇帝的诏令，而陈述关于政治方面的主张。对策的意义，刘勰又说"对策揄扬，大明治道"（同上）。可见，如果对策对得好，可以发挥很大的政治矫正作用。荀爽的这篇对策，写得非常认真，洋洋洒洒，长篇大论，谈了有关治理国家的重大问题。奏上，桓帝没有反应，荀爽当即弃官而去，铮铮风骨，立马见出。过了若干年，桓帝在宦官的怂恿下，兴起党锢之祸，将一大批反对宦官专权的正直官员和文士即清流人物抓捕起来，将他们定罪入狱，甚至处死，更多的是褫夺官职、禁锢终身。荀爽虽然并无官职，但亦在党人之列。他隐居海上，又南遁汉滨，积十余年，以著述为事。他虽然不再从政，学问上却颇获丰收，得了"硕儒"的雅号。灵帝后期，朝政更加腐败糜烂，时局也更加混乱，山东河北地区黄巾军起，蔓延各州郡，势如燎原；而边境各地，特别是西羌、南越等地，武装纷扰不已，常年不得平静，民不聊生。灵帝及其身边的亲信们见人才散失，政权根基动摇，不得已而取消党禁，希望那些被镇压的一大批清流士大夫回心转意，来为朝廷效力。此时，朝廷三台九府频繁辟召人才，冀图挽回颓败大势。然而形势逆转，正直的士大夫长久失望之余，多不愿回应。例如中平五年（188）九月己未，灵帝下诏说：

> 顷选举失所，多非其人。儒法杂揉，学道浸微。处士荀爽、陈纪、郑玄、韩融、李楷耽道乐古，志行高洁，清贫隐约，为众所归。其以爽等各补博士。（《征处士荀爽等诏》，袁宏《后汉纪·孝灵皇帝纪下》卷第二十五）

这"诏书"中竟然承认"选举失所，多非其人"，等于是承认朝廷过去的人员选拔任用政策以及相关措施都是错误的；诏书指名五位"处士"，表彰他们"志行高洁，清贫隐约，为众所归"。所说的"高洁""清贫"云云，实际上也正面肯定了他们所持的"清流"立场，这是在为清流人物"恢复名誉"。诏书中说要给予这些人"各补博士"，前来朝廷任职，为皇帝工作，这是要给予清流文士以补偿。朝廷的如此"亲善"姿态，与从前的凶狠打压相比，简直是转了一百八十度的大弯。然而结果却是，荀爽等五位名士"皆不至"，不肯回应灵帝之召辟。这五位处士尽管受到朝廷表彰，享此"殊荣"，却都不愿再为朝廷服务。这件事具有标志性的意义：朝廷能够一改以前对于清流士大夫的打压态度，而采取这种抚慰亲善的姿态，表面看似乎要纠正此前所犯的错误，实质上反映了朝廷在急转直下的形势下，已经难以支撑局面，以皇帝为首的朝廷权贵们，只好求助于以前被他们镇压的清流人士。显然，这是无可奈何之举，也是徒劳之举。

从清流人士这方面说，这件事表明，皇帝的"圣旨"在他们看来已经形同废纸一张，他们不再认可皇帝的绝对神圣地位；清流人士已经与朝廷决绝，不再回头！皇朝被一些代表性士大夫弃如敝屣，这在皇权时代极为少见。落到这步境地，这个皇朝也就差不多要完蛋了。

在发出那诏书之后的次年，灵帝就一命呜呼了。其子少帝继位，外戚何进与宦官集团利益冲突，发生火并，结果何进被杀，而宦官们随后也被袁绍、卢植等名士们一举消灭。接着，董卓入朝专政，献帝即位，朝廷大乱。就在这混乱中，荀爽动作稍有迟缓，没有及时逃离洛阳。他被董卓扣留，强使他拜平原相，又任九卿之一光禄勋，再进拜三公之一司空。一向对仕进兴趣不大的他，阴差阳错竟在乱中出任朝廷高官。荀爽自被征命到出任司空，快速升迁，总共只用了九十五天。随即他作为献帝朝的重臣，跟随着迁都长安。荀爽虽然颇受董卓重用，但眼看这位西凉军阀在朝廷的横行暴虐，便与司徒王允及何颙等官员合谋，准备里应外合，消灭董卓势力。正当紧要关头，荀爽却得急病去世了，未能见到成功。荀爽著作不少，有《礼传》《易传》《诗传》《尚书正经》《春秋条例》，又集汉事成败可为鉴戒者，谓之《汉语》，又作《公羊问》及《辨谶》，又将所撰论、叙合编为一书，题为《新书》，凡百余篇。

《后汉书·荀淑传》有附传。《隋书·经籍志》著录"后汉司空《荀爽集》一卷（梁三卷，录一卷）"，"《周易》十一卷（汉司空荀爽注）"，"《周易荀爽九家注》十卷"等。

二 关于《对策陈便宜》

荀爽的经学根底深厚。其综合性时政评论著作《新书》今已不存，唯余零篇剩章。所撰《延熙元年对策陈便宜》一文，就成为他著作的主要代表。关于此文的对策性质，上文已说。至于"陈便宜"，就是要陈述对于当前应当处理的重大政事的意见。荀爽在本对策中，以谨遵礼制为由，对当时朝廷的腐败现象痛加揭露斥责，矛头直指皇帝本人。文章重心在说"婚礼"，"众礼之中，婚礼为首"；而"婚礼"问题却主要针对"天子"身上的问题，说：

> 故天子娶十二，天之数也；诸侯以下各有等差，事之降也。……臣窃闻后宫采女五六千人，从官侍使复在其外。冬夏衣服，朝夕禀粮，耗费缣帛，空竭府藏，征调增倍，十而税一，空赋不辜之民，以供无用之女，百姓穷困于外，阴阳隔塞于内。故感动和气，灾异屡臻。

荀爽指出皇帝后宫采女人数太多，不算从官、侍使这些勤杂服务人员，就有五六千人之众。荀爽说，按照礼制规定的十二人之限数，这是"天之数",所以天子也不能违背,违背了就是"非礼""违礼"行为。接着,他分析问题的严重性,认为后宫宫女太多,是导致"阴阳隔塞"、造成"灾异屡臻"的后果。然后提出解决办法:"臣愚以为诸非礼聘未曾幸御者,一皆遣出,使成妃合。一曰通怨旷,和阴阳。二曰省财用,实府藏。三曰修礼制,绥眉寿。四曰配阳施,祈螽斯。五曰宽役赋,安黎民。此诚国家之弘利,天人之大福也。"他主张将那些超标的大批宫女们,都"遣出"皇宫,让她们嫁到民间,"使成妃合"。这样做的意义首先是,从人道上说可以"通怨旷",解决大量宫女们的怨气;从天道上说可以"和阴阳"。其次是节省了大量财政开支;第三是遵守了礼制,使得人心和谐;第四是可以合理地节制阴阳交配,有利于(皇帝)多子而且长寿;第五是免去了"空赋不辜之民,以供无用之女,百姓穷困于外,阴阳隔塞于内"等不合理现象,可以减少百姓的劳役和赋税,让男男女女黎民百姓安居乐业。荀爽说,这件事解决了,就是国家的"大利",老天爷和老百姓的"大福"。

要之,荀爽以"天人之大福"为出发点,抓住皇帝的后宫问题,大做文章。揆其要点,则是挟"经义"(包括"礼制""阴阳""灾异"等说法)为武器,直接刺向皇权腐败。其本质是利用"天人合一""皇权天授"思维,以天之立场压制天子,批判天子的特权,打击天子的私利。应当说,荀爽的发想颇为大胆,对皇帝而言极为严厉,逻辑构思则十分巧妙,令人叫绝称奇。

荀爽的这篇对策,实际上是以后宫人数为题,向皇权特殊利益发出的挑战。要限制皇帝的大量女色享受，改变他在独裁体制下奢靡荒淫的基本生活方式，这谈何容易？故而对策一上，即无下文。面对如此"大利""大福"，你叫皇帝怎样表态？他不可能表态，因为他不可能放弃特权。

荀爽与崔寔同时，皆享崇高清誉，并为士流领袖。面临同样的汉末背景，同样的社会危机，二人的解决思路迥异，一持礼制，一持法术，却亦有近似之处，尤其是批判矛头对准最高统治者皇帝及其亲信，指为问题产生根源，则所见略同。荀爽所说的"后宫"问题，与崔寔所斥的"人主""荒耽嗜欲"问题，异词而同调，皆表现出汉末清流儒生之政治良知，及社会担当勇气。

三　生应正性，体含中和

荀爽撰有《贻李膺书》，也是优秀篇章：

> 久废过庭，不闻善诱，陟岵瞻望，惟日为岁。知以直道不容于时，悦山乐水，家于阳城。道近路夷，当即聘问，无状婴疾，阙于所仰。顷闻上帝震怒，贬黜鼎臣，人鬼同谋，以为天子当贞观二五，利见大人，不谓夷之初旦，明而未融，虹蜺扬辉，弃和取同。方今天地气闭，大人休否，智者见险，投以远害。虽匪人望，内合私愿。想甚欣然，不为恨也。愿怡神无事，偃息衡门，任其飞沉，与时抑扬。（《后汉书·李膺传》）

书函写于桓帝末年，在宦官煽惑之下，太尉陈蕃被罢官，而李膺此前亦因得罪宦官，被打成"党人"，免司隶校尉，归家阳城闲居。当时朝廷群臣，多以李膺为接任太尉的合适人选，向桓帝荐举者不少。然而桓帝听任宦官张狂，不纳善言。荀爽以在野之身，见此情状，遂作此书，以劝慰李膺。书中高度赞美对方，说"久废过庭，不闻善诱"等，都是以晚辈学生口吻，诉说对于李膺的思念。"知以直道不容于时"，也是称赞李膺的正直清高风格。"道近路夷"等，说自己颇为想念对方，只因患有疾病，故而不能前往问候瞻仰。以下说到时局，"贬黜鼎臣，人鬼同谋"等，指陈蕃被罢黜事，说"鼎臣"陈蕃被罢，那是人与鬼合谋的结果。这里"人"指桓帝，"鬼"指宦官。皇帝虽是"人"，但竟与鬼"同谋"，这"人"也算不上堂堂正正的人了。这无疑是对于皇帝的严正批评。"方今天地气闭"等，也是说时局悖逆，不顺天意。末后安慰对方，说面对这种黑暗状况，明智的人也不必为之操心，全身远害是庄子的处世哲学，不乏高明之处。最后安慰对方，"任其飞沉，与时抑扬"，超脱污秽的时局，保持高尚气节。这篇书函，写出了汉末清流文士的一种典型心态。

汉末清流文士集团，人数达数百名之多，而且大都是一些社会名望很高的人士，他们集合起来，形成一个影响颇为巨大的政治群体，以反对宦官专权为中心，公然对抗皇权。这在中国政治史和文化史上是个仅有的现象。汉末清流群体的事迹，在今存史籍中记载颇详，史料不少。但是有一点缺憾，那就是他们亲自撰写的文字，却留存不多。这影响了后人对于他们事迹和精神的进一步了解。本篇书函，充分表达了清流精神，显示了清流人格，而且文字简洁，情绪激扬，它的史料价值以及文学价值，也因此显得非常厚重。

杨修撰有《司空荀爽述赞》，其谓："生应正性，体含中和，笃诚宣于初言，明允朗于始察。是以在童龀而显奇，渐一纪则布名。须幼（汪绍楹校：疑当作"项他"）之可师，甘罗之少者，何以逾公之性量乎？砥心《六经》，探索道奥，瞻乾坤而知阴阳之极，载而集之，独说十万余言，士林景附，群英式慕，由毛羽之宗鹏鸾，众山之仰五岳也。昔楚思叔敖而作歌，郑讴子产而兴叹，瞻望弗及，作词告思。"（见《艺文类聚》卷四十七《职官部三·司空》）赞述荀爽"正性""中和"的品格作风，及在士流广受"景附""式慕"，基本符合实情。而其"显奇"之性格特点，也在文章的撰写方面有所表现。

郑玄、荀爽同为汉末著名学者，在经学之外，兼擅文学，亦其共同的闪光亮点。

荀爽今存一篇《女诫》，是教训女子的道德箴言：

《诗》云："泉源在左，淇水在右。女子有行，远父母兄弟。"明当许嫁，配适君子，竭节从理。昏定晨省，夜卧早起；和颜悦色，事如依恃。正身洁行，称为顺妇。以崇《螽斯》，百

叶之祉,婚姻九族,云胡不喜?圣人制礼,以隔阴阳。七岁之男,

王母不抱;七岁之女,王父不持。亲非父母,不与同车;亲非兄

弟,不与同筵。非礼不动,非义不行。是故宋伯姬遭火不下堂,

知必为灾,傅母不来,遂成于灰。《春秋》书之,以为高也。(见

《艺文类聚》卷二十三《人部七·鉴诫·诫》)

从文章本身来看,其中颇多宗法社会重男轻女的偏见,以及对于
女子的歧视和限制。尤其是篇末举的那个事例,原典见载于《左
传·襄公三十年》,写女子为了遵守礼法,而"遭火不下堂",结果
人被活活烧死。文章称赞说这样做"高"。拿女子的生命来换取
"礼"的嘉许,这简直违背人性。可见荀爽虽然政治上、道德上优
秀,学问上很杰出,但他毕竟是宗法社会里生活的人,而且又是一
位"硕儒",他身上的"正性""中和"等品格都带有宗法社会的局
限性,他比一般的儒生更加"冬烘"一些,也是可以理解的。

圣人后裔、清流先驱孔融

"孔融让果"与"黄香扇枕",都是古代儿童教育的典范故事。孔融名声之盛,更由于他是孔子二十世嫡孙。所以当刘备听说孔融求救于他时,会吃惊地说:"孔北海乃复知天下有刘备邪?"不过孔融本质上是汉末清流,所以他的思想作风并不谨守礼法纲常,而是清高自负、贵有骨鲠,好交友、喜谈论,可以说他就是魏晋名士的先驱。孔融身当汉末乱世,他的被杀,根本原因在于他持拥汉的政治立场,而为奸雄曹操所不能容;但孔融的旷达名士风致,以及他的名言"座上客恒满,尊中酒不空,吾无忧矣",将长留在历史的记忆之中。

一 孔融让果

孔融从小就名闻遐迩,这与他杰出的道德和才能表现有关。在古代儿童启蒙读本《蒙求》中,就有"孔融让果"(即"孔融让梨")的故事。那是说孔融四岁时,一天,他与本家弟兄七人一起吃梨,排行第六的孔融只是伸手取那较小的。大人问他为何如此,他回答说:"我是小弟,按规矩应当吃小的。"从此,宗族里的人都对他刮目相看。十岁时，父亲带他到京城洛阳，那京城地区长官是河南尹李膺，他的作风是以简重自居，不轻易接待宾客，除非是当世名人，或者通家世谊，一般人难得见他。孔融却偏要去试探一下。他到李府，对守门人说："我是李君通家子弟。"于是得以进入府中。李膺见这么一个小孩来访，便问他："高明祖、父尝与仆有恩旧乎？"孔融说："然。先君孔子与君先人李老君同德比义，而相师友，则融与君累世通家。"当时在场的人无不惊奇叹息。一会儿，有太中大夫陈炜来到。大家告诉他孔融的表现，陈炜不以为然地说："夫人小而聪了，大未必奇。"孔融听了，立即回答说："观君所言，将不早慧乎？"——我听您说这话，大概您从小是很聪明的吧？这犀利的回答，不但令陈炜目瞪口呆，在场的李膺及众人无不惊奇！李膺大笑着称赞说："高明必为伟器！"（以上见《后汉书·孔融传》）孔融十三岁时丧父，哀恸过度，身心憔悴，几乎不能站立，他的孝心也得到普遍的赞美。

孔融十六岁时经历了一件大事。时有山阳督邮张俭，因严治宦官亲属在地方作恶，得罪了中常侍侯览，被朝廷颁文通缉。张俭与孔融之兄孔褒为友，便逃到孔家躲避。当时孔融独自在家，张俭见他年少，不言实情。但孔融见他神色窘迫，便说："兄虽在外，吾独不能为君主邪？"于是将他留下。不久事情泄露，官兵来抓，张俭逃脱，孔家兄弟俩被捕。郡官审问，孔融说："保纳舍藏者，融也，当坐之。"结果孔褒说："彼来求我，非弟之过，请甘其罪。"他们的母亲则说："家事任长，妾当其辜。"（以上见《后汉书·孔融传》）

出现一门争死的"奇观"。最后是孔褒被治罪了事，孔融则因此名声大振，成为当世名士之一，各地州郡争相辟召，他都不理睬，最后同意在司徒杨赐府中任掾属。在那里，孔融又有出色的表现。当时朝廷实行匿名检举贪官，孔融就举报了多名宦官亲族。处理此事的尚书畏惧宦官，前来找他诘问，孔融义正辞严，陈述宦官罪恶，略无退缩。又有河南尹何进，即将升任大将军，杨赐派遣孔融前往祝贺，何进拿架子，未能及时接见，孔融便大为光火，他一把抓回贺词，夺门而出，扬长而去。那何进很觉丢脸，打算派剑客去追杀他。可是有人劝何进说：您别小看这孔融，他可是当今英雄，打个比方说：他就如北斗星一样，天下人都看着他呐！将军您如果与此人结怨，将会影响四方之士，使您不得人心；不如对他以礼相待，可以广收天下人心。何进听了觉得有理，便改变做法，荐举孔融出任侍御史，又任虎贲中郎将等，以示友好。后来董卓专权，擅自废立皇帝，孔融颇持非议，董卓很不高兴。当时黄巾军兴起，青州北海国一带最为混乱，董卓就暗中支使官员，提议孔融去出任北海相，让他去乱局中受点儿罪。

　　孔融到任北海国，整顿秩序，安定民心，操练军事，准备自卫。那黄巾军果然来犯，浩浩荡荡有二十来万人，从冀州一路横扫过来，孔融率领军民迎击，结果寡不敌众，抵挡不住，只好与残余民众四万多人逃到邻郡的朱虚县。在那里，他一面收集散兵，一面兴办学校、教授子弟，同时又表彰经术，不忘儒学本色。黄巾军又来犯，孔融又逃到都昌县，在那里又被地方流寇管亥围困。孔融窘困之下，便派太史慈去求救邻近的平原相刘备。刘备也是一位汉末乱世英雄，当时正蓄势待发。他听说后，受宠若惊地说："孔北海乃复知天下有刘备邪？"（《后汉书·孔融传》）刘备随即派三千兵员，前往救助，将流寇驱散。由此可知当时孔融虽已名满天下，但是文士儒生名声再盛，在乱世中也不能有大作为，连自身安全都难保障。后来刘备又上表朝廷，推举孔融为青州刺史。

汉末局势，每况愈下。董卓作乱自毙，此后群雄继续混战。到了建安元年之后，袁绍、曹操成为两大势力，势不两立。孔融知道这两位枭雄人物都想取代汉室，而他清高自负，志在靖难，所以无所附会连结。有部下劝他投靠其中一方，他不但不听，竟将出主意的人杀了。然而他本人又志大才疏，在青州北海呆了六年之久，政治上迄无建树，军事方面也很羸弱。袁绍见他不肯依附自己，便派长子袁谭来攻，自春至夏，情势紧急，孔融部下军士仅剩下几百人，袁谭加紧围攻，流矢如雨，他在府中竟能专心读书，谈笑自若。这精神状态固然难能可贵，但于事何补？结果城池被破，自己落荒而逃，妻子儿女皆被俘虏。

二　鲁国一男子

那时汉献帝在曹操的拥立下定都到许，百废待兴，朝廷征召孔融前往担任将作大匠，又迁少府，这是九卿之一的高官。孔融在许都，朝廷每次议论政务，他都能引经据典，自出心裁，侃侃而谈，提出建议，许多议题最终往往依其所说而定，其他官员大多只是简单表态附议，或联署姓名而已，他俨然成为朝政的主角。如朝廷讨论是否恢复实施"肉刑"的问题，不少官员主张恢复，但孔融出面反对，说出一大篇道理，结果就决定不恢复。

孔融在朝敢于发表意见，有时竟敢顶撞曹操。太尉杨彪与袁术是姻亲，袁术在扬州寿春僭号称帝，曹操与杨彪有隙，就借此要杀杨彪。孔融听说后，来不及穿朝服，就去见曹操，说：

> 杨公累世清德，四叶重光，《周书》"父子兄弟，罪不相及"，况以袁氏之罪乎？《易》称"积善余庆"，但欺人耳。
> （《三国志·崔琰传》"鲁国孔融"下注引《续汉书》）

曹操被问得无话可说，便回答说："国家之意也。"所谓"国家"，代指皇帝（献帝），意思是那是汉献帝的主意。这当然是一种拙劣的推脱。孔融立即反驳说：

> 假使成王欲杀召公，则周公可得言不知邪？今天下缨緌搢绅之士所以瞻仰明公者，以明公聪明仁智，辅相汉朝，举直措枉，致之雍熙耳。今横杀无辜，则海内观听，谁不解体？孔融鲁国男子，明日便当褰衣而去，不复朝矣！（同上）

孔融这话说得相当厉害。他把献帝比作周成王，把杨彪比作召公，又把曹操比作周公。那周、召二公是周初成王时期的两位辅佐栋梁大臣，缺一不可，现在要把其中一位杀掉，而另一位说他不知道此事，谁能相信？孔融下面的话更加激烈，说现在天下的优秀士人之所以信服您曹操，是因为您在辅佐汉朝，主持正义。现在您竟要"横杀无辜"，那海内人士都将另眼看您。最后两句话最为壮烈，说：我孔融是堂堂鲁国一男子，您要杀杨彪，我明天就撩起衣服大步走开，与朝廷告别了！这一番掷地有声的话，对曹操起了震慑作用。袁术称帝时间在建安二年至四年（197—199），当时曹操虽然控制了汉献帝和朝廷，但实际只治理着兖、豫二州的部分地区，力量有限，特别是与控制青、冀、幽、并四州的袁绍相比，在实力上明显差一大块。此时他还需要笼络人心，壮大实力，所以孔融的话他不能不听，更不敢镇压孔融。于是曹操只好放出杨彪。

接着又有荆州牧刘表，身为皇室宗亲，而对献帝朝廷不供职贡，却步袁术后尘，自行举办郊祀天地，私坐天子乘舆，有严重僭越行为。朝廷讨论如何惩罚刘表。孔融一方面谴斥刘表，说他"桀逆放恣，所为不轨，至乃郊祭天地，拟仪社稷。虽昏僭恶极，罪不容诛"；另一方面，他又不主张对刘表公开讨伐，说刘表之类的野心家尽管行为可恶，罪不容诛，但他们不能成大事，"犹天之不可阶，日月之不可逾也"。又说"桑落瓦解，其势可见。臣愚以为宜隐郊祀之事，以崇国防"（以上见《后汉书·孔融传》）。他认为刘表的威胁不大，不必理睬他，而应当"崇国防"，加固国家根基。什么才是当时汉皇朝的国防要害呢？孔融没有明说。不过我们可以分析，当时刘表之外，真正对汉朝廷形成威胁的，只能是袁绍、曹操这两大势力集团。所以孔融这是话里有话，他是暗指袁、曹这两股势力，才是需要认真对付的"国防"要害，必须加"崇"重视。

在袁、曹对峙的形势下，孔融采取什么态度，这里有一个变化过程。起初，孔融无疑是赞同曹操立场的，这不仅是因为袁绍曾经直接攻打过他，从他手里夺走了青州，而且袁绍公然藐视朝廷，有不少意欲代汉的动作。而曹操则以"挟天子以令诸侯"的策略，表面上敬奉汉献帝。但与曹操相处日子久了，孔融发现他"雄诈渐著"，知道他也并非善辈，态度就不免有所变化。到了袁、曹正面对抗的前夕，孔融甚至实际上有些倾向于袁绍了。孔融曾经与曹操的首席谋士荀彧有过一段对话：

> （建安）三年，太祖既破张绣，东禽吕布，定徐州，遂与袁绍相拒。孔融谓彧曰："绍地广兵强；田丰、许攸，智计之士也，为之谋；审配、逢纪，尽忠之臣也，任其事；颜良、文丑，勇冠三军，统其兵；殆难克乎！"彧曰："绍兵虽多而法不整，田丰刚而犯上，许攸贪而不治。审配专而无谋，逢纪果而自用，此二人留知后事，若攸家犯其法，必不能纵也，不纵，攸必为变。颜良、文丑，一夫之勇耳，可一战而禽也。"（陈寿《三国志·荀彧传》）

孔融的见解，是认为袁强曹弱，"殆难克乎"。这是错的，反映出他对袁、曹双方的力量对比只看到表象，看不到深层的因素，所以总体判断失当，暴露出他缺乏政治军事头脑和实际能力。另一方面，孔融所说的话中，竟不乏对袁绍及其部下的正面评价，这也反映出当时他对曹操方面已经有所失望，甚至内心希望曹操不要取胜，两方对峙，互相牵制，总比一方独大好一些。

官渡一战，曹操战胜袁绍，孔融对曹操的担心和戒心也明显加重起来，并且在态度上有所表现。他不时对曹操冷嘲热讽，颇为不敬。如建安九年（204）秋，曹操攻克袁氏大本营邺城，曹操父子乘胜进入袁绍府邸，曹丕见到美貌的袁绍儿媳甄氏，便将她纳为己有。此事当时也算是一桩"佳话"了，传说甚广。孔融听到后，便在致函曹操说事时，顺便加进了这两句："武王伐纣，以妲己赐周公。"曹操见函，一时不解其意，因为史书上写的是"武王克殷，斩妲己头……"，便反问他"出何经典"，那孔融见曹操被蒙住了，自己的调侃颇为成功，得意之余，就回答说："以今度之，想当然耳。"明白说出那是以古喻今。《后汉书·孔融传》中没有记载曹操对此有何反应，不过可以想见，曹操受到如此揶揄讽刺，心里肯定不是滋味。

另有一事，孔融也颇挫伤了曹操的自尊心，此即推荐祢衡之事，事件经过详见本书《狂者祢衡》一篇，兹不赘说。当然，问题是出在祢衡身上，孔融则是好心办了坏事，但曹操对孔融的忌恨也无疑因此增加了一分。

建安十三年，曹操征伐三郡乌丸，孔融又致函嘲讽说："大将军远征，萧条海外。昔肃慎不贡楛矢，丁零盗苏武牛羊，可并案也。"（《后汉书·孔融传》）这是借用典故，说曹操这次出征是小题大做，没有必要。当时战事频仍，饥荒不断，曹操为节省粮食，上表主张颁布禁酒令。孔融则多次上书争论其事，与曹操大唱反调。同年，曹操撤去朝廷三公，自任丞相，进一步独揽大权，汉献帝及其小朝廷更加形同虚设。孔融看到曹操的这些表现，掩饰不住自己的反感和愤慨。所以经常发言偏激，用辞傲慢，不时地要顶撞曹操，有时弄得曹操很难堪。曹操看他似乎无所约束，反调愈唱愈大胆，愈来愈觉得他是自己政治上的障碍。但是又考虑他名满天下，只好表面上容忍，而内心的疑惧、忌恨更加厉害，生怕他会坏了自己的"大业"。当时的九卿之一、光禄勋郗虑，是曹操的心腹之人，仰承曹操的意思，抓住孔融的小毛病，奏免了他的少府官职。然后曹操亲自出面，写信给孔融表示"激励"，说一些古代"唐虞之朝，有克让之臣"（同上）的正面故事，又说了"后世""及至其敝"，出现了"睚眦之怨必雠，一餐之惠必报"这种只看到个人利害的心胸狭窄的反面现象。又举晁错构祸于袁盎，屈原受谮于椒、兰等例子，说："由此言之，喜怒怨爱，祸福所因，可不慎与！"（同上）告诫孔融，要他注意自己平日的言行，加以克制，不要太过情绪化。曹操接着又说，以前孔融与郗虑二人互相友好，彼此赞美称赏，今天怎么激烈对立起来了？他假惺惺地说："诚怪今者与始相违。孤与文举既非旧好，又于鸿豫亦无恩纪，然愿人之相美，不乐人之相伤，是以区区思协欢好。"（《后汉书·孔融传》）曹操在此假装中立, 充当"和事老", 希望孔融与郗虑"欢好", 实际上只是希望孔融改变立场和态度。最后, 曹操说:"又知二君群小所构, 孤为人臣, 进不能风化海内, 退不能建德和人, 然抚养战士, 杀身为国, 破浮华交会之徒, 计有余矣。"(《后汉书·孔融传》)这又改换了一副面目, 变得凶相毕露起来, 以威胁的语气说, 自己握有武力, 要打击"浮华交会之徒"(隐指孔融等人), 那是不费吹灰之力的! 曹操这信表面上是劝诫, 实际则是威胁, 软硬兼施, 适足以表现他的"奸雄"性格。对此, 孔融当然能够领会。当时袁氏兄弟皆已失败, 曹操已经称雄北方中原的广大地区, 大环境既已变了, 孔融也不能再退让一步。所以收到来函之后, 他即又回复一书, 表示愿意与郗虑和好如初,"奉遵严教, 不敢失坠","辄布腹心, 修好如初"; 并且说了"苦言至意, 终身诵之"等感谢曹操的话。由此曹操也暂时忍耐, 继续察看他是否真的会转变立场, 向自己靠拢。

过了一年, 孔融又被任命为太中大夫。这是个闲职, 没有具体主管事务。孔融闲来无事, 唯以交友为乐。他性格宽容大度, 好奖掖后进; 听说某人拥有什么特长优点, 他就如自己具备了一样, 非常高兴。某人发表了什么精彩见解, 他也会推荐或者引用, 向别人宣传。某人有什么缺点, 他会当面批评, 但是背后却赞扬这人的种种优点。由此他广结人缘, 经常宾客盈门, 海内英俊人物, 都以与他结交为荣。他的名言是:"坐上客恒满, 尊中酒不空, 吾无忧矣。"(同上)他与蔡邕素来友善, 蔡邕死后, 有一位虎贲武士相貌很像蔡邕, 他每次饮酒兴致上来了, 就必定要把那位武士拉来一起坐着，说："虽无老成人，且有典刑。"（《后汉书·孔融传》）这是《诗经·大雅·文王》中的两句，意思是尽管已经没有了前辈贤德之人（原指上古伊尹等贤臣，此处指蔡邕），但还遗留下他们的典范事迹和榜样。孔融的此类表现，表明他性格光明磊落，作风洒脱，而个性强烈，魅力十足，极孚众望。尽管在曹操的压制下无法施展抱负，但这位"鲁国一男子"在士大夫阶层的号召力，仍然无人能比。

但是孔融的这些表现，在曹操看来，那就是在自己之外，形成了一个人事交往的或者是舆论集聚的中心。对于当时已经大权独揽的曹操而言，当然是一种心理上和政治上的巨大冲击，这是一种不可忍受的状况。曹操对孔融愈加忌恨了。曹操的态度也一改以往：不再虚声恫吓，而是开始了动手镇压。于是孔融面临着再一次的构陷。有另一名曹操的心腹路粹，时任丞相军师祭酒，在曹操的授意下写了一篇奏文，告孔融的状。其中说：

> 少府孔融，昔在北海，见王室不静，而招合徒众，欲规不轨，云："我大圣之后，而见灭于宋，有天下者，何必卯金刀。"及与孙权使语，谤讪朝廷。又融为九列，不遵朝仪，秃巾微行，唐突宫掖。又前与白衣祢衡，跌荡放言，云："父之于子，当有何亲？论其本意，实为情欲发耳。子之于母，亦复奚为？譬如寄物瓶中，出则离矣。"既而与衡更相赞扬，衡谓融曰："仲尼不死。"融答曰："颜回复生。"大逆不道，宜极

重诛。

路粹这一篇奏文，首先是秉承曹操的旨意写的，所以其性质是"欲加之罪，何患无辞"。尤其是所谓"秃巾微行"等，就算是事实，那也只不过是衣冠不整，有失礼仪，这等小事怎可以扣上"大逆不道"的罪名呢？这明显是故意找茬杀人。我们从中只能看到曹操的凶狠面目。其次，文中所述孔融的言语，应当是有假有真。前面所说的"有天下者"云云，可以判定是路粹的捏造。按照孔融忠于刘汉皇朝的前后一贯立场看，他不可能说出这种政治野心家的话。但后面说的"父之于子""子之于母"云云，却可能是真的。这些话从生理学的角度看，是真实的；但它们严重违背了人伦道义，这又是荒谬的。孔融与祢衡这两位当日以"跌荡放言"著称、专门讲怪话的人物，是有可能说出这种骇人听闻的言语的，尤其在"酒后"。至于"仲尼不死""颜回复生"之类，也应该是路粹的虚构夸张，孔融再"跌荡"，祢衡再"放言"，也不至于说出亵渎冒犯自己祖宗圣人的话来。

这篇奏文，罗致他人罪名，居心狠毒，手法卑鄙，真少假多，看了叫人倒抽一口冷气。据载，此奏文当时一经发布，见者无不惊恐。史籍记载说："人睹（路）粹所作，无不嘉其才而忌其笔也。"（《后汉书·孔融传》注引《典略》）路粹这篇奏文一出，孔融即被下狱，处死弃市，时年五十六，妻、子皆被诛。孔融被刑时，镇定自若，不愧为堂堂"鲁国一男子"！附带一笔，这路粹后来也无好结果,据载:"(建安)十九年,(路)粹转为秘书令,从大军至汉中,坐违禁贱请驴伏法。"(《三国志·魏书·王粲传》注引《典略》)因为一件小事违犯了曹操的军法,被处死了。

孔融之死,自个人角度言,诚然可惜;范晔称赞他:"懔懔焉,嘓嘓焉,其与琨玉秋霜比质可也。"(《后汉书·孔融传》)说他高尚的品质、坚贞的气节,就如昆仑山上的美玉及秋天的寒霜。但从历史角度说,他在强势"奸雄"曹操手下生活,政治上既持异见,作风上又不能明哲保身、委曲求全,而是坚持清高,贵有骨鲠,嬉笑怒骂,锋芒时露,能不危哉?诚如后世论者所评:"时(曹操)僭形已彰,文举既不能诛之,又不敢远之,并立衰朝,戏谑笑傲,激其忌怒,无啻肉喂馁虎,此南阳管乐所深悲也。"(明·张溥《汉魏六朝百三家集题辞·孔少府集》)分析得有一定道理。孔融是一位道德优秀、性格鲠直、作风旷达的才士,但他虽具博辩之学,却并无纵横之术,尤乏政治手腕,在汉末险恶复杂的环境中,他站在行将失败的一方,注定只能被历史所吞没。这是时代的也是个人的悲剧。

三 逢人问孔融

孔融又是当时文学一大家。其作品以文章为主,有书、疏、表、论、教、碑文等,最著名者有《荐祢衡表》:

淑质贞亮，英才卓跞；初涉艺文，升堂睹奥。目所一见，辄诵于口；耳所瞥闻，不忘于心。性与道合，思若有神。弘羊潜计，安世默识；以衡准之，诚不足怪。忠果正直，志怀霜雪；见善若惊，疾恶若仇。任座抗行，史鱼厉节，殆无以过也。鸷鸟累百，不如一鹗；使衡立朝，必有可观。飞辩骋辞，溢气坌涌；解疑释结，临敌有余。昔贾谊求试属国，诡系单于；终军欲以长缨，牵致劲越。弱冠慷慨，前代美之。近日路粹、严象，亦用异才，擢拜台郎，衡宜与为比。如得龙跃天衢，振翼云汉，扬声紫微，垂光虹蜺，足以昭近署之多士，增四门之穆穆。钧天广乐，必有奇丽之观；帝室皇居，必蓄非常之宝。

表文写得词义振奋，声调铿锵，而措词典雅，文采斐然，甚得四六之神髓，故而历来被奉为骈文经典。萧统《文选》列其为"表"类之首。设想当初孔融推荐祢衡之际，必怀满腔热情，故而赞美之意，溢于言表。而曹操读此，当亦颇受感动，以为祢衡其人德才兼备，必与文章相表里。然而本文所说，未必与事实相符，结果因祢衡的张狂表现，无端激怒曹操，致使孔融良好的意愿成为得罪之由，堪叹堪叹！

孔融另有《与曹公论盛孝章书》，亦称名篇，《文选》亦选入其中。本篇也是致书曹操，推荐名士盛宪。按，盛宪字孝章，曾任吴郡太守，与孔融为知友。建安初，孙策以武力平定江东，盛宪颇受忌恨威胁，孔融遂致函曹操，希望朝廷招致其人。文章表现出孔融一贯的好士尚友作风。曹操竟积极响应，下诏召之。而诏未至，盛宪已遇害。此文说盛宪的种种优点，及劝说曹操迅速采取行动，言辞恳切，情深意挚，诚意动人：

> 岁月不居，时节如流。五十之年，忽焉已至。公为始满，融又过二。海内知识，零落殆尽，惟会稽盛孝章尚存。其人困于孙氏，妻孥湮没，单子独立，孤危愁苦。若使忧能伤人，此子不得复永年矣。《春秋传》曰："诸侯有相灭亡者，桓公不能救，则桓公耻之。"今孝章实丈夫之雄也，天下谈士，依以扬声，而身不免于幽执，命不期于旦夕，是吾祖不当复论损益之友，而朱穆所以绝交也。公诚能驰一介之使，加咫尺之书，则孝章可致，友道可弘矣。今之少年，喜谤前辈，或能讥评孝章，孝章要为有天下大名，九牧之民所共称叹。燕君市骏马之骨，非欲以骋道里，乃当以招绝足也。唯公匡复汉室，宗社将绝，又能正之。正之之术，实须得贤。珠玉无胫而自至者，以人好之也，况贤者之有足乎！

开首"岁月不居"以及"公"与"融"等，叙作者与曹操之间的友情，自私人关系说起，娓娓道来，既亲切感人，又包含浓郁感伤的情绪。而"海内知识，零落殆尽"，仍以人生感伤为主，而转入对他人的关注。以下说盛宪其人，赞之为"丈夫之雄"，而对于目下"旦夕"的危殆处境，则充满"愁""苦""忧""伤"情调，寓含无限同情。以下又从"友道""得贤"方面，敷说道理，希望对方（曹操）采取措施，"驰一介之使，加咫尺之书"，出手拯救盛宪。文章虽用典故，但行文畅达，略无阻滞，笔法纯熟，尤其是悲情漫流，浓郁深挚，是其最大优点。而曹操竟如其说而愿意配合行动，即是本文强大感染力的证明。

文章之外，孔融也能作诗。作品今存有《离合作郡姓名字诗》、《杂诗》二首、《临终诗》、《六言诗》三首等。其中最为人所重视者为《六言诗》：

> 汉家中叶道微，董卓作乱乘衰，僭上虐下专威。万官惶怖莫违，百姓惨惨心悲。
>
> 郭李分争为非，迁都长安思归。瞻望关东可哀，梦想曹公归来，从洛到许巍巍。
>
> 曹公辅国无私，减去厨膳甘肥，群僚率从祁祁。虽得俸禄常饥，念我苦寒心悲。

这是一组为汉末历史写照的作品。第一首写董卓作乱事，第二首写董卓死后关西军阀李傕、郭汜等混战，朝廷自长安东迁洛阳又再迁许都事，第三首写曹操拥立献帝，朝廷得以稳定、百官暂得安顿事。以时间论，则是写初平、兴平至建安元年之间共六七年间（190—196）事。据此内容，这组诗当撰于建安初年。诗中写出了作者的真实心态。首先，他对董卓等军阀乘衰作乱、为害"万官"

和"百姓"，充满悲愤之情；其次，他写朝廷西迁和东迁两次动荡过程之艰难；最后，写曹操拯救朝廷的功德和群僚对曹操的感激。一方面写出汉末战乱过程，以及诗人的愤慨和谴斥，另一方面又写对于"功臣"曹操的拥戴。自前者看，本组诗具有史诗意义。自后者说，本组诗反映了孔融与曹操关系的前期状况。当时曹操尚在事业初期，实力不强，羽毛未丰，奸雄性格和作风尚未充分暴露，他主要以"救国"者姿态出现，故而颇能蒙蔽时人，掠取时誉。如孔融等性情鲠直之士，最能受其表象迷惑，故而有此赞颂功德之诗。"曹公辅国无私"云云，用辞崇高，直追周公等古代圣贤。这不能说诗人吹拍谀颂，主要是诗人性情鲠直、理解简单所致。作为历史记录之篇章，本组诗饶有价值。而全篇使用六言句，且每句叶韵，形态特殊，自成一体，不仅在汉末，即在整个中国诗歌史上，亦称奇葩，值得重视。

孔融的人格，后世广受推重。让梨故事，成为中华优秀的伦理经典事例，自古迄今，家传户晓。至于其文章，亦名声远播，影响巨大。首先应当提及的就是，曹丕对于孔融文章就极为欣赏，史载："魏文帝深好（孔）融文辞，每叹曰：'杨、班俦也。'"称赞孔融是扬雄、班固一流的大文学家。曹丕称帝后，还下诏天下，募集孔融的著作，有献上者，以金帛赏赐。曹丕还在他的《典论·论文》中，将孔融列为"建安七子"之首。其实孔融虽然后期生活在建安年间，但他与"七子"中其他六位文士关系并不密切，尤其是与王粲，似乎从未见过面。王粲是建安十三年曹操南征荆州之后，才跟随返回到中原地区的，而那时孔融已经被杀。所以将孔融列入"建安七子"之中，多少有些勉强。在这一点上，曹植的说法就比较切合实际，他在《与杨德祖书》中论及"今之作者"时，就只说及王粲等，而不包括孔融。联系到孔融生前曾经嘲讽过曹丕私纳甄氏，为何曹丕竟如此不计前嫌？此事似乎难以解释，只能说孔融的文辞吸引力实在太大了。至于后代对于孔融的论述、题咏，则代不乏人。如孔融少年时骋才李膺之堂，就颇为后世文士所乐道，唐代刘禹锡诗中有句曰："门前修刺孔融来。"（《同乐天送河南冯尹学士》）杜甫亦有诗曰："有客传河尹，逢人问孔融。青囊仍隐逸，章甫尚西东。鼎食为门户，词场继国风。"（《奉寄河南韦尹丈人》）赞颂孔融少年英姿，才气过人。所谓"门前""河尹"，皆指河南尹李膺。至于孔融所说的"座上客恒满，尊中酒不空"的场景，则为后世诸多文士所艳羡。李商隐诗中即有云："扇举遮王导，樽开见孔融。"（《今月二日不自量度……》）又其文中有曰："闭目梦游，已入孔融之座。"（《为山南薛从事谢辟启》）等等，不一而足。明代张溥在肯定孔融诗文"豪气"之后，也不忘说及其"客酒"话题，表示非常向往。他说："东汉词章拘密，独少府诗文，豪气直上，孟子所谓'浩然'，非耶？琴堂衣冠，客满酒盈，予尚能想见之。"（张溥《孔融集题词》）

狂者祢衡

东汉后期的文坛上,奇人、怪人层出不穷,从朱穆开始,郦炎、赵壹、延笃、高彪等皆是。不过要说到"狂",则以祢衡为第一。此人固然才气纵横,但他恃才傲物,傲到什么事情上都要走上极端,所到之处都要与人作对。这样的"狂人",自然四处树敌,最终只能是早早结束人生,年仅二十六岁。但是他的《鹦鹉赋》确是不朽名篇,所以这里应当"点"他一下"将"。

一 大儿孔文举,小儿杨德祖

在《圣人后裔、清流先驱孔融》一篇中,说到孔融有一件事大为挫伤了曹操的自尊心,开罪了曹操,此即孔融推荐祢衡之事。祢衡其人,字正平,青州平原人,汉末战乱起,他随家人避难荆州。荆州在刘表治下,黄巾军没有打到那里,军阀混战也暂未波及,当时可算是一块平安清静之地,所以许多中原士绅都来此暂居安生。祢衡少年聪慧,饶有才辩,出类拔萃;同时,他又意气刚傲,矫时慢物,脾气狂躁。建安元年(196),汉献帝与朝廷大臣逃离关西军阀,历经磨难,来到洛阳。但是东都洛阳在汉末宦官作乱和随后的军阀混战中，早已被破坏得满目疮痍，所以在曹操护卫下，朝廷只好暂移许都。此后朝廷行政及礼乐制度逐渐恢复，全国各地士大夫中有不少人怀着各自的希望前来许都，投奔朝廷，以求前程。青年祢衡亦自荆州北来许下。当时朝中名士不少，如荀彧、贾诩、陈群、司马朗等，但祢衡视之皆为平庸之辈，不屑与交；唯有孔融、杨修二人，被他认为可以算作人物，他有名言："大儿孔文举，小儿杨德祖。余子碌碌，莫足数也。"（《后汉书·文苑传下》）从这话中，似乎他对这两位也有些藐视。当时祢衡年方弱冠，而孔融年过四十。从孔融方面说，这是他的忘年交，显示他爱才不计较少长；但从祢衡方面说，将长一辈的人戏称"大儿"，未免不敬，有失礼貌。其实杨修也比祢衡大出不少，祢衡称之为"小儿"，同样显得狂妄，对人缺乏起码的尊重。尽管孔融、杨修不计较，但从人格修养来说，这祢衡唯我独尊，确实难以令人起敬。你不尊重人家，人家如何尊重你？

祢衡到许都，原本是来投朝廷的。他几乎见到所有的朝廷大臣都要出言不逊，加以贬损攻击；对那些被他认为不如他的人，则干脆不搭理。那些无端受到藐视和讥讽的大臣，自然也要反击，视之为异类。如他对时任朝廷尚书令的颍川才士荀彧（字文若），以及时任荡寇将军的赵某（字稚长），就评论说"文若可借面吊丧，稚长可使监厨请客"，意为荀彧只是面相长得不错，去参加人家的丧礼还不错；而赵某长相大腹便便，只能充当厨房里的大师傅。有人对他说，你就去投另外两位朝廷要员陈群、司马朗吧，祢衡则说:"卿欲使我从屠沽儿辈也!"(《三国志·魏书·荀彧传》注引《平原祢衡传》)把两位说成是杀猪卖酒的人。

二　祢衡与曹操

然而孔融爱祢衡有才,还是向曹操多次推荐。孔融的荐表写得热情洋溢,文采斐然:

> 臣闻洪水横流,帝思俾乂,旁求四方,以招贤俊。昔世宗继统,将弘祖业,畴咨熙载,群士响臻。陛下睿圣,纂承基绪,遭遇厄运,劳谦日昃。惟岳降神,异人并出。窃见处士平原祢衡,年二十四,字正平。淑质贞亮,英才卓跞,初涉艺文,升堂睹奥。目所一见,辄诵于口;耳所瞥闻,不忘于心。性与道合,思若有神。弘羊潜计,安世默识。以衡准之,诚不足怪。忠果正直,志怀霜雪;见善若惊,疾恶若仇。任座抗行,史鱼厉节,殆无以过也。鸷鸟累百,不如一鹗;使衡立朝,必有可观。飞辩骋辞,溢气坌涌,解疑释结,临敌有余。昔贾谊求试属国,诡系单于;终军欲以长缨,牵致劲越。弱冠慷慨,前代美之;近日路粹、严象,亦用异才,擢拜台郎;衡宜与为比。如得龙跃天衢,振翼云汉,扬声紫微,垂光虹蜺,足以昭近署之多士,增四门之穆穆。钧天广乐,必有奇丽之观;帝室皇居,必蓄非常之宝。若衡等辈,不可多得。《激楚》《阳阿》,至妙之

容，掌伎者之所贪；飞兔騕褭，绝足奔放，良乐之所急也。臣
等区区，敢不以闻。陛下笃慎取士，必须效试，乞令衡以褐衣
召见。无可观采，臣等受面欺之罪。

这里将祢衡说成是"性与道合，思若有神""忠果正直，志怀霜
雪"之人，道义、品格、睿智、才能齐备，可与前世优秀人物桑弘
羊、张安世、贾谊、终军等比美。孔融又以身作保，说若该人无
可"观采"，则自己愿受"面欺之罪"。表文引用典故，辞采飞扬，
"扬声紫微，垂光虹蜺"，十分"可观"。曹操当时也需要罗致人
才，所以见表之后，颇为欢迎。本来此事可以顺利进展，然而结果
却出乎当事者之始愿，以不欢而散结束。问题就出在祢衡的性格
作风过分狂躁，桀骜不驯，难以捉摸，无法相处。

曹操在孔融的推荐下表示要接见祢衡，岂不很好？但一开始
祢衡就横生枝节，他推说自己有"狂病"，不肯见面，还讲了些难听
的话。如此表现，不知是他要在曹操面前摆架子，还是忽然对曹操
有了负面看法？曹操有些不高兴了，不见也罢；听说他善于击鼓，就
让他先当个鼓吏。这样处理，不能责怪曹操。到八月份举行"普天
阅试鼓节"，朝廷搭起三重阁楼，场面隆重，大会宾客。各鼓吏依
次表演，轮到祢衡出场，按照惯例，应换专门的击鼓服装，却只见
他上来就击鼓，所表演的是"渔阳三挝"，是他自编的节目。他气
度不凡，音节殊妙，在座宾客听了无不受到感染，慷慨激动。管理
人员催他换服装，他就脱去旧服，却不立即穿上新衣，在曹操面前

赤身裸体，一丝不挂站立着，毫无愧色，然后慢慢穿上新衣帽，接着继续表演击鼓。这场景弄得大家惊奇不已，气氛尴尬。曹操笑着说：我本来想折辱他一下，煞煞他的傲气；结果反而被他羞辱一顿。孔融见状，下来也狠狠批评祢衡说：你是大雅之人，怎么可以大庭广众如此表现？并且再次劝他，希望他与曹操好好沟通，说曹操还是愿意任用他的。祢衡答应说改天可以去上门谢罪。孔融又向曹操转述此意，曹操一听，又高兴起来。不久，祢衡按约定，去曹操府上面谈。曹操还命令门下如有客来，立即通报。此时曹操虽然已经"受辱"一次，但他还是表现出相当的涵养，态度还是和善的，曹操能够如此做，已经是相当不易了。这是十月份的事情，那天曹操在府中等到很晚，祢衡才来到，然而他却不知为何，也不上前通报，竟在大营门外席地而坐，以杖击地，指名道姓对曹操破口大骂，言语污秽。看门人赶紧报告曹操如此这般，曹操听说后，真的生气了，就对孔融说：祢衡这小子，我要杀他就如杀鼠雀一般。只是看他有一些虚名，所以耐心待他，以免不知情者以为我不能容人。既然他在这里如此不识抬举，那我也不杀他，就将他送去刘表那边吧。于是派人押送祢衡去荆州。旧戏中有《击鼓骂曹》一出，基本情节符合历史记载，但"击鼓"与"骂曹"实际上发生在两个场合，祢衡击鼓时并未骂曹，而骂曹时所击的非鼓而是地，戏里合二而一了；至于祢衡台词中的"名为汉相，实为汉贼"等，也是后来编写的，因为建安初曹操的官位还是司空，而非丞相。这是艺术加工，不必苛求。

三 在荆州，在夏口

次日，祢衡要离开许都去荆州了，众多士大夫都来城南送行。他们大多受过祢衡的无礼对待，所以约定也要当面羞辱他一顿。当祢衡来到现场时，他们故意在大帐篷里或躺或坐，不起身，以示怠慢。祢衡来到，见状便嚎啕大哭起来。人问他为何要哭？他说："行尸柩之间，能不悲乎！"如此贬斥别人，除了一时得到嘴巴痛快和心理满足之外，又有什么好处？我们在惊奇于祢衡反应灵敏之外，只能对他的这种处理人际关系的方式表示不解。

祢衡来到荆州，那荆州牧刘表也是文雅之人，便以礼相遇，待为上宾。刘表曾经与手下诸多文士一起，向汉献帝草拟章表奏文，殚精竭虑，集思广益，终于写定文稿，即将发出。当时祢衡外出归来，求见其文，他草草看了一眼，便把文稿撕毁在地，刘表见状，吓了一跳，很不高兴。祢衡随即要求纸笔，重新拟写，不一会儿，就写毕，大家阅后，果然词意皆优，无不钦佩，刘表大悦。自此之后，更加器重他了。不过好日子不长久，祢衡对刘表也多所冒犯，惹得刘表也不高兴。当然，刘表手下原来一批文士，也都与祢衡不睦，所以在刘表面前，没少说祢衡的坏话，这也起了相当作用。

刘表有将军黄祖，率兵屯驻于夏口（今汉口），其子黄射任章陵太守，与祢衡一见如故，彼此友善。刘表就顺水推舟，将祢衡又送到了夏口。黄射与祢衡曾经一起出游，看到蔡邕所作碑文，黄射很欣赏其文辞。回到夏口后，他很遗憾当时没有将碑文过录下来。祢衡得知，便说不要紧，我还记着哪！立即就把碑文默写出来，写完说：碑文有二字不清楚，所以我也缺这两个字。黄射很惊奇，又有些不信，便派人再去那里核对碑文，那人回来说："核对过了，一字不差。"黄射不由得惊呆了。黄祖也很欣赏祢衡的才气，每当有特别宾客来到，就叫他出席，一起谈论。黄祖有什么公文，也都请祢衡代笔。他一旦动笔，行文飞快，而且文不加点，一气呵成。黄祖看了，非常满意，说：你把我心里的话全都写出来了。不久，祢衡老毛病又犯了，对黄祖骄矜无礼起来。有一次，他回答黄祖说话，用了俳优的话语绕口令之类，黄祖听不懂，以为是在骂自己。那黄祖本是个武夫，又是火暴性子，当即大怒，叫部下将祢衡揪出去，要抽鞭子。祢衡在外，继续大骂，黄祖更加恼火，便怒吼说将他杀了吧！黄祖的主簿，曾受过祢衡不少奚落，平时对他恨得牙痒痒。此时一听黄祖发有此言，便赶紧下手，立即将他杀了。黄射听说，赶紧来救，却晚到了一步，祢衡已经丧命，连黄祖本人也后悔了，但已经来不及。祢衡匆匆结束了短暂的一生，他只有二十六岁，可以算得上"非正常死亡"。不过他的死，除了被曹操、刘表、黄祖等权势人物所不容外，自己要负相当的责任。他起初到许都去，本意应当是投曹的，不知为何变成了骂曹；他到荆州，起初也与刘表颇融洽，不知为何成了仇敌；他与黄祖起初也相处甚欢，不知为何很快恶言相向。这里很难说存在多少道义上的原则分歧，基本上就是个人性格作风上的矛盾所导致。所以祢衡的人生，既是历史性的悲剧，也是个人性的性格悲剧。

不过在文学史上，短命的祢衡还是留下了浓重的一笔，这就是他的《鹦鹉赋》。就是这篇作品，让我们不能不在本书中面对他，来"点"他一下"将"。

四　借物写人的《鹦鹉赋》

《鹦鹉赋》撰于祢衡在夏口时，当时黄射大会宾客，有人来献鹦鹉，黄射举起酒杯，对祢衡说："愿先生赋之，以娱嘉宾。"祢衡卷起袖子，振笔疾书，文不加点，一挥而就，辞采甚丽。其文为：

> 时黄祖太子射，宾客大会。有献鹦鹉者，举酒于衡前曰："祢处士，今日无用娱宾，窃以此鸟自远而至，明慧聪善，羽族之可贵。愿先生为之赋，使四坐咸共荣观，不亦可乎？"衡因为赋，笔不停缀，文不加点。其辞曰：

> 唯西域之灵鸟兮，挺自然之奇姿。体金精之妙质兮，合火德之明辉。性辩慧而能言兮，才聪明以识机。故其嬉游高峻，栖跱幽深；飞不妄集，翔必择林。绀趾丹觜，绿衣翠衿；采采丽容，咬咬好音。虽同族于羽毛，固殊智而异心；配鸾皇而等美，焉比德于众禽？

> 于是羡芳声之远畅，伟灵表之可嘉。命虞人于陇坻，诏伯益于流沙；跨昆仑而播弋，冠云霓而张罗。虽纲维之备设，终一目

之所加。且其容止闲暇，守植安停；逼之不惧，抚之不惊。宁顺从以远害，不违忤以丧生；故献全者受赏，而伤肌者被刑。

尔乃归穷委命，离群丧侣；闭以雕笼，剪其翅羽。流飘万里，崎岖重阻；逾岷越障，载罹寒暑。女辞家而适人，臣出身而事主；彼贤哲之逢患，犹栖迟以羁旅。矧禽鸟之微物，能驯扰以安处；眷西路而长怀，望故乡而延伫。忖陋体之腥臊，亦何劳于鼎俎？嗟禄命之衰薄，奚遭时之险巇。岂言语以阶乱，将不密以致危？痛母子之永隔，哀伉俪之生离；匪余年之足惜，愍众雏之无知。背蛮夷之下国，侍君子之光仪；惧名实之不副，耻才能之无奇。羡西都之沃壤，识苦乐之异宜；怀代越之忧思，故每言而称斯。

若乃少昊司辰，蓐收整辔；严霜初降，凉风萧瑟；长吟远慕，哀鸣感类。音声凄以激扬，容貌惨以憔悴；闻之者悲伤，见之者陨泪；放臣为之屡叹，弃妻为之嘘唏。感平生之游处，若埙篪之相须；何今日之两绝？若胡越之异区。顺笼槛以俯仰，窥户牖以踟蹰。想昆山之高岳，思邓林之扶疏。顾六翮之残毁，虽奋迅其焉如？心怀归而弗果，徒怨毒于一隅。苟竭心于所事，敢背惠而忘初？托轻鄙之微命，委陋贱之薄躯。期守死以报德，甘尽辞以效愚。恃隆恩于既往，庶弥久而不渝。

除序之外，全赋大要可分为四节。首节说鹦鹉之鸟，出身西域大自然之"金精""妙质"集于一身：既有"火德""慧才"，又"能言""识机";既有"丽容",又有"好音"。由于"殊智而异心",故而其素质高贵,超出同为鸟类的其他飞禽,可谓德才兼备。作者的写作目的是什么?显然是在以鸟自拟,为其个人素质自喻之辞。第二节"于是"以下,所说"羡芳声"者云云,所指乃中土之人。写此鸟本来生活在"昆仑""流沙"之西域,而被"虞人""张罗""一目"所获。所谓"虞人",据《周易》"六三,即鹿无虞,惟入于林中",虞翻解曰:"虞谓虞人,掌禽兽者。"可知即狩猎管理者也。"宁顺从以远害,不违忤以丧生",是写鹦鹉之顺从命运,全身远害,明哲保身。此节亦喻作者投身仕途,涉足官场,并非自愿,而是不得已之举。

第三节"尔乃"以下,写鹦鹉此鸟,被"闭以雕笼,剪其翅羽","流飘万里","逾岷越障",远离家乡,来到中土,被人饲养。此犹"女辞家而适人,臣出身而事主",身不由己,心情无奈。然而其内心仍然眷顾乡土,留恋亲属,"眷西路而长怀,望故乡而延伫"。又写鹦鹉命运不济,"嗟禄命之衰薄,奚遭时之险巇",遭遇险情,遇险之原因,则是"岂言语以阶乱,将不密以致危",是它的"言语"有失、"不密",以致"阶乱""致危"。这里所写,不能不令人联想到祢衡本人的经历。在作此赋之前,祢衡已经有多次因"言语"而"致危",特别是与曹操之间、与刘表之间,皆是如此,故而此节所写,为祢衡自身体验之总结,是人生危言也。以下复述鹦鹉对于故乡之思念,亲人之眷怀,"母子之永隔","伉俪之生离",说出了人生之孤独痛苦。"怀代越之忧思,故每言而称斯",反复称述对故乡亲人之思念，可知痛苦之强烈。祢衡本人不由自主地辗转于各地，又颇开罪于诸权要人物，内心苦闷，由此可见一斑。此节为心绪诉说，故而文字亦稍长。

第四节"若乃"以下，写秋天时节。在五德终始序列中，少昊为西方神灵，属金德，司秋，据《汉书·魏相传》解释：

> 万物之性成，各有常职，不得相干。东方之神太昊，乘震执规司春；南方之神炎帝，乘离执衡司夏；西方之神少昊，乘兑执矩司秋；北方之神颛顼，乘坎执权司冬。中央之神黄帝，乘坤艮执绳司下土。兹五帝所司，各有时也。

秋季有"严霜""凉风"，风物凄凉。"音声凄以激扬，容貌惨以憔悴；闻之者悲伤，见之者陨泪；放臣为之屡叹，弃妻为之嘘唏"等等，皆宣扬凄凉的气氛和悲伤的情绪，既是鸟之声音，亦是人之情绪。"想昆山之高岳，思邓林之扶疏"，又是思归之叹。"心怀归而弗果，徒怨毒于一隅"，此二句似乎表明作者已经觉悟到自己经常"结怨"于"一隅"，然而深层次的原因，则又并未思考清楚，还在说"期守死以报德，甘尽辞以效愚"，意思是只要自己忠诚待人，就会得到好的回报，情愿"守死以报德"。然而祢衡本人的实际表现，他人很难领会到是"守死以报德"，因为他的狂傲处世的态度实在太过极端。

总之，《鹦鹉赋》借物写人，写出了祢衡的真实心态，他的自我描述很真切，也很生动。而文字典雅，音节铿锵，实在是一篇优秀的赋作。萧统《文选》将其收入书中，与贾谊《鵩鸟赋》同为"鸟兽"类赋之冠冕。汉末建安中，与《鹦鹉赋》同题之作甚多，有陈琳、阮瑀、王粲、刘桢、应玚、曹植等，皆有所撰，诸人各有所长，但总体而言，则以祢衡之篇最称优秀，后世论者亦赞不绝口。如宋代洪迈说：

> 观其所著《鹦鹉赋》，专以自况，一篇之中，三致意焉。如云："嬉游高峻，栖峙幽深；飞不妄集，翔必择林。……虽周旋于羽毛，固殊智而异心；配鸾皇而等美，焉比翼于众禽？"又云："彼贤哲之逢患，犹栖迟以羁旅。矧禽鸟之微物，能驯扰以安处。"又云："嗟禄命之衰薄，奚遭时以险巇？岂言语以阶乱，将不密以致危。"又云："顾六翮之残毁，虽奋迅其焉如？心怀归而弗果，徒怨毒于一隅。"卒章云："苟竭心于所事，敢背惠以忘初？期守死以报德，甘尽辞以效愚。"予每三复其文而悲伤之。李太白诗云："魏帝营八极，蚁观一祢衡。黄祖斗筲人，杀之受恶名。吴江赋鹦鹉，落笔超群英。锵锵振金石，句句欲飞鸣。鸷鹗啄孤凤，千春伤我情。"此论最为精当也。（《容斋随笔·三笔》卷十"祢衡轻曹操"）

又，今湖北武昌之南有鹦鹉洲，史载此即黄祖杀祢衡之处。祢衡尝作《鹦鹉赋》，因以名洲。见明代彭大翼《山堂肆考》卷二十四。

《古诗十九首》及其无名作者们

在东汉文坛群英中，除了前面已经介绍的名声响亮的人物外，尚有一批无名英雄。他们的才华和成就未必就比那些著名作者差，只是由于种种原因，他们的姓名在历史的长流中被湮没无闻了。《古诗十九首》的作者们就是如此。他们留下了"惊心动魄""一字千金"的不朽诗篇。在这座"丰碑"前，谁能说他们不是文坛大将？《点将录》中岂能遗漏了他们？

一 "惊心动魄"与"一字千金"

说到汉代诗歌，任何一部文学史著作中都不会遗漏了《古诗十九首》（下文简称《古诗》）。这一批作品的重要性，我不必说别的，就看古代第一部诗歌评论著作——钟嵘的《诗品》是怎么说的吧：

> 古诗：其体源出于《国风》。陆机所拟十四首，文温以丽，意悲而远，惊心动魄，可谓一字千金。其外，《去者日已疏》四十五首，虽多哀怨，颇为总杂。旧疑是建安中曹、王所

制。《客从远方来》,《橘柚垂华实》,亦为惊绝矣。人代冥
灭,而清音独远,悲夫!

钟嵘将《古诗》列为全书之首,并且说它们"源出于《国风》",而
《国风》是《诗经》中的一部分。钟嵘又说它们"文温以丽,意悲
而远",这是说文辞与意境:文辞温和雅致,生动美丽;意境则以
悲情为主,深远绵长,回味无穷。这两方面构成了诗篇的主要风格
特征,它也应该是钟嵘最为欣赏、最为推崇的一种风格了。接下来
钟嵘就对《古诗》做总体评价了:"惊心动魄"说的是作品的感动
力、震撼力,非同凡响。"一字千金",说的是作品的文学史价值:
太珍贵了,无可比拟的珍贵!要知道,古代诗歌评论著作非常之
多,在众多评论中,像钟嵘这样的评语,我们几乎看不到第二个,
不妨说这是两千年来绝无仅有的崇高评论。而钟嵘的这个评论本
身,也经历了两千年时间长河的考验,我们没有看到后人对他的
这些评论提出质疑或者反对意见,表明它们已经被后人所广泛接
受、认可了。于是我们不再怀疑钟嵘的评论是否为"溢美之词",看
来他的说法是客观公允的,是对《古诗》作品的恰当评骘。

　　至于钟嵘之后的评论者对于《古诗十九首》的有关说法,我
们还可以择要列举一些。如宋代张镃论述学诗时将《古诗》当做
最高的"规范"看待:

　　　读《古诗十九首》及曹子建诸诗,如"明月入高楼,流光

正徘徊"之类，皆致思深远，言有尽而意无穷，学者当以此诗常自涵养，自然下笔高妙。（《仕学规范》卷三十九）

又如金代赵秉文，他在论述如何学习"为文""为诗"时说：

故为文当师六经、左丘明、庄周、太史公、贾谊、刘向、扬雄、韩愈；为诗当师《三百篇》《离骚》《文选》《古诗十九首》，下及李、杜。（《答李天英书》）

这是将《古诗十九首》与《诗经》《楚辞》等并列，而且置于后世公认的"诗仙"李白、"诗圣"杜甫之前，视为诗史上的最高典范之一。

又如清代纪昀，也是一位非常重要的、影响广泛的评论家。纪昀在他的巨著《四库全书总目提要》中批评宋代真德秀《文章正宗》任意删略《古诗》的做法时说：

且如《古诗十九首》，虽非一人之作，而汉代之风，略具乎此。今以希元之所删者读之，"不如饮美酒，被服纨与素"，何异《唐风·山有枢》之篇？"良人惟古欢，枉驾惠前绥"，盖亦《邶风·雄雉于飞》之义；"牵牛""织女"，意仿《大东》；"兔丝""女萝"，情同《车舝》；十九作中，无甚优劣。

纪昀在此是将《古诗十九首》与《诗经》相提并论、同等看待了。这做法无异于是对《古诗十九首》的经典化。

至于对《古诗》的具体评论则更多，如元陈绎曾谓："《古诗十九首》情真、景真、事真、意真，澄至清，发至情。"（《诗谱》，《说郛》卷七十九下）用一个"真"字，几乎赞颂了《古诗》的一切方面。

后世文士又有南朝戴逵《古诗十九首图》，北宋秦观《楷书古诗十九首》一卷，元柯敬仲《古诗十九首隶（书）》，明祝允明《古诗十九首书》，王穉登《书古诗十九首》等，影响所及，涉于书画领域。

由此可知，《古诗》这一组作品的价值和地位，实在是非常之高。不妨说它们超过了其他有名有姓的汉代诗人的诸多作品。

二　《古诗十九首》原作欣赏

说到这里，读者心中应该已经形成一个初步概念：这十九首作品竟有如此绝高的地位和声誉！既如此，何不赶紧让大家亲炙一下作品原文呢？好，这里马上就来逐一观赏《古诗》原文。我在每首之后，对诗篇特色作简要提示，以期有助于阅读和理解：

行行重行行，与君生别离。相去万余里，各在天一涯。道路阻且长，会面安可知？胡马依北风，越鸟巢南枝。相去日已

远，衣带日已缓。浮云蔽白日，游子不顾返；思君令人老，岁月
忽已晚。弃捐勿复道，努力加餐饭。（之一）

本篇以"生别离"为主题；写思妇对游子的思念与自慰。"胡
马""浮云"云云，比兴使用极为出色，既切合主旨，又宕得很开，
亦即所比的意象与原诗所写内容距离较大，但在意思上却有所切
合，若远实近。

　　青青河畔草，郁郁园中柳。盈盈楼上女，皎皎当窗牖。娥
娥红粉妆，纤纤出素手。昔为倡家女，今为荡子妇。荡子行不
归，空床难独守。（之二）

注意本首叠字使用最多，全首十句，叠字共六处，音节浏亮。前二
句为比兴，三至六句为叙事，无论比兴或叙事，皆不妨用叠字，故
而显出平淡中的巧妙。主角"荡子"与"倡家女"，身份稍异于"游
子"与"思妇"。

　　青青陵上柏，磊磊涧中石。人生天地间，忽如远行客。斗
酒相娱乐，聊厚不为薄。驱车策驽马，游戏宛与洛。洛中何郁
郁，冠带自相索。长衢罗夹巷，王侯多第宅。两宫遥相望，双
阙百余尺。极宴娱心意，戚戚何所迫？（之三）

本首感叹人生短促。作者生活圈子在上层社会中，活动于"宛"（东汉时期为"南都"）与"洛"（"东都"），强调"娱乐""游戏"之类以自解自慰。诗中写及"宛""洛"，显示写作时间应在东汉末战乱发生之前。

今日良宴会，欢乐难具陈。弹筝奋逸响，新声妙入神。令德唱高言，识曲听其真。齐心同所愿，含意俱未申。人生寄一世，奄忽若飙尘。何不策高足，先据要路津？无为守穷贱，轗轲长苦辛。（之四）

本首咏叹"宴会"之"欢乐"，感叹人生短促。陈述"先据要路津"的人生策略，以毋"守穷贱"，人生观念偏于势利，不免庸俗。

西北有高楼，上与浮云齐。交疏结绮窗，阿阁三重阶。上有弦歌声，音响一何悲。谁能为此曲？无乃杞梁妻。清商随风发，中曲正徘徊；一弹再三叹，慷慨有余哀。不惜歌者苦，但伤知音稀。愿为双鸿鹄，奋翅起高飞。（之五）

本首写音乐境界，写得"清""高"飘逸；情调以"悲""哀"为主，带有咏史性质。结末既感叹"知音稀"，亦寓夫妻深情。

涉江采芙蓉，兰泽多芳草；采之欲遗谁？所思在远道。

还顾望旧乡，长路漫浩浩。同心而离居，忧伤以终老。(之六)

本首仍是思妇之辞，基调为"忧伤"；而情景交融，境界辽远。

明月皎夜光，促织鸣东壁。玉衡指孟冬，众星何历历。白露沾野草，时节忽复易，秋蝉鸣树间，玄鸟逝安适。昔我同门友，高举振六翮；不念携手好，弃我如遗迹。南箕北有斗，牵牛不负轭；良无磐石固，虚名复何益？(之七)

本首主旨在感叹友人无情义。比兴丰富，意境多层次。叙事只在中间"昔我……"四句，末二句为总结人生及交友教训。

冉冉孤生竹，结根泰山阿。与君为新婚，兔丝附女萝。兔丝生有时，夫妇会有宜。千里远结婚，悠悠隔山陂。思君令人老，轩车来何迟？伤彼蕙兰花，含英扬光辉；过时而不采，将随秋草萎。君亮执高节，贱妾亦何为？(之八)

本首亦"思君"之辞，咏叹"千里远结婚"的后果。而"君亮执高节"云云，似有不得已之离别缘由，或者男方竟是汉末"党人"之类的无辜受害者？比兴与赋事相间，既多且优，富于层次感。写得婉曲，故而稍显费解。

庭中有奇树,绿叶发华滋;攀条折其荣,将以遗所思。馨香盈怀袖,路远莫致之。此物何足贵?但感别经时。(之九)

本首亦思妇之辞。而比兴迭出,情景结合,民歌风甚浓厚。

　　迢迢牵牛星,皎皎河汉女;纤纤擢素手,札札弄机杼。终日不成章,泣涕零如雨。河汉清且浅,相去复几许?盈盈一水间,脉脉不得语。(之十)

本首写景抒情,融汇为一。全篇主旨,只在男女多情而"不得语",比兴贯穿始终,几乎每句皆是,民歌风浓厚。

　　回车驾言迈,悠悠涉长道。四顾何茫茫?东风摇百草。所遇无故物,焉得不速老?盛衰各有时,立身苦不早;人生非金石,岂能长寿考?奄忽随物化,荣名以为宝。(之十一)

本首感慨人生短促,而宣扬"荣名以为宝",追求事业成就的同时,亦显示名利欲望,思想不免庸俗,存在局限。

　　东城高且长,逶迤自相属。回风动地起,秋草萋已绿。四时更变化,岁暮一何速?晨风怀苦心,蟋蟀伤局促。荡涤放情志,何为自结束?燕赵多佳人,美者颜如玉。被服罗裳衣,当

户理清曲。音响一何悲？弦急知柱促。驰情整巾带，沉吟聊踯躅。思为双飞燕，衔泥巢君屋。（之十二）

本首诗义稍呈复杂：前十句为一段，说时光流逝，岁月倏忽，咏叹人生"局促"，主张"放情志"，毋"自结束"，似为文士自宽自解之辞。后十句为另一段，写"佳人""理清曲"，"思为双飞燕"，似为思妇之辞。双重组合成篇，既感奥妙，亦存迷茫。"晨风""蟋蟀"，皆《诗经》篇名，用典亦本首特色，显示出文人之诗的痕迹。

　　驱车上东门，遥望郭北墓。白杨何萧萧？松柏夹广路。下有陈死人，杳杳即长暮；潜寐黄泉下，千载永不寤。浩浩阴阳移，年命如朝露；人生忽如寄，寿无金石固。万岁更相送，圣贤莫能度。服食求神仙，多为药所误；不如饮美酒，被服纨与素。（之十三）

本首咏叹"人生忽如寄"，又不信"服食""神仙"之事，头脑清醒；然而主张"饮酒""纨素"享受，则又误入及时行乐之途。

　　去者日以疏，来者日以亲。出郭门直视，但见丘与坟。古墓犁为田，松柏摧为薪。白杨多悲风，萧萧愁杀人。思还故里闾，欲归道无因。（之十四）

本首咏叹生命不永，引发浓郁悲情，而"欲归"而不能，更增添无奈悲观心情。情景交融。"白杨多悲风，萧萧愁杀人"二句，上首有"白杨何萧萧"句，彼此显示一定关联性。

> 生年不满百，常怀千岁忧。昼短苦夜长，何不秉烛游？为乐当及时，何能待来兹？愚者爱惜费，但为后世嗤。仙人王子乔，难可与等期。（之十五）

本首亦感叹生命不永，仙人难期。然而明确提出及时行乐的主张，遂亦堕入消极情绪。

> 凛凛岁云暮，蝼蛄夕鸣悲。凉风率已厉，游子寒无衣。锦衾遗洛浦，同袍与我违。独宿累长夜，梦想见容辉。良人惟古欢，枉驾惠前绥。愿得常巧笑，携手同车归。既来不须臾，又不处重闱。亮无晨风翼，焉能凌风飞？眄睐以适意，引领遥相睎。徙倚怀感伤，垂涕沾双扉。（之十六）

本首当亦思妇之辞。前四句写"岁暮""游子""无衣"，寄心远出丈夫；"洛浦""独宿""梦想""容辉"云云，似说男子现在洛阳。"良人"以下，反复描述思念"感伤"之情。

> 孟冬寒气至，北风何惨栗！愁多知夜长，仰观众星列；

三五明月满，四五蟾兔缺。客从远方来，遗我一书札；上言长相思，下言久离别。置书怀袖中，三岁字不灭。一心抱区区，惧君不识察。（之十七）

本首亦思妇之辞。"愁多知夜长"，千古名句。"三岁字不灭"云云，语涉夸张，但写出爱情之专注与坚定。

　　客从远方来，遗我一端绮。相去万余里，故人心尚尔。文采双鸳鸯，裁为合欢被；著以长相思，缘以结不解。以胶投漆中，谁能别离此？（之十八）

本首亦思妇之辞。写法与上首近似，皆有"客从远方来，遗我一××"语。"合欢被""胶投漆"云云，成为古今情爱成语。以上二首，民歌风浓厚。

　　明月何皎皎，照我罗床帏；忧愁不能寐，揽衣起徘徊。客行虽云乐，不如早旋归。出户独彷徨，愁思当告谁？引领还入房，泪下沾裳衣。（之十九）

本首亦思妇辞。"忧愁不能寐"句，不及"愁多知夜长"佳。而"客行"二句，说出古今生活真理，充满人情味。

三　《古诗十九首》作者之谜

关于《古诗》作者，从一开始就说法不一。徐陵在《玉台新咏》中辑录了其中八首（包括"凛凛岁云暮"等，以及十九首之外的另一首"上山采蘼芜"），署为"古诗"，意思是无名氏之作；而另外将"西北有高楼"等九首署为"枚乘杂诗九首"，认为作者是西汉枚乘。

刘勰在《文心雕龙·明诗》中说："古诗佳丽，或称枚叔。其《孤竹》一篇，则傅毅之词。"意即《古诗》十九首大部分"或"是枚乘所作，而"冉冉孤竹生"一篇，则出自东汉傅毅之手。

钟嵘在《诗品》中已经说了："旧疑是建安中曹、王所制。"此指建安文士曹植、王粲等人。不过他既然说"旧疑"，表明那是前人的怀疑，并非有人明确断定其作者为谁，故而也是不确定的说法。

从作品内容和形式各方面考察，枚乘所作的可能性很小。因为枚乘生活在西汉文、景时期，那时的文人诗歌创作领域，主要体裁还是四言诗，五言诗几乎没有。如《古诗十九首》这样成熟的五言诗作品，难以设想产生在当时。再从诗篇内容看，写到"游戏宛与洛"，还说洛阳城里景色是"洛中何郁郁，冠带自相索。长衢罗夹巷，王侯多第宅；两宫遥相望，双阙百余尺"等，"两宫"及"王侯"第宅都在洛阳，这明显写的是东汉都城洛阳。还有"宛"，那是东汉的"南都"，光武帝刘秀的老家在那里，西汉时期不可能如此重视"宛洛"。至于傅毅之说，可能性也不大，因为傅毅今存作品没有其他诗歌，只有辞赋写得很出色，就这孤零零的一篇五言诗出于他手？再说曹植、王粲，有无可能写作此十九首？我认为可能性也不大。这里的理由，前辈学人如余冠英先生等早已说过，主要问题在于诗中描写到洛阳的状况，那是一片宏伟壮丽的景象、富贵繁华的气氛，这就必定是在东汉末之前的景象。当时虽然政治腐败，社会矛盾尖锐，一触即发，但皇朝毕竟还维持着一时的局面，特别是皇宫、王侯第宅等都尚完好，没有遭到破坏，而且社会侈靡风气盛行，官员贵人子弟"游戏"风气盛行，这与汉末战乱发生之后的情况大不相同。自灵帝末黄巾军起，接着外戚何进与宦官火并，再接着董卓之乱发生，引起全国军阀混战，天下大乱，帝都洛阳也成为战乱中心，至建安元年献帝与朝廷官员自长安集体东逃，当时洛阳已经残破不堪，朝廷竟无处安顿。曹植在建安十六年经过洛阳时在诗中写得很真切具体："步登北邙阪，遥望洛阳山。洛阳何寂寞，宫室尽烧焚。垣墙皆顿擗，荆棘上参天。不见旧耆老，但睹新少年。侧足无行径，荒畴不复田。游子久不归，不识陌与阡。中野何萧条，千里无人烟。念我平常居，气结不能言。"（《送应氏诗二首》之一）这才是建安时期的洛阳景象，与《古诗》中所写的景色简直有天壤之别。所以"建安中曹、王所制"的"旧疑"，疑得没有依据，实不可信。

看来现有史料不足以坐实任何关于《古诗十九首》的作者身份，所以我们只能采取谨慎的态度，认为这是一组无名氏的作品，它们产生于汉末战乱发生之前，大约在桓帝、灵帝时期。作者可能是多人，因为从十九首作品的艺术风格来看，还是存在一些差异的，不像出于一人之手。当然，有一点也应该指出：十九首的艺术风格，有的偏雅，引用典故，与民歌差异明显；有的偏俗，基本不用典故，民歌风很浓厚。所以其作者也还存在另一种可能，即它们中的若干首是文人所作；而另外若干首，则本来是民间歌谣，但是经过了文人的修订改写，成为后世所见的雅俗兼具的面貌。这些说来也都是推测，不是定论。

无论作者是谁，《古诗十九首》这些珍贵作品本身的存在，最为重要。对此我们不必遗憾。

四 《古诗十九首》的深远影响

《古诗十九首》对后世产生的影响巨大。

首先，有不少优秀的诗人，将它们奉为学习的榜样，甚至是效法的经典。第一例是曹植。这位被谢灵运称为"独得八斗"的天才诗人，生活在紧接《古诗》时代的建安时期，他虽然贵为魏王公子，而学习《古诗》的态度非常明确。看他的以下二首诗：

> 微阴翳阳景，清风飘我衣。游鱼潜绿水，翔鸟薄天飞。眇眇客行士，遥役不得归。始出严霜结，今来白露晞。游者叹黍离，处者歌式微。慷慨对嘉宾，凄怆内伤悲。（《杂诗》，又一

作《情诗》）

> 人生不满百，戚戚少欢娱；意欲奋六翮，排雾凌紫虚。蝉
> 蜕同松乔，翻迹登鼎湖。翱翔九天上，骋辔远行游。东观扶
> 桑曜，西临弱水流。北极玄天渚，南翔陟丹丘。（《游仙诗》）

前一首以"游子"为题，以"凄怆内伤悲"为基调，开头四句和下面
的比兴运用，都见出《古诗》的影响。后一首开头"人生不满百"，
简直就是《古诗》"生年不满百"的复制，"戚戚少欢娱"，也与
"戚戚何所迫"近似；以下写游仙之事，虽然说"蝉蜕同松乔"，与
《古诗》中"仙人王子乔，难可与等期"意思相反，但由人生写到
神仙，篇章的基本写作思路是相仿佛的。当然，我们也可以看出曹
植之诗与"十九首"之诗有所不同，主题的"反其意而用之"是其
一；另外的差异，就在于曹植写得更加精致，文人色彩更加浓重，
具体表现在遣词用语上，更加讲究对偶，如"东观""西临""北
极""南翔"等等，另外用典也稍多。这都是继承与创新的关系。

又一位是西晋陆机。他的生活年代距汉末也不算远，不足百
年。陆机本人在当时文坛上地位很高，是首领级别的人物。看他
对于当时其他文士的评论，就知道他几乎对谁都不佩服，他曾把
另一位优秀文士左思说成是"伧父"，意为"土包子"，说他正在写
《三都赋》，"须其成，当以覆酒瓮耳"（《晋书·左思传》）。他的
评论主要在他与胞弟陆云的通信里，兄弟之间讲话，不会掩掩藏
藏。总之，他是一个心气高傲的才子。钟嵘曾提到"陆机所拟十四

首"，是引人瞩目的事件：他在"拟"作古诗。他能够公开写出模仿性质的诗歌，既是一种勇气，也是他真心佩服的证明。从今存作品看，陆机的"拟作"确实颇费心思，而且效果不错，他也如曹植一样，不是机械的仿造。他一方面学习《古诗》的意境和手法，同时又寄寓本人的一些情思；另一方面在措辞用语上有相当的创造变化，他是在真心学习、消化《古诗》的精华。对于他的拟作与《古诗》的具体关系，他是如何"拟"的？必须考察作品，才能得出比较清晰的印象。这里仅举第一首《行行重行行》。《古诗》原作见上举，陆机的拟作则是：

> 悠悠行迈远，戚戚忧思深；此思亦何思？思君徽与音。音徽日夜离，缅邈若飞沉。王鲔怀河岫，晨风思北林。游子眇天末，还期不可寻。惊飙褰反信，归云难寄音；伫立想万里，沉忧萃我心。揽衣有余带，循形不盈衿。去去遗情累，安处抚清琴。

比较而下，陆机拟作在如下诸点上学习《古诗》的痕迹明显：1.主题的确定（"游子"与"思妇"主题）；2.情调的选择（"忧思""思君"）；3.叠字起句的使用（"悠悠……戚戚……""去去……"）；4.首尾同字承接即所谓"顶针格"的使用（"此思亦何思？思君徽与音"，"思君徽与音。音徽日夜离"）；5.比兴手法的使用（"王鲔怀河岫，晨风思北林"）；6.常用语的使用（如"缅邈""行迈""伫立""我心""揽衣""沉忧"等）。但是陆机此诗也有自己的创新，首先是文字的雅化，如"徽与音""惊飙""循形""萃""盈衿"等皆是，用语的文士化程度更重。此外又加进对于其他前辈文学的仿效成分，如"晨风思北林"取自曹丕诗"愿为晨风鸟，双飞翔北林"，"王鲔"取自张衡《二京赋》、左思《三都赋》，等等。对比阅读，看出既同又异，既学习又新变，既忠实又扩展，痕迹显然，颇为有趣。由此可见《古诗》经典般的尊显地位，也见出陆机作为学习者的努力和才华。

再一个例子是唐代李白。这是更加伟大的一位诗人了。李白专门写有《拟古十二首》，所"拟"之"古"，未必是《古诗十九首》，此点与陆机有所不同。然而自作品看，则应当说《古诗十九首》肯定是其所拟之"古"中的重要对象。仅举其中三首，以供比照观赏：

> 青天何历历，明星白如石。黄姑与织女，相去不盈尺。银河无鹊桥，非时将安适？闺人理纨素，游子悲行役。瓶冰知冬寒，霜露欺远客。客似秋叶飞，飘飘不言归。别后罗带长，愁宽去时衣。乘月托宵梦，因之寄金徽。（之一）

> 高楼入青天，下有白玉堂。明月看欲堕，当窗悬清光。遥夜一美人，罗衣沾秋霜。含情弄柔瑟，弹作《陌上桑》。弦声何激烈，风卷绕飞梁。行人皆踯躅，栖鸟去回翔。但写妾意苦，莫辞此曲伤。愿逢同心者，飞作紫鸳鸯。（之二）

去去复去去，辞君还忆君。汉水既殊流，楚山亦此分。人生难称意，岂得长为群。越燕喜海日，燕鸿思朔云。别久容华晚，琅玕不能饭。日落知天昏，梦长觉道远。望夫登高山，化石竟不返。（之十二）

按第一首（"青天何历历"），取"游子"及思妇主题，写"别后"思念之情，此与《古诗》中多篇主题相合。而基本描述内容，亦大致与《古诗》"青青河畔草"同，所写"别后罗带长，愁宽去时衣。乘月托宵梦，因之寄金徽"，与《古诗》中"荡子行不归，空床难独守"意思略同。第二首（"高楼入青天"）写"美人"的孤独、悲苦心情，思念"同心者"，此与《古诗》"西北有高楼"在主题及描写内容上多所相似。首句"高楼"云云，即《古诗》首句的衍化；下面写"美人""遥夜""秋霜""弹琴""弦声"等，也是《古诗》中所写"佳人""美者颜如玉""理清曲""音响""弦急"等的化用；诗末"但写妾意苦，莫辞此曲伤。愿逢同心者，飞作紫鸳鸯"，与《古诗》末尾"不惜歌者苦，但伤知音稀。愿为双鸿鹄，奋翅起高飞"意思亦略同。当然，"双鸿鹄"与"紫鸳鸯"在字面上还是有差异的。第三首（"去去复去去"）更加值得玩味了，它与《古诗》"行行重行行"那一首，相似相近的地方实在太多。首句"行行"与"去去"，不但词义相同，句式也一样。第二句"辞君还忆君"，仍然没有脱逸出《古诗》第二句"与君生别离"的作意。第二韵"汉水"云云，固然写进了李白当时的亲自体验，他在长江中下游曾经漂泊不少时候，但句意与《古诗》"相去万余里,各在天一涯"也十分接近。第三韵"人生"云云,与《古诗》第三韵"道路阻且长,会面安可知"意思仍是很相似。李白诗第四韵"越燕喜海日,燕鸿思朔云"云云,与《古诗》第四韵的"胡马依北风,越鸟巢南枝",作为一种地理描述性的对举写法,从立意到句式句法都太相近了。第五韵"别久"云云,所表达的就是《古诗》第五韵"相去日已远……"的意思。第六韵"日落"云云,也就是《古诗》第六韵"浮云蔽白日……"的意思。末韵"望夫"云云,与《古诗》"思君"之韵,含义略同,皆说夫妇久久不能相聚,"望夫"即"思君"的结果是无望。通过以上所做逐韵对比,至此我们完全可以说,两首作品之间,从立意到写法上都存在紧密的关联,它们之间从头到尾几乎皆相符合。也就是说,李白几乎在仿制《古诗》,说他"亦步亦趋"亦不为过。唯有《古诗》末韵"努力加餐饭"一韵,李白没有动手仿作;但是这一韵并不重要。要之,李白的这首《拟古》,它既是"拟古"之诗,实际上也可以说是"拟古诗"。当然我们必须说一句:李白写作这些"拟古"诗,目的不是要因袭古人,他是想通过这种途径,来展示他的别一种本领和才华。李白的文学创造能力很强,他的大多数作品都呈现不同流俗的思想和内涵、体式和风格。他的诗歌个性很突出,故有"诗仙"之称。他之所以会有这样一组"拟古"诗,是因为他觉得他也有能力将诗歌写得臻于"一字千金""惊心动魄"的境界。

　　曹植、陆机、李白,这三位是何等人物?都是中国诗歌史上第一流作者，而且都是著名才子，伟大诗人。而他们竟然都是《古诗十九首》的崇尚者、仿作者、拟作者！可以看出，在他们的成长过程中，都曾经以《古诗》为经典样品而加以效法和模仿，从中撷取了许多营养，最终成长为诗坛上的参天大树。由此证明，《古诗》在诗歌史上的地位和影响，实在非同小可。

总体说，《古诗十九首》是产生于汉末诗坛的一丛奇葩，也代表着汉代诗歌的最高成就，同时在中国诗歌史上象征着五言诗的成熟，影响深远而巨大，是里程碑式的作品。它们的作者虽然只能在本书中享有"无名英雄"的待遇，但这是我们能够给予的最高赞美和敬意！

后　记

　　笔者对东汉文学的关心，早在数十年前。当时主攻方向无疑在魏晋文学，但两汉与魏晋，时代衔接，思想文化，密切关联；故而先前研习，亦曾投入精力，东京诗文，颇有所知，陶令所谓"不知有汉，无论魏晋"，此固我所夙知也。然而结撰文字，造作篇章，则发轫于新世纪之初。当时我已年逾耳顺，本职工作即将收束，专业研究亦应归总，准备跨入无为无不为人生境界。然而2005年某日，常熟邓允建先生忽来电，下达任务一项：命我与刘无咎先生，联袂撰写《汉代文学史》。一时闻说，事出意外，不禁愕然。按兹事原为二十年前院重点规划"大文学史"中一部，我所夙知。该"史"与拙著《魏晋文学史》上下毗连，一脉相承，原定由费扬武先生主持。对于扬武的工作，我一向支持，乐观其成。近年稍闻先生诸事繁忙，且尊体欠和，故而难以按期完成，亦曾表示关心，却无取代之想。然而允建先生言之谆谆，予固不可听之藐藐。接电之后，权衡再三，思考数日，并与无咎兄沟通商议，遂扭转思路，决定接受任务，重新起步。又讨论分工合作，实行"两分"之法，由我执笔东汉部分。由是重新细读相关材料，深入思考一代文学，努力发掘问题，清理发展脉络。时光荏苒，不觉有年，关于汉代文学面貌，遂由混沌而渐清晰，由散乱而至系统。一时形成相关观点，皆形诸文字，写出论文，陆续发表于专业杂志。而东汉文学史工作，亦终于进入轨道，正式起步时间，盖在2011年也。

无巧不成书。约略同时，有《文史知识》杂志编辑部刘淑丽女士检逸，垂询约稿。当时正撰作"东汉"章节，神情颇为专注。以常理度之，兹事体大，岂容旁骛？然而我忝任《文史知识》编委三十余年，人事代谢，未尝中辍；年月流逝，友情弥深。但凡文稿之征，向来不敢抵牾。面临两难处境，转念竟生异想：何不同一题材，做成二事？编撰作家章节同时，另行撰写评传体文字，岂非两便？且彼此照应，互相补苴；即有所阙，可致周详。于是确定写作内容，为东汉文士评传，以傅编辑部所请。至于具体题目，则仿前贤"点将录"之称，酌情拟定。文学史与评传，性质不同，体系迥异；然而范围相近，对象不殊。唯须把握得当，不致两败俱伤。为此请示编辑部，谬蒙淑丽女士首肯。兹计既决，事不宜迟，遂即动手，擘划下笔。写作过程中，双线作战，两面兼顾，头绪纷繁，左支右绌。或全线奏凯，或乱作一团。而同时杂务纷繁，少有宁日，又加戚属多喜，远出频仍；精力分散，难得集中。幸有程女士静芬，倾力支持，排除杂务，内外多所代劳，力保写作时间；且每成一篇，必先睹为快；浏览之后，又能评骘是非，挑剔瑕疵，期于精当完美。如是日夜不辍，终于如期克成。

初稿陆续写出，遂自2012年底始，忝占《文史知识》篇幅，每月连载，历一年有余，共发表一十五篇，几占半数；其余则有待全稿出版，同时面世。书稿总名则借用古代既有的文士"点将"思路，谓之"东汉文坛点将录"。至于所写人物总数，则遥拟光武帝中兴大将有"二十八宿"之说，亦设为四七之数。鉴于东汉文学实际状况，末后又增一章，为"无名群英"之篇，以收纳《古诗十九首》，此为"惊心动魄""一字千金"之作，焉能遗漏？如此功德圆满，终于皆大欢喜。

全书即出之际，回顾写作历程，虽曰并未得道，实颇内外多助；聊纪数言，并致谢忱。然而琐语絮叨，扰人清听；可速辍笔，以谢读者诸君。江阴徐公持允平草于甲午年霜降之日，又改定于乙未年谷雨前夕。